Integrative Modelle in Psychotherapie, Supervision und Beratung

Herausgegeben von
H. G. Petzold, Hückeswagen, Deutschland
A. Lammel, Aachen, Deutschland
A. Leitner, Krems, Österreich
S. Petitjean, Basel, Schweiz

Psychotherapie, Beratung und Supervision sind Formen moderner, „biopsychosozialer“ Hilfeleistung, aber auch ressourcen- und potentialorientierter Entwicklungsförderung in komplexen und oft risikoreichen Lebenswelten. Letztere erfordern heute interdisziplinäre Ansätze und integrative Modelle, die Schuldenken überschreiten und neues Wissen in das Feld der Praxis transportieren. Die rasanten Fortschritte in der Psychologie und den klinischen Sozial- und Neurowissenschaften zeigen, dass der Polylog – der Austausch zwischen den Disziplinen und zwischen Praktikern, Theoretikern, Forschern und Klienten bzw. Patienten – gefördert werden muss. Nur so wird effektive, nachhaltige und menschengerechte Hilfe und eine exzellente Professionalität möglich. Die Reihe sieht sich diesen Zielsetzungen und dem „neuen Integrationsparadigma“ in Psychotherapie, Beratung und Supervision verpflichtet.

Peter Hartz • Hilarion G. Petzold

Wege aus der Arbeitslosigkeit

MINIPRENEURE. Chancen um das Leben neu zu gestalten – Zur Bewältigung von Langzeitarbeitslosigkeit

Unter Mitarbeit von:
Dipl. oec. Andreas Frintrup – Stuttgart
Dr. Sascha Göttling – Berlin
Dr. Thomas Heuser – Düsseldorf
Dr. Christine Kaul – Hannover
Imke Keicher – Zürich
Corinna Mühlhausen – Hamburg
Dr. Nicole Paschke – Saarbrücken
Prof. Dr. med. Jürgen Rosenberger – Beckingen

Springer VS

Prof. Dr. h.c. Peter Hartz
SHS Foundation für regionale Entwicklungen
Saarbrücken, Deutschland

Prof. Dr. Hilarion G. Petzold
Europäische Akademie für biopsychosoziale Gesundheit
Hückeswagen, Deutschland

ISBN 978-3-658-03707-9
ISBN 978-3-658-03708-6 (eBook)
DOI 10.1007/978-3-658-03708-6

Die Deutsche Nationalbibliothek verzeichnet diese Publikation in der Deutschen Nationalbibliografie; detaillierte bibliografische Daten sind im Internet über http://dnb.d-nb.de abrufbar.

Springer VS

Lektorat: Eva Brechtel-Wahl, Katharina Gonsior

Gedruckt auf säurefreiem und chlorfrei gebleichtem Papier

Springer VS ist eine Marke von Springer DE. Springer DE ist Teil der Fachverlagsgruppe Springer Science+Business Media.
www.springer-vs.de

Inhalt

Vorwort

In der öffentlichen Meinung gibt es zwei Fraktionen: Die eine sieht Arbeitslosigkeit als zwangsläufige Folge unserer Marktwirtschaft und geht davon aus, mit einem hohen Sockel an Arbeitslosigkeit leben zu müssen. Die andere sieht darin eine unerträgliche Zumutung für die Menschen in unseren modernen Gesellschaften und eine Verletzung des Solidaritätsprinzips, das die Grundlage demokratischer und humaner Gemeinwesen ist. Zur letzteren gehören die Herausgeber dieses Buches. Unsere Überzeugung lautet: Das Problem muss lösbar werden. Dabei sind alle gefordert – Jeder und Jede[1]. Wir haben zusammen mit den zahlreichen Mitarbeiterinnen und Mitarbeitern an diesem Projekt und gemeinsam mit älteren und jungen Menschen, die von Arbeitslosigkeit betroffen waren und sind, versucht, einen Beitrag zur Lösung dieses Problems zu leisten – wir hoffen, einen innovativen, der aus gemeinschaftlicher Kokreativität hervorgehen konnte. Die Herausgeber sind seit vielen Jahren, ja in ihrer gesamten Berufsbiographie mit dem Thema der *„Arbeitsqualität als Lebensqualität“* befasst gewesen: als Auszubildende, der eine in einem kaufmännischen und der andere in einem landwirtschaftlichen Beruf, dann in Management und Personalarbeit[2] und in psychologischer Beratung, Therapie und Entwicklungsforschung, u. a. zu Themen und Problemen der Arbeitswelt[3].

---

1 Wir wollen mit diesem Buch Frauen und Männer ansprechen und finden gerade im Bereich der Arbeitswelt und der Arbeitslosigkeit die Themen „Gendergerechtigkeit“ und „Genderintegrität“ wesentlich (*Abdul-Hussein* 2011; *Pezold, Orth* 2011). Deshalb werden wir verschiedentlich Genderperspektiven aufgreifen und immer wieder Doppelformulierungen verwenden. Um der Lesbarkeit des Textes willen werden wir aber überwiegend die männliche Form gebrauchen.

2 *Hartz, P.* (1994) „Jeder Arbeitsplatz hat ein Gesicht“

3 *Petzold, H. G.* (1968b) „Arbeitspsychologische und soziologische Bemerkungen zum Gastarbeiterproblem in der BRD“; *Petzold, H. G., Heinl, H.* (1983): „Psychotherapie und Arbeitswelt“; vgl. *Jonas, P.* (1998/2012)

Aus dieser persönlichen Erfahrung haben wir „sinn-volle" und erfüllende Arbeit als eine bedeutende Qualität persönlichen Lebens und als einen Beitrag zu einer gelingenden, humanen Gesellschaft erlebt und wertzuschätzen gelernt. Keine Arbeit zu haben oder ungesunde und belastende, ist für Menschen ein schweres Schicksal. In dieser Überzeugung sind sich alle Mitarbeiterinnen und Mitarbeiter an dem hier dargestellten Projekt einig gewesen und haben sich entschlossen, in dieses „Unternehmen für Menschen" zu investieren. Aus Arbeitskontexten in der Organisationsentwicklung und der Mitarbeiterfortbildung im Volkswagenkonzern hatten sich Kontakte und eine Synergie der Herausgeber zum Thema „Qualität der Arbeitswelt" ergeben, die viele Jahre später zu dieser Zusammenarbeit für das Projekt „MINIPRENEURE" führte, über das hier berichtet werden soll. Es steht in einer gedanklichen Linie mit der Reform-Kommission *„Moderne Dienstleistungen am Arbeitsmarkt"*, die im Jahre 2002 eine Allianz von über sechs Millionen Multiplikatoren – „Profis der Nation" – zur Lösung des Problems der Arbeitslosigkeit aufrief. Vom Politiker über den Manager, die Wissenschaftler und Forscherinnen, die Geistlichen, die Vereine, die Journalisten, die Künstlerinnen sollten Bürgerinnen und Bürger gewonnen werden, sich für das Thema der Arbeitslosigkeit zu engagieren. Für jede dieser Gruppen wurde ein Masterplan entwickelt, einige haben bei dieser Initiative mitgemacht. Eigentlich viel zu wenige. War es mangelnde Information, Überlastung, Gleichgültigkeit? Es ist schwer zu sagen.

In Weiterentwicklung dieser Idee der Reform-Kommission hat die gemeinnützige Stiftung „SHS Foundation" im Jahre 2006 eine Arbeitsgruppe zu dieser Thematik eingerichtet. Seither wurde unter Beteiligung Vieler, im Austausch mit Persönlichkeiten aus Wirtschaft, Wissenschaft, Arbeitsverwaltung und Politik und unter konsultierendem Einbezug von Arbeitslosen und Arbeitsuchenden das Konzept „MINIPRENEURE" entwickelt, das in neuer, engagierter Weise Frauen und Männern eine Chance bietet, ihr Leben neu zu gestalten. Das Projekt wird nun in der hierfür gegründeten gemeinnützigen „MINIPRENEURE ZENTRUM gGmbH" operativ umgesetzt.

Die Zielgruppen des Projektes finden sich unter den Menschen, die in den Übergängen ihrer Lebens- und Erwerbsphasen Impulse und Unterstützung suchen. Es sind Arbeitslose, die den Versuch nicht aufgeben wollen, wieder am Erwerbsleben aktiv teilzuhaben, insbesondere nach bereits längerer Phase der Erwerbslosigkeit; es sind Frauen und vielleicht auch Männer, die nach einer Zeit der Kindererziehung oder der Betreuung Pflegebedürftiger wieder eine Beschäftigung aufnehmen wollen; es sind Rentnerinnen und Rentner, die noch nicht in den Ruhestand eintreten wollen; es sind junge Menschen, die Orientierung und Anregungen suchen, um mit einer zu ihren Talenten passenden Tätigkeit in die Arbeitswelt einzutreten; es sind schließlich auch normale Existenzgründer, die den „Beschäftigungsradar“ nutzen können, um einen guten Einstieg in den Markt zu finden.

Warum der Begriff „MINIPRENEURE“? Er kommt ursprünglich vom französischen *„entrepreneur“*: Unternehmer, Selbständiger und ist seit langem auch ein deutscher Begriff. Im Kontext unseres Projektes bedeutet er: Jemand der – in kleinem Rahmen beginnend (deshalb „mini“) – bereit ist, auf eigenen Füßen im Berufs- und Erwerbsleben „seine Frau“ bzw. „seinen Mann zu stehen“, sei es in einem Beschäftigungsverhältnis oder sei es in einer Selbstständigkeit als Kleinunternehmen, das selbstverständlich nicht „mini“ bleiben muss.

Der Begriff „MINIPRENEUR“ ist aber nicht nur eine Bezeichnung für Formen beruflicher Tätigkeit. Er greift weiter und besagt, dass man als Mensch im Leben die Dinge „anpacken“, in die Hand nehmen kann (frz. *prendre*) und zu gestalten vermag, wo immer das notwendig ist und wo immer sich Chancen bieten – im Kleinen wie im Grossen. MINIPRENEUR steht also für den lebensbejahenden Menschen, dem das Kleine nicht zu unwichtig und zu gering ist, der mit anderen zusammenarbeitet, seine Fähigkeiten einsetzt, um etwas zu schaffen: für sich, für andere, für die Gemeinschaft.

Warum der französische Begriff? Das Projekt, von dem hier berichtet wird, hat seinen Ausgangspunkt im Saarland genommen und ist aus der von *Peter Hartz* um die Jahrtausendwende gegründeten Stiftung „Saarländer helfen Saarländern“ auf den Weg gebracht worden, in einem kleinen Bundesland, das durch seine besondere geografische Situation in unmittelbarer Nachbarschaft mit unserem europäischen Partner „Frankreich“ lebt. Das Saarland hat deshalb eine große Offenheit für den europäischen Raum. Die Probleme der Arbeit, Arbeitslosigkeit, Jugendarbeitslosigkeit sind heute ein „europäisches Problem“, das gemeinsam bedacht und in vielfältigen Initiativen angegangen und gelöst werden muss. Wir haben uns deshalb im Projekt entschlossen, einen neuen, kulturübergreifenden Begriff zu verwenden und ihn mit innovativen Ideen, wie sie in unserem Projekt „geboren“ oder uns von anderen „geschenkt“ wurden, anzureichern.

Wir stellen mit diesem Buch das MINIPRENEURE-Konzept vor. Es gründet auf klaren Zielvorstellungen, auf Lebenserfahrungen, auf sozialer Empathie und einem Interesse an Menschen. Es schöpft aus wissenschaftlichen Erkenntnissen, praktischem Know how und konkreter Betroffenenperspektive. Viele konkrete Erfahrungen aus der Erprobungsphase des Konzeptes schärften unseren Blick für seine Weiterentwicklung.

An der Entwicklung und Erprobung des Konzeptes MINIPRENEURE und an der Entstehung dieses Buches hat eine große Zahl fachkundiger und engagierter Personen mitgewirkt. Die Ideen, Impulse und Beiträge der beiden Herausgeber fanden wesentliche Unterstützung und Weiterführung durch Anregungen, Expertisen und Textbeiträge von Fachleuten aus unterschiedlichen Wissens- und

Arbeitsgebieten, die in diesem multidisziplinär angelegten Konzept zusammengeführt wurden. Auf ihre jeweiligen Beiträge wird in den einzelnen Kapiteln hingewiesen. Besonders zu nennen sind Dipl. oec. Andreas Frintrup, Stuttgart, Dr. Sascha Göttling, Berlin, Dr. Thomas Heuser, Düsseldorf, Professor Dr. Gerald Hüther, Göttingen, Dr. Christiane Kaul, Bamberg, Imke Keicher, Zürich, Corinna Mühlhausen, Hamburg, Dr. Nicole Paschke, Saarbrücken, Prof. Dr. med. Jürgen Rosenberger, Beckingen. Zu erwähnen sind natürlich die „Experten in eigener Sache", die Teilnehmerinnen und Teilnehmer des MINIPRENEURE-Programms wie auch die Mitarbeiterinnen und Mitarbeiter der SHS-Stiftung Saarbrücken und des MINIPRENEURE-Zentrums.

In dieses Projekt haben sie alle sehr viel an Idealismus, Zeit und Ideen investiert. Danke.

„Unterwegs" galt es, so manche Schwierigkeit zu meistern. In einem solchen Projekt ist man beständig Lernender. Neue Probleme sind aufgetaucht oder alte sind prägnanter geworden: die Situation der immer älter werdenden Menschen, von denen viele nicht „zur Untätigkeit" verdammt sein, sondern selbst bestimmen wollen, wie lange und in welcher Form sie arbeiten möchten; die Lage der arbeitslosen Jugendlichen – europaweit. So manche der hier entwickelten Ideen kann auf vielfältige Bereiche übertragen werden. Deutlich wurde dabei auch, wie wichtig Beratung, Coaching, das Erkennen und Fördern von Talenten, Schulung und Weiterbildung sind, Bereiche, bei denen man heute auf die Wissensbasis und die Forschungsergebnisse der Psychologie, Medizin und Neurobiologie angewiesen ist. Weil es aber *nicht* um *Therapie* oder primär um *medizinische Fragen* geht, sondern um die Entwicklung von Kompetenzen und Potenzialen von Menschen, gesunden, belasteten, manchmal auch gesundheitlich beeinträchtigten oder krank gewordenen, muss auch auf die Erkenntnisse der Sozialpsychologie, der Soziologie, der Erwachsenenbildung, der Sozialpädagogik und Sozialarbeit zurückgegriffen werden. Arbeitslosigkeit, besonders langzeitige, birgt nicht zu unterschätzende gesundheitliche Risiken, wie schon die berühmte, frühe Studie zur „Interventionsforschung" bei den *„Arbeitslosen von Marienthal"* in Österreich Anfang der dreißiger Jahre des vorigen Jahrhunderts (*Jahoda, Lazarsfeld, Zeisel* 1933) beeindruckend zeigte[4]. Sie machte deutlich, dass für dieses vielschichtige Problem komplexe Interventionen notwendig sind. Wirkliche Konsequenzen wurden aus diesen Erkenntnissen kaum gezogen. Auch in unserem Projekt haben wir den Rahmen weit gespannt und ziehen neben den schon erwähnten Disziplinen auch noch Ansätze

4 *Jahoda, M.* et al. (1933); vgl. *Müller, R.* (2008, 2010); *Albrecht, R.* (2007); vgl. zur Studie das Portal der Universität Graz http://agso.uni-graz.at/marienthal und des Museums Marienthal http://agso.uni-graz.at/museum_marienthal sowie die Filme von *G. Kaindlstorfer* (2009) und *K. Brandauer* (1988).

der Gesundheitswissenschaften, der Personal- und Organisationsentwicklung bei und nicht zuletzt auch die Erfahrungen von kompetenten Praktikern aus der Arbeitswelt und die Expertise der Arbeitslosen selbst über die Themen Arbeit und Arbeitslosigkeit. In all diesen Bereichen wurden und werden Erkenntnisse gewonnen und Methoden entwickelt und erforscht, mit denen motivierte und kompetente Mitbürger und Mitbürgerinnen, die in Arbeitslosigkeit geraten sind, in ihren Fähigkeiten und Möglichkeiten unterstützt werden können, neue Perspektiven zu gewinnen, damit sie wieder im Arbeitsleben Fuß zu fassen und ihr Leben in neuer Weise zu gestalten vermögen.

Wir alle, die wir an diesem Projekt beteiligt waren, haben vielfältige Erfahrungen eingebracht und miteinander neue Wege entwickeln können. Wir haben wieder und wieder die Größe der Aufgaben und die Schwierigkeiten, Lösungen zu finden, erlebt. Wir haben aber auch erfahren, dass man immer wieder gemeinsam die sich stellenden Herausforderungen mit Beharrlichkeit, Bescheidenheit und Mut in Angriff nehmen muss und sie dann auch bewältigen kann. Wir hoffen, dass unsere Arbeit vielen Betroffenen zu Gute kommt und sie viele Menschen anregt, tätig zu werden, die Dinge anzupacken, die getan werden müssen.

So lautet denn das Motto unserer Zusammenarbeit im Projekt bei allen Beteiligten und für unsere weiteren Vorhaben: MINIPRENEURE – Lasst uns das Projekt machen – gemeinsam!

Peter Hartz
SHS Foundation
Saarbrücken

Hilarion Petzold
Europäische Akademie für biopsychosoziale
Gesundheit, Hückeswagen

Saarbrücken/Hückeswagen im Juli 2013

MINIPRENEURE – Was ist innovativ an diesem Konzept?

Das Konzept MINIPRENEURE unterzieht die komplexe Problematik der Langzeitarbeitslosigkeit einer koordinierten und interdisziplinären Betrachtung. Im Zentrum steht das Individuum, die Person in seinen sozialen Kontext und lebensgeschichtlichen Kontinuum. Das Konzept setzt die Freiwilligkeit und das ehrliche Interesse des Einzelnen voraus und verzichtet auf jede Art von Zwang zur Teilnahme.

Das Leitbild

MINIPRENEUR ist jemand, der sein Leben selbst in die Hand nimmt, „sich selbst zum Projekt" macht, der klein anfängt, dem ein bisschen nicht zu wenig ist und der dann mit Hilfe anderer eine Perspektive für neue Arbeit bekommt, der aber auch bereit ist, andere bei ihren Bemühungen um einen Neuanfang zu unterstützen.

Der Integrative Ansatz

Dem Konzept liegt ein bio-psycho-sozial-ökologischer Ansatz zu Grunde, mit dem der mehrperspektivische Anspruch in der Auseinandersetzung mit dem Problem der Langzeiterwerbslosigkeit eingelöst wird. Die Perspektiven, die für das Programm erschlossen werden, betreffen die biomedizinische Seite der Problematik, beziehen die psychologischen, soziologischen, ökologischen und ethischen Aspekte mit ein und nehmen die wirtschaftlichen, sozial- und arbeitsmarktpolitischen Dimensionen in den Blick.

Die Methoden

Das MINIPRENEURE-Programm ist ein strukturierter Lern- und Entwicklungsprozess aus Experten-gestützten Prozesselementen in Verbindung mit Selbsthilfe-Aktivitäten. Kognitive, emotionale, volitionale und Handlungsebene erfordern je spezifische, aber zusammenwirkende Lernvorgänge und Lernmethoden. Komplexe Wissensvermittlung durch übungszentriert funktionale Methoden, erlebniszentriert stimulierende Methoden und netzwerkaktivierende Methoden kommen in diesem Lernprozess auf dem Boden von zwischenmenschlicher Empathie und solidarisch-altruistischem Engagement zum Einsatz.

Das Gesundheitscoaching

Gesundheit in einer ganzheitlichen Perspektive ist ein zentrales Thema für die Arbeit mit Langzeitarbeitslosen. Das Angebot des Gesundheitscoaching umfasst ein „Bündel von Maßnahmen", das individuell zugeschnitten wird *(bundling)*, um subjektiv erlebte Vitalität, Frische und objektiv feststellbare Leistungsfähigkeit im Sinne persönlicher Regulationskompetenz zu fördern und zu steigern. Ziel ist es, gesundheitliche Risiken im eigenen Verhalten, im Umfeld und in der aktuellen Lebenssituation zu erkennen und einen Zugang zu selbstbestimmter, gesundheitsbewusster Lebensführung zu finden.

Die Talentdiagnose

Im Zentrum steht der Mensch mit seinen Interessen, Fähigkeiten und Fertigkeiten – mit seinen Talenten. In die Talentdiagnose gehen objektive und subjektive Daten über das Wissen, Können und Wollen einer Person und ihrer sozialen und ökologischen Bedingungen ein. Hierzu werden verschiedenartige Verfahren und Methoden eingesetzt.

Polylog – Ort des Austausches und wechselseitigen Lernens

Die zentrale Idee des Polylog als „vielstimmiger Austausch von unterschiedlichen Menschen über komplexe Wirklichkeit" (Petzold), die damit mehrperspektivisch betrachtet wird, um sie gemeinsam zu gestalten, wird zur Grundlage der Gruppenaktivitäten im gemeinsamen MINIPRENEURE-Prozess. Die „Expertenschaft aller Beteiligten", ihre Ideen und Kenntnisse, werden genutzt, um Bisheriges zu überschreiten und Neues zu ermöglichen. Dazu werden Methoden aus dem Selbsthilfe-Bereich eingesetzt, etwa die Arbeitsregeln für *Wechselseitige Hilfe* und *Voneinander-Lernen.* Ziel ist es, Wege kreativen und innovativen Denkens und Gefühle der Selbstsicherheit, Zuversicht, des Vertrauens und der Solidarität zu entwickeln.

Das Beschäftigungsradar

Mit Hilfe des Beschäftigungsradars wird vorhandenes und neues Beschäftigungspotenzial bis auf Ortsteilebene bzw. Stadtteilebene identifiziert, definiert und lokalisiert. Die gewonnenen Informationen werden so aufbereitet, dass die Teilnehmerinnen und Teilnehmer in Verbindung mit der Talentdiagnose sehr detaillierte Hinweise auf konkretes Beschäftigungspotenzial erhalt können.

A-Trainer – Arbeitslose helfen Arbeitslosen

Wer einem Arbeitslosen helfen will, eine neue Erfahrung zu machen und damit seine bisherigen Einstellungen und Haltungen zu verändern, muss in der Lage sein, sein Vertrauen zu gewinnen, ihn zu ermutigen und zu inspirieren. Es ist davon auszugehen, dass auch Arbeitslose am besten von Personen erreicht und ermutigt werden können, die ähnliche Erfahrungen gemacht haben. Es werden daher ehemalige Langzeitarbeitslose zu Trainern und Moderatoren für Selbsthilfegruppen der MINIPRENEURE qualifiziert.

Genderspezifität, Diversität, Altersgruppen

Konzept und operative Umsetzung legen auf eine gender- und diversitätsbewusste Betrachtung Wert, da sich die Situationen von langzeitarbeitslosen Frauen und Männern – bei Migrationshintergrund zumal – oft sehr unterschiedlich darstellen[5]. Die Problematik älterer langzeitarbeitsloser Menschen, die oftmals als wenig leistungsfähig stigmatisiert werden, ist ebenso im Blick wie die Gruppe hochaltriger, rüstiger Menschen, die nach wie vor einen aktiven Beitrag in der Arbeitswelt und im Gemeinwesen oder in altruistischen Projekten leisten wollen[6]. Auch die spezifische Situation junger Erwachsener, die seit Jugendtagen arbeitslos sind und an den Problemen der Jugendarbeitslosigkeit zu tragen haben, findet konzeptionell und operativ mit einem besonderen Programmvorschlag Berücksichtigung.

Das Umsetzungsmodell – Social Franchising

Das Social Franchising nutzt die Möglichkeiten eines kommerziellen Franchisesystems zur Verbreitung und Umsetzung von Konzepten auch im Non-Profit-Bereich. Durch das Social Franchising wird die Vernetzung der Langzeitarbeitslosen und der betreuenden Institutionen möglich. Die *Bündelung* der Leistungen des Konzeptes gewährleistet einen gleich bleibend hohen Qualitätsstandard und eine unbefristete Betreuung und Entlastung der MINIPRENEURE auf lokaler Ebene.

---

5 Vgl. zu Diversity: *Abdul-Hussain, Baig* (2009); zu Gender: *Petzold, Orth* (2011); zu Hochaltrigkeit *Petzold, Horn, Müller* (2011) und dieses Buch S. 171 f.; zur Jugendfrage S. 176 f.

6 Forschung zeigt: Altruistische Hilfeleistung ist für Alt und Jung sinnstiftend, befriedigend und gesund, vgl. *Post, Neimark* (2008); zum Konzept eines „kritisch reflektierten Altruismus" vgl. *Petzold, Orth* (2013a).

I. Entstehung und Architektur des MINIPRENEURE-Konzeptes*

* Erstellt auf Grundlage der Beiträge von Peter Hartz (2002, 2010 u. a.,), Hilarion G. Petzold (2010), Sascha Göttling (2012).

Die Arbeitsmarktreformen

In der Auseinandersetzung mit den gesellschaftlichen Problemen der Arbeitslosigkeit und des demografischen Wandels bedarf es dreierlei:

- **Des Willens und der Macht durch eine ausreichende politische Gestaltungsmehrheit.**
- **Der erforderlichen finanziellen Ressourcen.**
- **Der fachlichen Kompetenz zur konzeptionellen Lösung der Probleme und ihrer operativen Umsetzung.**

Mehr als fünf Millionen Menschen waren zu Beginn des Jahres 2002 ohne Arbeit. Die Wirtschaft lahmte. Mit jedem konjunkturellen Abschwung hatte die Zahl der Langzeitarbeitslosen zugenommen, die Arbeitsverwaltung war mit einem Vermittlungsskandal beschäftigt. Um der anhaltenden Arbeitsmarktkrise entgegenzuwirken und die verfestigte Sockelarbeitslosigkeit aufzulösen, erteilte Bundeskanzler Schröder an Peter Hartz den Auftrag zur Bildung einer Reformkommission. 15 Persönlichkeiten machten sich auf den Weg, ein Konzept für moderne Dienstleistungen am Arbeitsmarkt zu entwickeln. Unter ihnen waren Unternehmer, Gewerkschafter, Wissenschaftler, Unternehmensberater und Arbeitsmarktfachleute.[1]

---

1 Der Kommission „Moderne Dienstleistungen am Arbeitsmarkt" gehörten (in ihrer damaligen Funktion) an: *Dr. Norbert Bensel,* Mitglied des Vorstandes der DaimlerChrysler Services AG; *Dr. Jobst Fiedler,* Roland Berger Strategy Consultants; *Heinz Fischer,* Abteilungsleiter Personal Deutsche Bank AG; *Peter Gasse,* Bezirksleiter der IG Metall Nordrhein-Westfalen; *Dr. Peter Hartz,* Mitglied des Vorstandes der Volkswagen AG, Vorsitzender der Kommission; *Prof. Dr. Werner Jann,* Universität Potsdam; *Dr. Peter Kraljic,* Direktor der McKinsey & Com-

Es war eine Herkulesaufgabe. Denn allen Beteiligten war klar: Nicht allein die Vermittlungsorganisation ist zu reformieren. Das Problem muss an der Wurzel angepackt werden. An welche Vorgaben soll die Größe und Struktur einer effizienten Arbeitsverwaltung ausgerichtet werden? Durch welche beschäftigungs- und arbeitsmarktpolitischen Maßnahmen kann die Sockelarbeitslosigkeit aufgebrochen werden? Wie ist das Leistungs- und Anreizgefüge neu zu gestalten? Wie kann dem Entstehen von Arbeitslosigkeit auf Unternehmensseite präventiv vorgebeugt werden? Wie können die Übergangsrisiken der Menschen im Erwerbsleben besser bewältigt werden? Wie können die Drehtüreffekte zwischen Sozialhilfe und Arbeitslosigkeit beseitigt werden? Wie sind die Arbeitsämter umzugestalten, damit den betroffenen Menschen eine umfassende und bedarfsgerechte Dienstleistung unter einem Dach erbracht wird?

Das Besondere an der Kommission war, dass sie als Netzwerkorganisation arbeitete. Jedes Mitglied übernahm nicht nur eine aktive Rolle, auch die Unternehmen und Organisationen, aus denen sie kamen, konnten in ihrem Know-how angezapft werden. Die „besten Köpfe in Deutschland" sollten einen Beitrag zur Lösung des Problems leisten.

Die Kommission begann „die ganze Welt umzugraben": Wo ist wie Beschäftigung entstanden und wer hat sein Arbeitslosenproblem wie erfolgreich gelöst? Basis war eine sorgfältige Analyse der Faktenlage, Auswertung von wissenschaftlichen Gutachten, zahlreiche Besuche von Kommissionsmitgliedern vor Ort, Anhörungen und Diskussionen mit Betroffenen sowie ein Benchmark der jüngsten Reformanstöße in den Nachbarländern. Das Konzept sollte die positiven Beispiele aus Pilotprojekten einbeziehen und marktwirtschaftliche Lösungen mit sozialer Sicherheit verbinden.

Die Balance von Leistung und Gegenleistung galt als durchgängiges Prinzip. Arbeit soll sich lohnen, nicht Arbeitslosigkeit. Die Leitidee lautete:

- **Eigenaktivitäten auslösen – Sicherheit einlösen**

Innerhalb von drei Jahren sollte die Zahl der Arbeitslosen um zwei Millionen reduziert werden – dieses Ziel setzte sich die Kommission. Das Ergebnis ihrer Arbeit war in 13 Modulen niedergelegt, vorzustellen wie ein Uhrwerk, dessen Zahn-

---

pany Düsseldorf; *Isolde Kunkel-Weber,* Mitglied des ver.di-Bundesvorstandes; *Klaus Luft,* Geschäftsführer der Market Access for Technology Services GmbH; *Harald Schartau,* Minister für Arbeit und Soziales, Qualifikation und Technologie des Landes Nordrhein-Westfalen; *Wilhelm Schickler,* Präsident des Landesarbeitsamtes Hessen; *Hanns-Eberhard Schleyer,* Generalsekretär des Zentralverbandes des Deutschen Handwerks; *Prof. Dr. Günther Schmid,* Wissenschaftszentrum Berlin für Sozialforschung; *Wolfgang Tiefensee,* Oberbürgermeister der Stadt Leipzig; *Eggert Voscherau,* Mitglied des Vorstandes der BASF AG.

räder ineinander greifen und nur als Ganzes zum Ticken gebracht werden. Es war ein umfassendes Konzept[2], das in seiner Reichweite und Konsequenz auch nach zehn Jahren europaweit ohne Beispiel steht. Kein anderes Land hat sein System der Leistungen bei Arbeitslosigkeit *und* die Organisation arbeitsmarktpolitischer Dienstleistungen gleichzeitig und so grundlegend umgestaltet.[3]

Die Arbeitsmarktreformen waren das Herzstück der Agenda-Politik, die von Gerhard Schröder in seiner Bundestagsrede im März 2003 mit der Ankündigung weitreichender Strukturreformen des deutschen Sozialsystems eingeleitet wurde. Sein Kernsatz lautete: „Entweder wir modernisieren, und zwar als soziale Marktwirtschaft, oder wir werden modernisiert, und zwar von den ungebremsten Kräften des Marktes, die das Soziale beiseite drängen würden." Die Agendapolitik erstreckte sich über weitere Maßnahmen in der Wirtschaft, der Ausbildung, der Krankenversicherung, der gesetzlichen Rentenversicherung und der Familienpolitik.

Bei jeder noch so beispiellosen Arbeitsmarktreform muss am Ende der Erfolgsnachweis im Rückgang der Arbeitslosigkeit erbracht werden. Dazu braucht es den wirtschaftlichen Aufschwung und den Beschäftigungsaufbau. Die Konjunktur sprang erst in den Jahren 2006 und 2007 richtig an. Dann jedoch erwiesen sich die Reformen auch in der folgenden Wirtschaftskrise als robust.

Um das breit angelegte Reformkonzept im parlamentarischen Prozess umzusetzen, bedurfte es der Ausarbeitung und Verabschiedung von vier Gesetzen: Dem ersten bis vierten Gesetz „Moderne Dienstleistungen am Arbeitsmarkt", auf der Arbeitsebene von Regierung und Parlament und schließlich auch in der Öffentlichkeit als „Hartz I" bis „Hartz IV" bekannt geworden.[4]

Neu-Definition der Zumutbarkeit

Im ersten Gesetz wurde die Leih- oder Zeitarbeit neu geregelt. Im Bereich jeder Arbeitsagentur sollte eine Personalserviceagentur, also eine Zeitarbeitsfirma gegründet werden. Außerdem wurden mit diesem Gesetz, das bereits am 1. Januar 2003 in Kraft trat, die Zumutbarkeitsregeln für die Aufnahme einer Arbeit neu de-

2 *Hartz, P.* u. a. (2002).

3 So die Einschätzung von *Knuth, M.* (2013).

4 Da das Reformpaket von einer Kommission ausgearbeitet und Gesetze verabschiedet wurden, ist die Personalisierung auf den Namen „Hartz" natürlich irreführend – als ob es das Werk einer Person sei! Weiterhin ist zu sehen, dass die Politik den Vorschlägen der Kommission, zum Beispiel bei der Ausgestaltung der Leistungen des Arbeitslosengeldes wie der Grundsicherung und bei der organisatorischen Umsetzung einer einheitlichen Arbeitsmarktorganisation, nicht gefolgt ist.

finiert. Dies war eine der Kernideen der Kommission: Was ist für einen Arbeitslosen zumutbar? Kann etwa einem jungen, alleinstehenden Arbeitslosen hinsichtlich der Mobilität mehr zugemutet werden als einem Familienvater mit Kindern? Die Kriterien wurden nach geografischen, materiellen, funktionalen und sozialen Aspekten neu formuliert.

In der neuen Zumutbarkeit drückt sich ein Paradigmenwechsel aus. Bisher mussten die Arbeitsämter nachweisen, dass die Arbeit für den Arbeitslosen zumutbar war. Nun galt, dass der Arbeitslose den Nachweis erbringen muss, dass die abgelehnte Beschäftigung für ihn nicht zumutbar sei. Damit verbunden war eine Neuausrichtung der Sanktionen bei Nichteinhaltung der getroffenen Vereinbarungen und der Mitwirkungspflichten. Ergänzend kamen Regelungen hinzu, um die Vermittlung der Arbeitslosen zu beschleunigen.

Neue arbeitsmarktpolitische Instrumente

In zweiten Gesetz wurden die Mini-Jobs, die Midi-Jobs, der Job-Floater und die Ich-AG eingeführt. Mit der Einführung von Mini-Jobs und Midi-Jobs (also Teilzeit-Arbeitsverhältnisse) sowie der Liberalisierung der Zeitarbeit entstanden flexible Beschäftigungsformen, wodurch auf der anderen Seite der in die Diskussion geratene Kündigungsschutz weitgehend unangetastet bleiben konnte. Auch sollte mit den Mini-Jobs ein Weg gefunden werden, aus der Schwarzarbeit herauszutreten, sie gleichsam zu legalisieren. In Deutschland wurden damals jährlich geschätzte 400 Mrd. Euro mit Schwarzarbeit umgesetzt. Mini-Jobs zielten insbesondere darauf, legale Beschäftigungsverhältnisse auf dem großen Feld der haushaltsnahen Dienstleistungen entstehen zu lassen, wo sehr viel schwarz gearbeitet wird. Putzfrauen sollten legal sauber machen, Kinderfrauen die Kinder legal betreuen, Altenpfleger nicht mehr gezwungen sein, Teile ihrer Arbeit ohne Sozialversicherungsschutz abzuleisten.

Eine der innovativen und kreativen Ideen war der Job Floater: Der Arbeitslose bietet dem Unternehmen seine Arbeitskraft zusammen mit einem Finanzierungspaket an. Stellt ein Unternehmen ihn ein, bekommt es einen günstigen Kredit. Dieses Instrument hat zwei Fliegen mit einer Klappe geschlagen: Zum einen ist es ein Anreiz gewesen, Arbeitslose zu beschäftigen, zum anderen kam es der typischen Schwierigkeit mittelständischer Unternehmen bei der Kapitalbeschaffung entgegen. Umgesetzt wurde diese Idee zum Teil bei der Kreditanstalt für Wiederaufbau mit einem Förderprogramm „Kapital für Arbeit“ für mittelständische Unternehmen und Freiberufler. Der Vertriebsweg über die deutschen Sparkassen erwies sich als Problem. Sie wollten lieber ihre eigenen Finanzprodukte vermarkten. Gewerkschaften und Gesellschaftspolitiker konnten sich für den Job Floater nicht erwärmen und haben die doppelte Chance nicht erkannt. Nämlich, dass nicht nur der einzelne Arbeitslose attraktiv wird, sondern dass mit den günstigen Krediten auch konjunkturelle Impulse entstehen und zum Beispiel Investitionen der Kommunen finanzierbar würden. Es ist eine der Ideen, denen man auf europäischer Ebene einen Durchbruch wünscht.

Mit der Ich-AG wiederum sollten substanzielle Impulse zu mehr Eigeninitiative und Selbstständigkeit gegeben werden. Die Ich-AG wurde zum 1. Januar 2003 eingeführt. Damit wurden Existenzgründungen aus Arbeitslosigkeit gefördert, die ein Arbeitseinkommen von 25 000 Euro nicht überschritten. Das Instrument erwies sich bald als Renner. Die Zahl von 56 000 mit Überbrückungsgeld geförderten Selbstständigen im Jahr 2002 stieg auf 322 000 in 2005. Insgesamt waren es 390 000 Ich-AGs. 2007 wurde die Ich-AG mit dem Überbrückungsgeld zum Gründungszuschuss zusammengefasst. Der beachtliche Entlastungseffekt der Arbeitslosigkeit hat danach deutlich abgenommen. Im Jahre 2008 waren noch 180 000 Personen in der geförderten Selbstständigkeit. Der Gründungszuschuss ist seit 2012 nur noch eine Ermessensleistung der aktiven Arbeitsförderung, auf die kein Rechtsanspruch mehr besteht. Zum Ende des Jahres 2012 ist er auf eine Größenordnung von 40 000 zusammengeschmolzen.

Die Ich-AG wurde aus politischen Motiven abgeschafft, statt dass man ihre Kinderkrankheiten zu heilen versuchte. Das größte Problem war, dass man die geförderten Selbstständigen allein gelassen hatte – der Ich-AG fehlte sozusagen die Wir-AG –, und man sie nicht nachhaltig betreute, etwa im Rahmen eines Franchising-Systems. Die Ich-AGs sollten mit ihrem Erfolgsbeispiel einen Mentalitätswandel in Deutschland herbeiführen: Sich selbst zum Projekt zu machen, sein Schicksal selbst in die Hand zu nehmen, darum ging es.

Die kritisierte Zunahme prekärer Beschäftigung geht vor allem zu Lasten der Mini-Jobs. Im Juni 2006 waren in Deutschland 6,8 Millionen Arbeitnehmer und Arbeitnehmerinnen geringfügig beschäftigt. Das waren 1,5 Millionen mehr als vor der Reform. Heute sind es über 9 Millionen Menschen, die in dieser Beschäftigungsform tätig sind. Betroffen sind vor allem Frauen, für die Mini-Jobs, anders als bei geringfügig beschäftigten Männern, überwiegend die ausschließliche Form der Erwerbsarbeit darstellen.[5] Kritisch ist zu werten, dass Mini-Jobs nur in seltenen Fällen eine Brückenfunktion zur Vollzeitbeschäftigung und zu einem existenzsichernden individuellen Erwerbseinkommen zukommt, wie neuere Untersuchungen belegen.[6] Nicht hinnehmbar ist es, wenn Unternehmen vollwertige Beschäftigungsverhältnisse in Mini-Jobs umwandeln.

---

5 Die ausschließlich geringfügig Beschäftigten sind zu knapp zwei Dritteln (65 %) Frauen und zu gut einem Drittel (35 %) Männer. Vgl. *Körner, Th., Meinken, H., Puch, K.* (2013), S. 45.

6 Vgl. *Wippermann, C.* (2012).

Umbau der Bundesanstalt für Arbeit

Hinter dem dritten Gesetz für moderne Dienstleistungen am Arbeitsmarkt verbirgt sich der grundlegende Umbau der alten Bundesanstalt für Arbeit in eine moderne Bundesagentur. Nach dem Skandal um die Vermittlungsstatistik war klar, dass sich in der Bundesanstalt für Arbeit vieles ändern musste. Die BA sollte ihren Behördencharakter verlieren und völlig neu aufgestellt werden. Im Kern liefen die Vorschläge darauf hinaus, die Arbeitsverwaltung in ein modernes Dienstleistungsunternehmen zu wandeln mit einer modernen Ziel- und Ergebnissteuerung, professionellem Personalmanagement, leistungsbezogenen Gehaltsanteilen, neuer Führungsstruktur.

Die Landesarbeitsämter sollten zu Entwicklungsagenturen umgewandelt werden, die lokale und regionale Konzepte zur Wirtschaftsentwicklung erarbeiten. Sie sollten also auf der Nachfrageseite des Arbeitsmarktes ansetzen und somit komplementär zu den lokalen Agenturen und deren Tätigkeit auf der Angebotsseite wirken. *Wer mehr Arbeitslose vermitteln will, muss sich auch darum kümmern, wo die Arbeitsplätze herkommen. Diesem Vorschlag wurde jedoch nicht gefolgt.*

Wesentliche Elemente der tatsächlichen Organisationsveränderung fanden in den Folgejahren in Eigenregie der selbstverwalteten Bundesagentur für Arbeit statt. Eine maßgebliche Rolle spielte hierbei der Einfluss von Unternehmensberatern. Ob damit die Perspektiven der Betroffenen angemessen berücksichtigt wurden, ist kaum anzunehmen. Man hätte auch sie konsultieren sollen, wie das in unserem Projekt durchgängig geschieht. Für den Vermittlungsprozess hat es eine Reihe von substanziellen Veränderungen gegeben, mit positiven aber auch kritisch zu sehenden Wirkungen. Die Warteschlangen auf den Fluren sind verschwunden – in den Arbeitsagenturen, aber nicht in vielen Jobcentern –, und durch die Servicecenter ist endlich die telefonische Erreichbarkeit gesichert. Die Arbeitgeberbetreuung fällt nicht mehr dem „Druck der Flure“ zum Opfer, denn die Vermittler sind organisatorisch nach Arbeitgeber- und nach Arbeitnehmerseite getrennt, wodurch sie sich auf ihre jeweilige Aufgabe konzentrieren können. Im übrigen vertraut man auf die Fähigkeit des Daten-Matching bei der Auswahl passender Bewerber bzw. Stellen. Die Prozesse im Umgang mit den Arbeitslosen sind in hohem Maße standardisiert, formalisiert und durch IT-Prozessführung vorstrukturiert, was für die Verwaltung Effizienzgewinne bringt, aber einer personenzentrierten Beratung und dem individuellen Spielraum wenig Raum lässt. Eine durchgehende Unternehmenssteuerung nimmt die Vermittler in die Pflicht, ihren Beitrag zum Erfolg ihrer Agentur zu leisten, was dazu führt, dass sie sich eher schnellen und leichten Integrationen zuwenden als den schwierigen Situationen, die besonderer Unterstützung bedürfen.

Zusammenlegung von Arbeitslosen- und Sozialhilfe

Das vierte Gesetz regelt die Zusammenlegung von Arbeitslosenhilfe und Sozialhilfe. Das Hin- und Herschieben von erwerbsfähigen Arbeitslosen von der Arbeitslosenversicherung in die Sozialhilfe und wieder zurück (Drehtüreffekt) sollte ein Ende haben. Die bisherigen Sozialhilfeempfänger sollten, sofern sie erwerbsfähig sind, nun auch an den Arbeitsmarkt herangeführt werden. Die betroffenen Menschen sollten eine neue Perspektive erhalten.

Dieser Teil der Reform führte zur größten Polarisierung und bringt auch heute noch protestierende Menschen auf die Straßen. Die Regelungen des neuen Systems beinhalten im Wesentlichen: Jeder, der arbeitslos wird, erhält unter bestimmten Voraussetzungen für die Dauer von 12 Monaten[7] zunächst das Arbeitslosengeld aus der Arbeitslosenversicherung, das sich an seinem früheren Einkommen bemisst, danach gegebenenfalls die Leistungen der Grundsicherung. Die Leistungsdauer in der Arbeitslosenversicherung wurde demnach verkürzt und die Anspruchsvoraussetzungen enger geregelt.

Beim Übertritt in die Grundsicherung (SGB II) ergeben sich wesentliche und grundlegende Änderungen gegenüber dem bisherigen System: An die Stelle des individuellen Anspruchs auf die einkommensabhängige Arbeitslosenhilfe tritt nun mit der Grundsicherung eine pauschalisierte Leistung, die der sogenannten Bedarfsgemeinschaft zugerechnet wird. Sie bemisst sich nach der Personenzahl der Bedarfsgemeinschaft. Voraussetzung ist die Feststellung der Bedürftigkeit. Zudem stehen die Mitglieder einer Bedarfsgemeinschaft unter dem Gebot, Arbeit zu suchen und eine Beschäftigung aufzunehmen, sofern sie erwerbsfähig sind und eine Erwerbstätigkeit zumutbar ist.

Ganz und gar nicht lag es im Sinne der Kommission, das neue System verwaltungsorganisatorisch aufzuteilen. Die Politik brachte die Kommunen bei der Betreuung der Arbeitslosengeld II-Empfänger mit ins Spiel. Bereits Ende 2007 verwarf das Verfassungsgericht das seinerzeit eingeführte Organisationsmodell der Arbeitsgemeinschaften (ARGE) von Arbeitsagenturen und Landkreisen bzw. kreisfreien Städten. Heute werden die Aufgaben und Leistungen der Grundsicherung in Jobcenter wahrgenommen. Jobcenter sind im Regelfall eine gemeinsame Einrichtung von Bundesanstalt für Arbeit und kommunalem Träger. In einer gesetzlich festgelegten Zahl von Fällen (zunächst 69, ab 2012 stieg die Zahl auf 110) wurde die Kommune bzw. der Landkreis als alleiniger Träger zugelassen (Op-

7 Seit Januar 2008 wurde die Dauer des Bezugs von Arbeitslosengeld I für Älteren bei Versicherungszeiten in der Rahmenfrist wieder verlängert auf 15 Monate (50 Jährige) bzw. 24 Monate (58 Jährige).

tionskommune). In einigen Fällen werden die Jobcenter in getrennter Trägerschaft geführt.

Die Gruppe der Arbeitslosen wurde so gespalten. Das Paradoxe dabei ist: Es handelt sich um ein und denselben Arbeitsmarkt, um ein und dieselbe Wirtschaft und schließlich um ein und denselben Arbeitslosen, der heute Arbeitslosengeld I in der Agentur für Arbeit und morgen Arbeitslosengeld II („Hartz IV") im Jobcenter empfängt. Es gibt einen Stellenmarkt, aber faktisch zwei Bewerbermärkte. Hier hätte die Politik auf die Fachleute der Kommission hören müssen.

Der lange Atem

In der Rückschau bleibt festzustellen, dass das Ziel zu ehrgeizig war, innerhalb von drei Jahren die Arbeitslosigkeit in Deutschland um 2 Millionen zu verringern. Die institutionelle Reform des sozialen Sicherungssystems, die heute als größte Sozialreform der Nachkriegszeit anerkannt wird, hatte zunächst sogar zu einem Anstieg der Arbeitslosen geführt, weil mit der Zusammenlegung von Arbeitslosenhilfe und Sozialhilfe nun deutlich mehr Personen als Arbeitslose registriert wurden als in den vormals getrennten Systemen.[1]

Doch war es schließlich nicht alleine der erst mit Verzögerung anlaufende wirtschaftliche Erholungsprozess, der die Reformerwartungen in Gestalt des Abbaus von Arbeitslosigkeit so spät erfüllte. Wir müssen konstatieren, dass der Überzeugungsprozess in der Gesellschaft – in der Politik, in der Wirtschaft, in den Verbänden, in der Öffentlichkeit – sehr viel länger dauert, zumal Arbeitslosigkeit nicht nur eine Folge des wirtschaftlichen Prozesses ist, sondern auch ein strategischer Faktor in ihm. Der sprichwörtliche lange Atem wird benötigt, bis sich neue Konstellationen im politischen und wirtschaftlichen Feld ergeben und ein öffentlicher Wert – Arbeitslosigkeit vermeiden – auch mit der Interessenbildung konform geht und reale Praxis wird. Dies sieht man besonders schön am

---

1 „Dass in der Grundsicherung für Arbeitsuchende mehr Personen als Arbeitslose erfasst werden als in dem getrennten System von Arbeitslosen- und Sozialhilfe hatte im Wesentlichen zwei Gründe: (1) Erwerbsfähige Sozialhilfeempfänger wurden häufig nicht als Arbeitslose registriert, weil die Arbeitslosmeldung in einer Agentur für Arbeit unterblieb oder nicht erneuert wurde. (2) Mit der Einführung des SGB II müssen sich auch erwerbsfähige Angehörige bemühen, die Hilfebedürftigkeit zu mindern oder zu beenden. Angehörige von Arbeitslosenhilfeempfängern waren dazu nicht verpflichtet. Die Angehörigen von erwerbsfähigen Hilfebedürftigen werden aber nur dann als Arbeitslose geführt, wenn ihnen eine Arbeit zumutbar ist. Dies dürfte nur für einen Teil zutreffen, da in vielen Fällen Erwerbstätigkeit (ab 15 Wochenstunden), Schulbesuch oder Betreuung von Kindern dem entgegenstehen." Bundesagentur für Arbeit (2009).

Beispiel des Reformmoduls „Kein Nachschub nach Nürnberg" (das heißt zur Arbeitsagentur). Die Idee dahinter war, alle Anstrengungen zu unternehmen, erst gar keine Arbeitslosen entstehen zu lassen. Mit diesem Ziel sollte erreicht werden, dass alle mittleren und Großunternehmen frei werdende Leute mit Hilfe personalpolitischer Instrumente selbst betreuen und im Unternehmen behalten.[2] Es dauerte noch bis zur Wirtschaftskrise des Jahres 2008, dass sich Regierung, Wirtschaft und Gewerkschaften darauf verständigten, mithilfe des Kurzarbeitergeldes dieses Ziel zu erreichen. Kräftig unterstützt wurde die Lösung von der demografischen Entwicklung und dem Mangel an Fach- und Führungskräften.

Bundeskanzler Schröder hatte angekündigt, die Kommissionsergebnisse eins zu eins umzusetzen, sofern sie, was geschah, einstimmig verabschiedet würden. Diese Zusage wurde mit wenigen Ausnahmen – etwa die Vorschläge zur Förderung älterer Arbeitnehmer und Arbeitnehmerinnen und zur Finanzierung zusätzlicher Ausbildungsstellen sowie einige Vorschläge zur Neuorganisation der BA – umgesetzt, solange er die politische Macht innehatte.

Dass die Höhe der Grundsicherung in Höhe der früheren Sozialhilfe festgesetzt wurde, entsprach nicht dem Vorschlag der Kommission. Und statt einer Ausweitung von Leistungen der Arbeitslosenversicherung wurde die Kürzung der Bezugsdauer des Arbeitslosengeldes für Ältere angekündigt. Dass schließlich die organisatorische Umsetzung der Aufgaben nach dem SGB II nicht in die vorgeschlagene Lösung eines einheitlichen Arbeitsmarktdienstleisters einmündete, ist rückblickend als wenig gelungener parlamentarischer Kompromiss zu werten.

Aus dem Beratungsprozess der parlamentarischen Demokratie ist bekannt, dass Vorschläge nie so in Gesetze gegossen werden, wie sie vorgelegt werden. Das war auch hier der Fall. In den Gesetzen, die umgangssprachlich und auch von der Begrifflichkeit unzutreffend „Hartz-Gesetze" genannt wurden, war dann *nicht überall Hartz drin, wo Hartz draufsteht.*

Zehn Jahre danach wird die Reform von vielen Seiten als einzigartige Sozial- und Arbeitsmarktreform gepriesen, ohne die es Deutschland nicht gelungen wäre, sich von „The sick man of the euro", so das britische Wirtschaftsmagazin Economist im Jahre 1999[3], zu einer international höchst wettbewerbsfähigen Volkswirtschaft mit einem beneidenswert robusten Arbeitsmarkt zu wandeln. Doch machen die Würdigungen zum zehnjährigen Jubiläum auch deutlich, dass die Deregulierung von Arbeitsverhältnissen unerwünschte Folgen mit sich brachte, die

2 Erfolgreich wurde diese Idee 1993 umgesetzt, als Volkswagen 30 000 Leute zu viel an Bord hatte und entschied, niemanden zu entlassen, sondern mithilfe der 4-Tage-Woche und anderen Instrumenten das Problem zu lösen. Als Bestandteil der Kommissionsvorschläge sollte die Idee in Deutschland mit 5000 Unternehmen und Organisationen, die mehr als 500 Beschäftigte haben, umgesetzt werden.

3 *The Economist,* 3. Juni 1999.

teilweise vermeidbar gewesen wären, aber auch schon früher angelegt waren. Nur sind sie durch die Reformen nicht gestoppt, sondern zum Teil verstärkt worden. „Bei aller Kritik im Detail" – so konstatieren die Arbeitsmarktforscher Möller und Walwei zum 10. Jahrestag – „waren die Reformen im Grundsatz richtig."[4]

Aber das Problem, die Arbeitslosigkeit in ihrer sich verfestigenden Form zu bewältigen – dieses Problem ist noch nicht gelöst.

4 Ebenda.

Das Problem ist noch nicht gelöst

Wir erkennen, dass die Intentionen, welche die seinerzeitigen Reformüberlegungen getragen haben, in der Wirklichkeit in mancherlei Hinsicht nicht angekommen sind. Dies betrifft insbesondere die Verwerfungen im Wirtschaftsprozess, die uns heute die notwendigen Diskussionen über prekäre Beschäftigung, ausufernde Leiharbeit und Altersarmut trotz Erwerbsarbeit gebracht haben. Die Arbeitsvermittlung ist professioneller geworden, aber sie scheint vor allem an den schnellen und ressourcenschonenden Erfolgen interessiert zu sein. Sicher ging es in den Reformen auch um effektivere und effizientere Arbeitsvermittlung, denn das entspricht dem gesetzlichen Auftrag des Marktausgleichs. Aber die Reformvorschläge hatten insbesondere auch diejenigen im Blick, die besonderer Unterstützung bedürfen, um wieder ins Erwerbsleben eintreten zu können. Das war auch das zentrale Anliegen des Kommissionsvorsitzenden aus dem Hintergrund seiner Berufsbiografie[1]. Mit dem § 35 Abs. 1 Satz 3 SGB III ist das auch gesetzlicher Auftrag geworden, da „verstärkte vermittlerische Unterstützung“ gegenüber denjenigen zu leisten ist, „deren berufliche Eingliederung voraussichtlich erschwert sein wird“.

Insbesondere das Thema Langzeiterwerbslosigkeit ist in der operativen Umsetzung der Reformvorschläge zu kurz gekommen. Deutschland nimmt im europaweiten Vergleich eine Spitzenposition beim Anteil der Langzeiterwerbslosen an den Erwerbslosen ein. Im Rahmen der international vergleichbaren ILO-Messungen[2] belegt Deutschland im Jahre 2011 hinter Irland den zweiten Platz mit einer Langzeiterwerbslosenquote von 47 %.[3]

---

1 Vgl. *Peter Hartz* in der ARD-Dokumentation „Auf der Suche nach Peter Hartz“, Erstausstrahlung am 14. 11. 2011 in der ARD.

2 Die Zahlen der ILO (International Labour Organisation) beruhen auf Umfragen und weichen auf Grund konzeptueller Unterschiede von den amtlichen Arbeitslosenstatistiken ab. Vgl. *Hartmann, M., Riede T.* (2005). Erwerbslosigkeit nach dem Labour-Force-Konzept – Arbeitslosigkeit nach dem Sozialgesetzbuch: Gemeinsamkeiten und Unterschiede. Statistisches Bundesamt. Wirtschaft und Statistik 4/2005.

3 Bundesagentur für Arbeit (2011).

Betrachtet man die Zeitreihen der vergangenen Jahre, so scheint die Zahl der Langzeitarbeitslosen in Deutschland jedoch gesunken zu sein, von 1,7 Millionen im Jahre 2007 auf etwa 1 Million im Jahre 2012. Ein fürwahr beachtlicher Rückgang von 41 %, der gerne als Erfolg der Arbeitsmarktreformen und der neu organisierten Arbeitsvermittlung gepriesen wird.[4] Wir haben allerdings Skepsis, ob es sich hier tatsächlich zum überwiegenden Teil um reale Arbeitsmarkteffekte handelt. Um dies zu erkennen, reicht der Blick in die Statistik alleine nicht aus.

Um wen geht es?

Ausgangspunkt ist die Definition der Langzeitarbeitslosigkeit im Sozialgesetzbuch. Sie lautet: „Langzeitarbeitslose sind Arbeitslose, die ein Jahr und länger arbeitslos sind.“ (§ 18 SGB III)

Damit gelten alle Personen als langzeitarbeitslos, die am jeweiligen Stichtag der Zählung 12 Monate und länger bei den Agenturen für Arbeit oder bei den Trägern für Grundsicherung *arbeitslos gemeldet* sind. Zu ergänzen ist jedoch: Personen, die *ununterbrochen* arbeitslos gemeldet waren und deren Status als Arbeitsloser mithin nicht durch rechtlich definierte Ereignisse formal beendet wurde, so dass bei erneutem Eintritt der Arbeitslosigkeit die Dauermessung von vorne beginnt.[5]

Nach § 16 Abs. 1 SGB III ist Arbeitslosigkeit durch drei Merkmale definiert: Beschäftigungslosigkeit, Verfügbarkeit und Arbeitsuche. Außerdem wurde mit Wirkung vom 1. Januar 2004 mit dem neuen Absatz 2 eine weitere Eingrenzung vorgenommen, wonach Teilnehmer an Maßnahmen der aktiven Arbeitsmarktpolitik nicht mehr als arbeitslos gelten wie schon vorher die Teilnehmer an Maßnahmen der beruflichen Weiterbildung. Das verzerrt natürlich das Bild.

Was hat sich nun in den Jahren 2007 bis 2011, für die ein Rückgang der Langzeitarbeitslosigkeit angezeigt wird, ereignet?

Zunächst erweiterte sich mit der Einführung der neuen Grundsicherung zum 1. Januar 2005 nicht nur die Gesamtheit für die Erfassung der Arbeitslosigkeit, es kam in den Jahren 2005 und 2006 auch zu weitreichenden und später zu korrigie-

4 Ebenda.

5 „Eine im Hinblick auf die Messung der Arbeitslosigkeitsdauer schädliche Unterbrechung liegt dann vor, wenn die arbeitslose Person eine Beschäftigung von 15 Wochenstunden und mehr aufnimmt (unabhängig von der Beschäftigungsdauer), für mehr als sechs Wochen nichterwerbstätig abgemeldet oder arbeitsunfähig ist, oder an einer Maßnahme der aktiven Arbeitsmarktpolitik (ausgenommen Maßnahmen zur Aktivierung und beruflichen Eingliederung) teilnimmt. Die Dauermessung fängt bei erneuter Arbeitslosigkeit von vorne an.“ Bundesagentur für Arbeit (2012b), 27.

renden Zuweisungen vormaliger Sozialhilfeempfänger in den Status der Arbeitslosigkeit.[6] Dies trägt zu der hohen Ausgangsgröße von Arbeitslosen und in der Folge dann Langzeitarbeitslosen bei und ebenso nimmt dieser Effekt Einfluss auf die Abnahme der Langzeitarbeitslosigkeit, insofern der Arbeitslosenstatus später wieder geändert wurde.

Ein weiterer Effekt zur Senkung der Arbeitslosigkeit und insbesondere der Langzeitarbeitslosigkeit brachte die Einführung des § 53a SGB II im Januar 2008, wonach erwerbsfähige Hilfebedürftige, die nach Vollendung des 58. Lebensjahres mindestens für die Dauer von zwölf Monaten Leistungen der Grundsicherung für Arbeitsuchende bezogen haben, ohne dass ihnen eine sozialversicherungspflichtige Beschäftigung angeboten worden ist, nach Ablauf dieses Zeitraums nicht als arbeitslos gelten.

Bei Langzeitarbeitslosen *in der Arbeitslosenversicherung* handelt es sich zum größeren Teil um Personen, die entweder noch keinen Anspruch auf Arbeitslosengeld haben wie Berufsrückkehrerinnen oder Berufseinsteiger oder die nach dem Auslaufen der Leistungen der Arbeitslosenversicherung weiterhin bei den Arbeitsagenturen als arbeitsuchend gemeldet bleiben. Typischerweise sind das zum Beispiel arbeitslose Frauen oder Männer, deren Partner oder Partnerin über ein Erwerbseinkommen verfügt, so dass die Voraussetzungen für Leistungen nach dem SGB II wegen fehlender Bedürftigkeit nicht vorliegen. Außerdem gehören dieser Gruppe der Langzeitarbeitslosen in der Arbeitslosenversicherung ältere Arbeitnehmerinnen und Arbeitnehmer an, die Leistungsansprüche von mehr als zwölf Monaten haben.[7] In den Jahren, für die ein deutlicher statistischer Rückgang der Langzeitarbeitslosigkeit konstatiert wird, sind bei den arbeitslosen und arbeitsuchenden Nicht-Leistungsbeziehern im Wege der „Bestandspflege" in stärkerem Maße Abmeldungen erwirkt worden, und zwar nicht in Arbeit sondern in (Verbleib in der) Nichterwerbstätigkeit. Die betroffenen Personen fielen aus dem Status der Arbeitslosigkeit heraus und waren im Falle einer Neuanmeldung zunächst definitionsgemäß keine Langzeitarbeitslosen mehr.[8]

---

6 „Allerdings können die hohen Werte in den Jahren 2005 und 2006 auch als Folge der anfänglich sehr weitreichenden Statuszuweisung „arbeitslos" für erwerbsfähige Hilfebedürftige im Zuge der Einführung des SGB II gelten. Der deutliche Rückgang [ist] damit teilweise einer Bereinigung der übererfassten Fälle insbesondere in den ersten drei Jahren des SGB II geschuldet. So wurden im März 2006 noch 52 Prozent der erwerbsfähigen Leistungsberechtigten in der Grundsicherung für Arbeitsuchende als arbeitslos geführt. In späteren Jahren ist der Anteil der Leistungsberechtigten mit dem Status „arbeitslos" wieder gesunken und lag im März 2011 zuletzt bei 44 Prozent." Bundesagentur für Arbeit (2011), 9.

7 Bundesagentur für Arbeit (2013a), 14.

8 Die für zwölf Wochen verhängte „Vermittlungssperre" hatte zur Folge, dass eine Neuarbeitslosmeldung wegen der länger als sechs Wochen dauernden Unterbrechung eine neue Arbeitslosigkeitsperiode im Sinne der Dauerberechnung begründete. Zur „Vermittlungssperre"

Das Beschäftigungsvolumen der Zeitarbeit hat ebenso wie die Vermittlung Arbeitsloser in angebotene Stellen der Zeitarbeit in den letzten Jahren massiv zugenommen. Die Anzahl der Vermittlungsvorschläge der Bundesagentur für Arbeit in Zeitarbeit hat sich in den Jahren 2007–2011 mehr als verdreifacht und die Zahlen des Jahres 2011 weisen inzwischen mehr Stellenbesetzungen in die Zeitarbeit als in „reguläre" Arbeit aus. Dabei ist bekannt, dass mehr als die Hälfte der Beschäftigungsverhältnisse der Zeitarbeit nach weniger als drei Monaten endet.[9] Jedenfalls wird auch in solchen Fällen kurzzeitiger Beschäftigung die rechnerische Periode der Arbeitslosigkeitsdauer wieder auf Null gesetzt.

Wenn wir uns ein belastbares Urteil über die *Entwicklung* der Langzeitarbeitslosigkeit im Verlauf der letzten Jahre bilden wollen, so müssen solche Effekte bedacht werden, die zwar einen statistischen Rückgang der Langzeitarbeitslosigkeit anzeigen, aber wenig mit der Beendigung von Langzeitarbeitslosigkeit durch (nachhaltige) Integration in Erwerbsarbeit zu tun haben.

Wenn wir uns schließlich über den *Umfang* der Langzeitarbeitslosigkeit ein Bild machen wollen, so wird ebenfalls deutlich, dass das statistische Datum der Langzeitarbeitslosigkeit als solches eine *völlig unzulängliche Information* darstellt. Hier müssen wir auch die verdeckten Formen der Arbeitslosigkeit beachten, die sich der gesetzlich definierten Statistikgröße entziehen.

Eine Annäherung bringt das Konzept der Unterbeschäftigung.[10] Es erfasst zusätzlich zu den nach gesetzlicher Definition Arbeitslosen auch weitere beschäftigungslose, arbeitsuchende Personen sowie Arbeitnehmer, die in einer subventio-

---

bei Nicht-Leistungsbeziehern vgl. Geschäftsanweisung der Bundesagentur für Arbeit (2009). HEGA 01/09-06. Gesetzliche Änderungen zu den §§ 35, 37 und 38 SGB III vom 01. 01. 2009. Punkt 3.3 lautet: „Für arbeitslose und arbeitsuchende Nichtleistungsempfänger (außer ABM- und Job-to-Job-Kunden) gilt folgendes: Sie können für die Dauer von zwölf Wochen von der Arbeitsvermittlung nach § 38 Abs. 3 Satz 3 ausgeschlossen werden, wenn sie ihren Pflichten nach dem § 38 Abs. 2 oder der EV *(bedeutet: Eingliederungsvereinbarung)* bzw. den im Verwaltungsakt nach § 37 Abs. 3 Satz 4 festgelegten Verpflichtungen zu Eigenbemühungen ohne wichtigen Grund nicht nachkommen. Mit Eintritt der Vermittlungssperre erlischt die Arbeitslos- bzw. Arbeitsuchendmeldung. Der Kunde kann die Vermittlung erst nach Ablauf der 12-wöchigen Vermittlungssperre erneut in Anspruch nehmen." http://www.arbeitsagentur.de/nn_165870/zentraler-Content/HEGA-Internet/A04-Vermittlung/Dokument/HEGA-01-2009-VA-Gesetzliche-Aenderungen.html [aufgerufen am 21. 03. 2013].

9 Vgl. *Einsiedler, E.* (2012).

10 Bundesagentur für Arbeit (2009). Im Konzept der Unterbeschäftigung im engeren Sinne werden zu den gemeldeten Arbeitslosen (Arbeitslosigkeit nach § 16 SGB III) Teilnehmer in Maßnahmen zur Aktivierung und beruflichen Eingliederung; Personen, die unter die sogenannte 58er-Regelung nach § 53a SGB II fallen; Teilnehmer in Qualifizierungsmaßnahmen, Beschäftigte am 2. Arbeitsmarkt, vorruhestandsähnliche Regelungen sowie kurzfristige Arbeitsunfähigkeit (bis zu 6 Wochen) gezählt. Das BA-Konzept der Unterbeschäftigung erfasst außerdem Personen in Kurzarbeit, Altersteilzeit und geförderter Selbständigkeit.

nierten Beschäftigung stehen. Die Größenordnung der Unterbeschäftigung liegt Anfang des Jahres 2013 bei über 4 Millionen Personen, erfasst also rund 900 000 Personen mehr als die Zahl der Arbeitslosen, wobei ca. ein Drittel auf den Rechtskreis der Arbeitslosenversicherung (SGB III) und zwei Drittel auf die Grundsicherung (SGB II) entfallen.[11] Nur geschätzt werden kann jedoch die Zahl derer, die überhaupt nicht in das Erfassungssystem der Sozialsysteme eingehen. Dies betrifft insbesondere erwerbsfähige Menschen, die keinen Anspruch auf die Grundsicherung haben und sich aus persönlichen Gründen – auch aus Resignation über erfolglose Bemühungen, unterwertige Angebote, schlechte Vereinbarkeit oder unzumutbare Aktivierung – von der aktiven Arbeitsuche zurückgezogen haben. Man nennt sie in der geläufigen technokratischen Sprache die „Stille Reserve".

Auf der Grundlage von Bevölkerungsbefragungen liegen Daten zum Umfang dieser Gruppe vor, die einen Anhaltspunkt über Umfang und über Gründe der Inaktivität am Arbeitsmarkt liefern.[12] Demzufolge wird für das Jahr 2010 von 1,154 Millionen Menschen ausgegangen, die als sogenannte „Stille Reserve" gelten. Dabei werden unterschiedliche Motive und Gründe für die Inaktivität am Arbeitsmarkt erkennbar. Für jüngere Menschen sind Studium und Ausbildung hauptsächlicher Grund, keine Erwerbstätigkeit aufzunehmen; Frauen mittleren Alters nennen am häufigsten persönliche und familiäre Verpflichtungen, wie die Betreuung von Kindern oder von pflegebedürftigen oder behinderten Personen, wogegen bei Männern mittleren Alters insbesondere Krankheit die entscheidende Ursache für die Inaktivität am Arbeitsmarkt ist. Ältere Menschen geben überwiegend den Ruhestand für ihre aktuelle Inaktivität an, obgleich viele grundsätzlich gerne arbeiten würden und auch verfügbar wären. Jeder fünfte Ältere hat die Arbeitsuche entmutigt aufgegeben, da der Arbeitsmarkt keine Beschäftigungsmöglichkeit biete. Bemerkenswert ist, dass rund 50 % der Personen der „Stillen Reserve" über einen mittleren Bildungsabschluss und 13 % über einen hohen Bildungsabschluss verfügen.[13]

Wir stellen fest: Die Zahl von rund 1 062 000 Langzeitarbeitslosen, welche die Arbeitsmarktstatistik im Februar 2013 ausweist[14], entspricht nur dem kleineren Teil der Menschen, die nicht oder nicht mehr den Weg in das Erwerbsleben finden, obgleich sie arbeitsuchend oder zumindest an einer Arbeitsaufnahme interessiert sind. Um zu einer realistischen Größenordnung zu gelangen, sind diejenigen Erwerbslosen hinzuzurechnen, die *aus formalen Gründen* entweder nicht den

---

11 Unterbeschäftigung im Februar 2013: 4,075 Millionen gesamt, davon 1,380 Millionen SGB III und 2,695 SGB II. Vgl. Bundesagentur für Arbeit (2012a).

12 Vgl. *Rengers, M.* (2012).

13 Vgl. ebenda, 313.

14 Bundesagentur für Arbeit (2013b).

sozialrechtlichen Status der Arbeitslosigkeit haben oder die nicht als Langzeitarbeitslose gelten, es aber faktisch sind. Außerdem sind jene Menschen zu berücksichtigen, die sich von der aktiven Arbeitsuche aus unterschiedlichen Gründen zurückgezogen haben. Die Größenordnung der Zahl der Langzeiterwerbslosen wird also eher bei 4 Millionen als bei 1 Million liegen.

Doch es ist müßig, das ungelöste Problem der Ausgrenzung vom Arbeitsmarkt an statistischen Konzepten oder Zahlen festzumachen. Mit nur wenigen harten Fakten und Faktoren lässt sich das Risiko der an- und langdauernden Erwerbslosigkeit bestimmen: Während in der Arbeitsmarktdebatte meist nur die mangelnde Qualifikation in den Vordergrund gestellt wird, sind es doch insbesondere Krankheit und gesundheitliche Einschränkungen, höheres Lebensalter und bei Frauen zusätzlich Kinderbetreuung, Pflege und sonstige familiäre Verpflichtungen, die eine längere Erwerbslosigkeit begründen.[15]

Was liegt näher, nicht erst den Eintritt einer längeren Erwerbslosigkeit abzuwarten, sondern dem erkannten Risiko bereits frühzeitig durch entschlossenes und gezieltes Handeln zu begegnen?

Wir werden uns daher nicht nur auf Langzeitarbeitslose im engeren Sinne beschränken, sondern den Fokus unserer Aufmerksamkeit und Arbeit auf die „Abgeschriebenen“ der Leistungsgesellschaft insgesamt richten. Dazu zählen die Langzeitarbeitslosen, aber ebenso all die anderen, die noch nicht, zeitweise nicht oder überhaupt nicht mehr in diese Kategorie fallen, aber ebenso im Risiko stehen, aus dem aktiven Erwerbsleben für längere Zeit oder auf Dauer herauszufallen oder ausgegrenzt zu werden.

Wir wollen daher im Folgenden den Begriff „Langzeitarbeitslose“ weitgehend vermeiden, da er uns auf die rechtliche und statistische Definition eines zu engen Betroffenkreises zurückwirft. Wir sprechen stattdessen von *Erwerbslosen* und *Langzeiterwerbslosen*.

Die Abgeschriebenen der Leistungsgesellschaft

Ein Skandal, über den niemand spricht: Der wahre Grund für Arbeitslosigkeit liegt in der Gleichgültigkeit vieler Besitzenden gegenüber den Besitzlosen; der Gleichgültigkeit der Unternehmer und Manager, der Politiker, Beamten und Arbeitsplatzbesitzenden, also derjenigen, die über Kapital und Macht oder geregeltes Einkommen aus Arbeit verfügen, gegenüber den Arbeitslosen. Bei jenen, die in Lohn und Arbeit stehen, kommen neben der Gleichgültigkeit oft noch andere Faktoren

15 Vgl. auch *Hollederer, A.* (2009), 12–38.

zum Tragen – so die Angst, den eigenen Arbeitsplatz auch zu verlieren, arbeitslos zu werden. Diese Angst kann panische Qualitäten annehmen und schränkt Solidarität oft ein. In Zeiten, in denen wirtschaftlicher Aufschwung und Arbeitsmarktreformen zu sinkenden Arbeitslosenzahlen führen, treffen Gleichgültigkeit, Angst und Ignoranz eine Gruppe besonders hart: die Langzeiterwerbslosen. Es sind die Menschen, deren Arbeitskraft nicht mehr nachgefragt wird; die auf Grund von Alter, gesundheitlichen Problemen, Entwertung von Qualifikationen, familiären Verpflichtungen und sonstigen persönlichen Umständen aus dem Erwerbsleben ausgegrenzt werden oder herausgefallen sind und den Anschluss nicht mehr finden. Sie profitieren kaum vom Wirtschaftsaufschwung. Sie sind die Vergessenen des deutschen „Jobwunders".

Die Anstrengungen der Agenturen für Arbeit konzentrieren sich auf die Integration Kurzzeitarbeitsloser. Und bei diesen weitgehend routinisierten Vermittlungsprozessen sind sie auch überaus erfolgreich. Quick Wins erzielen die Berater in den Arbeitsagenturen nicht, wenn sie sich um eine Vermittlung derjenigen kümmern, die als „schlechte Risiken" gelten.[16] Auch in der Politik, zumal in den derzeitigen Regierungsparteien [Sommer 2013], wird Langzeiterwerbslosigkeit nur ungern thematisiert. Sie passt nicht so recht ins Bild des deutschen „Jobwunders" und taugt auch nicht als Wahlkampfthema. Die jüngsten Äußerungen des Bundesarbeitsministeriums, dass die Jobchancen für Langzeitarbeitslose zur Zeit außergewöhnlich gut seien, helfen gewiss der Politik mehr als den von Arbeitslosigkeit Betroffenen.

Übersehen darf man auch nicht, dass die Langzeiterwerbslosen bereits bei der operativen Umsetzung des Schröderschen Reformwerkes viel zu kurz gekommen sind. Die Folgen spüren sie und die Helfer, die sich um diese Menschen kümmern, täglich. Was aber tun mit ihnen, deren Chancen auf Arbeit von Tag zu Tag sinken, die mehr und mehr zu *Ausgegrenzten* und *Ausgestoßenen* in unserer auf Leistung getrimmten Gesellschaft werden? Wir dürfen nie vergessen: Arbeit bedeutet ja nicht allein Beschäftigung und Lohn. Sie bedeutet auch Selbstbestimmung, Eigenverantwortung, Kreativität, Selbstverwirklichung, gesellschaftliche Teilhabe und letztlich *Sinnerleben, die Anerkennung von Integrität und Würde.* „Ich glaube, es ist gottgewollt, dass wir arbeiten", hat Oswald von Nell-Breuning, der große Denker und Nestor der katholischen Soziallehre einmal gesagt, und damit auf einen tieferen Sinn der Arbeit verwiesen. Darf es uns gleichgültig lassen, dass Millionen erwachsener Menschen die sinnstiftende Qualität von Arbeit vorenthalten bleibt?

Nun wird von Arbeitsmarktexperten immer wieder und zu Recht darauf verwiesen, dass es sich hier um Menschen handelt, die auf Grund besonderer Ein-

16 Vgl. *Einsiedler, E.* (2012).

schränkungen und Hemmnisse besonders schwer zu vermitteln sind.[17] Über die Hälfte der Menschen, die als Langzeitarbeitslose geführt werden, verfügt über keine abgeschlossene Berufsausbildung, der Großteil ist älter als 50 Jahre. Die Jobs, die diese Menschen ausfüllen könnten, so heißt es regelmäßig, gibt es gar nicht mehr. Und in der Tat sind ja viele Berufe, die auf einfachen, manuellen Tätigkeiten beruhen, der technischen Entwicklung zum Opfer gefallen oder sie wurden in Billiglohnländer ausgelagert, wo unter oft inhumanen Arbeitsbedingungen Arbeit geleistet wird. Aber was wird getan, um die zweifellos vorhandenen Talente der erwerbslosen Menschen zu entdecken? Was wird getan, um in unserer prosperierenden Gesellschaft für sie geeignete Arbeitsmöglichkeiten aufzuspüren? Die negativen Folgen von Arbeitsplatzverlust und Arbeitslosigkeit für die seelische und körperliche Gesundheit und das Wohlbefinden sowie die sozialen Beziehungen sind durch wissenschaftliche Studien vielfach belegt.[18] Was wird getan, um diesen Folgen vorzubeugen?

Arbeitsagenturen und Jobcenter versuchen, Vermittlungshemmnisse zu reparieren. Die Maßnahmen reichen von Qualifizierungs- und Schulungsprogrammen bis zur Schuldner- und Suchtberatung. Das sind gute oder auch nur gut gemeinte Ansätze. In dem einen oder anderen Fall mögen sie auch helfen. Doch häufig endet die Intensität der Unterstützung und Betreuung, wenn sich die erwarteten Erfolge nicht schnell einstellen. Inzwischen wurden auch Formen der Intensivbetreuung schwer Vermittelbarer eingeführt.[19] Das grundsätzliche Problem der andauernden und hartnäckigen Erwerbslosigkeit, vor allem auch der Personen, die außerhalb des Zugriffs der professionellen Integrationsdienste stehen, wird dadurch jedoch nicht gelöst. Das zeigen die Zahlen in dramatischer Weise.

Das Problem ist lösbar!

MINIPRENEURE dreht die herkömmliche Vermittlungslogik der Arbeitsmarktdienstleistungen um: Nicht *Arbeitskräfte* mit Vermittlungs*hemmnissen* stehen im Vordergrund, sondern *Menschen, Personen* mit ihren *Talenten.* Ermutigung, Stärkung des Selbstvertrauens und Ermunterung, sich „auf den Weg zu machen“, stehen am Anfang. Die Talente und Kenntnisse, wo sie verschüttet sind, werden wieder aufgedeckt. Wenn sie veraltet sind, werden sie wieder aufgefrischt. Wünsche

17 „Der Anteil der Älteren, schlechter Qualifizierten und länger Arbeitslosen nimmt immer weiter zu. Jeder weitere Abbau der Arbeitslosigkeit wird damit eine immer größere Herausforderung und geht mit einem immer höheren individuellen Aktivierungsbedarf (…) einher.“ Bundesagentur für Arbeit (2011), 9.

18 *Paul, K. I., Hassel, A., Moser, K.* (2006).

19 Vgl. Bundesagentur für Arbeit (2012c).

und Wollen, Können und Wissen, Fähigkeiten und Fertigkeiten, Kompetenzen und Performanzen werden in eine neue, konkrete Perspektive übergeführt. Sind die Talente diagnostiziert, werden mit neuen Methoden die geeignetsten Tätigkeitsfelder identifiziert. Dann machen wir uns gemeinsam auf den Weg, die passenden Arbeits- und Beschäftigungsmöglichkeiten aufzuspüren.

MINIPRENEURE nimmt dabei immer den Einzelnen als Person mit seinem individuellen Geworden-Sein in den Blick. Der Besonderheit der Situation von Männern und Frauen, von jüngeren und älteren Arbeitslosen begegnen wir mit Respekt und einer „komplexen Achtsamkeit".[20] Wenig hilfreich sind den Betroffenen pauschale Einschätzungen und standardisierte Maßnahmen.[21] Mit jedem Einzelnen wird ein persönlicher, individueller Entwicklungsplan erarbeitet. Bei dessen Umsetzung begleiten und unterstützen wir ihn.

Wenn wir dabei bewusst neben anderen Referenzwissenschaften auch auf die Erkenntnisse der Psychologie, Neurobiologie und Medizin zurückgreifen, so ist es uns ein Anliegen, deutlich zu machen, dass es sich bei unserem Projekt um die Arbeit mit meist gesunden und auf jeden Fall kompetenten, selbstbestimmten Mitbürgerinnen und Mitbürgern handelt und nicht um eine sozialmedizinische oder psychotherapeutische Maßnahme, wenngleich das Thema Gesundheit zentral ist. Unsere Initiative versteht sich als breit ausgelegte, berufsbezogene Bildungsarbeit, eine psychosoziale Projektarbeit aus einer Motivation solidarischer, beispringender Hilfe und Unterstützung, auch der „Hilfe zur Selbsthilfe". Dabei wird natürlich gelegentlich auch auf Konzepte und Methoden der Persönlichkeitsbildung, der Entwicklung persönlicher Kompetenzen und Performanzen, der Unterstützung von „Identitätsarbeit" zurückgegriffen, die in therapeutischen Kontexten entwickelt wurden, die aber auch im Management-Training, der Führungskräfteschulung, der innerbetrieblichen Mitarbeiterinnenfortbildung, im Coaching oder der Konfliktberatung und Mediation verwendet werden. Von zuweilen vorfindlichen Tendenzen einer wachsenden „Therapeutisierung" der Gesellschaft grenzen wir uns dezidiert ab. Eine Verbesserung der Kommunikationsfähigkeit, die Förderung der intersubjektiven Grundhaltung, des Respekts vor den Anderen in ihrer Andersheit und einer Verbreiterung der Wissensbasis, der Bildungsstände und der humanitären Qualität in unserer Gesellschaft als demokratischer Solidargemeinschaft ist jedoch dezidiertes Anliegen dieses Projektes.

---

20 *Petzold, H. G., Moser, S., Orth, I.* (2012).

21 Forschungsarbeiten spiegeln die große Heterogenität der Gruppe der Langzeitarbeitslosen hinsichtlich ihres Erlebens und Verhaltens, hinsichtlich ihrer Interessen, Einstellungen und Werte wider. Zu den interindividuellen Unterschieden des Erlebens und Verhaltens und der Bedeutung verschiedener Tätigkeits- und Arbeitsbereiche bei langzeiterwerbslosen Menschen vgl. etwa *Göttling, S.* (2006). Zu interindividuellen Unterschieden bezüglich Einstellung und Motivation: Vgl. *Bescherer, P., Röbensack, S., Schierborn, S.* (2009).

MINIPRENEURE ist ein inter- und transdisziplinäres Projekt, das die Menschen in ganzheitlicher und differenzieller Weise in den Blick nimmt. Es organisiert ein Netzwerk wechselseitiger Hilfe aus Experten und Expertinnen unterschiedlicher Disziplinen, Unterstützern unterschiedlicher Branchen und motivierten Arbeitsuchenden als „Experten in eigener Sache". Aus dieser „doppelten Expertenschaft"[22] schöpft das Projekt den Zugewinn an Know How, fachkundiger Betreuung, sozialer Unterstützung und Empathie, um eine möglichst große Zahl von Menschen zu ermutigen und zu befähigen, ihr Leben als arbeitsfähige und leistungsbereite Mitbürger aktiv und mit berechtigten Hoffnungen in die Hand zu nehmen, um – beginnend in ihrem unmittelbaren Lebensbereich – den Weg in eine dauerhafte Erwerbstätigkeit zu finden.

Bei der praktischen Erprobung des Konzeptes im Saarland hat sich herausgestellt, dass eine aktive Beteiligung oder Mitarbeit nicht nur für Langzeiterwerbslose, sondern ebenso für andere Zielgruppen von Interesse ist.

Etablierte klein- und mittelständige Unternehmen können als Anbieter für die Dienstleistungen fungieren und die Elemente des Ausbildungsprozesses für ihre Personal- und Geschäftsentwicklung nutzen. Eltern, die nach einer längeren Familienzeit schrittweise wieder erwerbstätig werden wollen, bietet die MINIPRENEURE-Organisationsform vielfältige Möglichkeiten, um den Ansprüchen an zeitliche und räumliche Flexibilität gerecht zu werden. Rentner können zur Aufstockung ihrer Rente im Rahmen des MINIPRENEURE-Netzwerkes entweder selbst ein kleines Unternehmen gründen oder bei einem MINIPRENEUR mitarbeiten oder aushelfen. Eine weitere Zielgruppe werden mit der heute ständig zunehmenden Hochaltrigkeit in Zukunft die „Longinos"[23] bilden – die Menschen über 70 Jahre und älter. Mit den reichen Erfahrungen eines langen Lebens und bei der zunehmenden körperlichen und mentalen Fitness können sie, wenn sie Interesse haben und noch Aufgabenfelder für ihr Engagement suchen, spezifische Aufgaben übernehmen und aktiv daran mitwirken, die uns bevorstehenden gesellschaftlichen Herausforderungen zu bewältigen.

Unsere Überzeugung ist: Wir dürfen nicht den Abstieg abfedern, sondern müssen bei Aufstieg und Wiedereinstieg helfen. Das MINIPRENEURE Netzwerk hilft damit, den menschenrechtlich begründeten Anspruch auf gesellschaftliche „Inklusion" zu verwirklichen[24].

---

22 Vgl. *Petzold, H. G., Schobert, R., Schulz, A.* (1991), 207–259.

23 Vgl. *Petzold, H. G., Horn, E., Müller, L.* (2011); *Petzold, H. G.* (2012a), 536. Von lateinisch *longus*, lang, ausgedehnt, siehe dieses Buch S. 171 ff.

24 Inklusion ist ein grundlegendes Prinzip der menschenrechtsbasierten Strategien zur Reduktion von Armut der Vereinten Nationen (UN) und der Weltgesundheitsorganisation (WHO): „Participation and inclusion: The human rights principle of participation and inclusion means that every person and all peoples are entitled to active, free and meaningful

Das Leitmotiv des Konzeptes für die Menschen in dieser Unternehmung, für die MINIPRENEURE und ihre Berater und Begleiter lautet: „Mache Dich selbst zum Projekt!“[25] „Lasst uns das Projekt machen – gemeinsam!“ Der arbeitsuchende Mensch macht sich selbst zum Projekt. Er will es und er kann es. Er erhält eine Perspektive.

Wir müssen die Gleichgültigkeit gegenüber den Arbeitslosen überwinden. Es sind die Arbeitslosen *unserer Gesellschaft.*

Fangen wir einfach an!

---

participation in, contribution to, and enjoyment of civil, economic, social, cultural and political development in which human rights and fundamental freedoms can be realized.“, Office of the High Commisionar of Human Rights (2008); vgl. auch *Habermas, J.* (1996).

25 Dieser Satz ist ein Kernkonzept der Integrativen Therapie, einem modernen Ansatz biopsychosozialökologischer Psychotherapie, Persönlichkeitsentwicklung und Kulturarbeit; vgl. *Petzold, H. G.* (2003a, 2012a), *Sieper, J., Orth, I., Schuch, W.* (2007).

II. Grundlagen des MINIPRENEURE-Konzeptes*

* Erstellt auf Grundlage der Beiträge von Peter Hartz (2010), Peter Hartz und Hilarion G. Petzold (2010), Gerald Hüther (2008), Sascha Göttling (2012).

Wenn Menschen aus der Arbeitswelt herausfallen

Durch unsere Arbeit sorgen wir vorausschauend für unser körperliches, seelisches, geistiges, soziales und materielles Wohl, aber auch partiell für das Wohl des Gemeinwesens, das uns die Rahmenbedingungen für unsere Arbeit und unser Privatleben sichert. Arbeit ist *Selbstsorge:* Eine Tätigkeit, mit der wir Verantwortung für unsere eigenen Bedürfnisse übernehmen. In der anthropologischen Bestimmung des Wesens der Arbeit bei Marx heißt es: Arbeit ist ein Prozess zwischen Mensch und Natur, „worin der Mensch seinen Stoffwechsel mit der Natur durch seine eigene Tat vermittelt, regelt und kontrolliert." Indem er die Natur verändert, „verändert er zugleich seine eigene Natur." [1] Arbeit ist aber auch Gemeinwohlsorge durch ihre Produktivität und ihre Beiträge zum Gemeinwesen.

Nun ist der moderne Mensch kein Jäger und Sammler, der seine Nahrung, seine Kleidung, seine Unterkunft direkt aus der natürlichen Umwelt bezieht. Arbeit wird – zumindest in den modernen Industrienationen – in hyperkomplexen arbeitsteiligen Systemen geleistet, in denen die Daseinsvorsorge kollektiv organisiert wird. Es gibt globalisierte Unternehmen, die mit anderen globalisierten Unternehmen, staatlichen und überstaatlichen Organisationen in vielfältigen Austauschbeziehungen stehen. Der Sinn und das Ergebnis der Arbeit besteht immer noch in dem Selben: Der Mensch arbeitet, um zu essen, zu trinken, ein Dach über dem Kopf zu haben, sich etwas leisten zu können, an Kultur zu partizipieren und Beiträge zum Gemeinwohl und zum Gemeinwesen zu leisten, das ihm einen kollektiven Raum der Sicherheit bereitstellt. Immer noch ist unsere Arbeit Ausdruck unserer eigenen Bemühungen, ein Leben nach unseren Wünschen, Bedürfnissen und Vorstellungen zu führen und damit auch Räume jenseits von Arbeit gestalten zu können. In welchem Maße uns das gelingt, ist nun allerdings davon abhängig,

---

1 *Marx, K.* (1962). Zu integrativen Theoriepositionen zum Thema Arbeit, Gemeinwohl, kritisch reflektiertem Altruismus vgl. *P. Jonas* (1998/2012), *Petzold, H. G., Orth, I.* (2013a).

wie gut wir in diese hyperkomplexen sozialen Systeme eingebunden sind und zu deren Erhalt beitragen können. Weiterhin ob wir Freunde, Partner und Partnerinnen, Kollegen und Kolleginnen, Kunden oder Arbeitgeber finden, die mit uns zusammenarbeiten möchten.

Was bedeutet es für den heutigen Menschen, für Männer und für Frauen, aus diesen modernen arbeitsteiligen Systemen ausgeschlossen zu werden? Was bedeutet es, wenn er oder sie die Erfahrung macht, als Mitarbeiter bzw. als Mitarbeiterin nicht mehr gefragt zu sein? Was bedeutet es, wenn er oder sie arbeitslos wird und keine Mittel mehr hat, an den Gütern der Kultur zu partizipieren?

Die Perspektive der Neurobiologie

Der Effekt, den der moderne Mensch spürt und erlebt, wenn er seine Arbeit verliert, ist in neurobiologischer Betrachtungsweise in der Regel immer noch der gleiche, den der Jäger erfahren hat, der seine Hände verliert; der gleiche Effekt, der beim Sammler entsteht, wenn Pflanzen und Früchte, seine Nahrungsmittel, einer Dürre zum Opfer fallen. Die gewohnten Verhaltensmuster, die dazu dienen, die grundlegenden Bedürfnisse zu befriedigen, funktionieren nicht mehr. Es kommt zu *Stressreaktionen.* Nun erleben wir Stress heute in vielen Zusammenhängen unseres oftmals hektischen Alltages. Aber das Problem ist nicht der Stress als solcher, sondern ob und wie wir in der Lage sind, ihn zu kontrollieren.

Der Neurobiologe Gerald Hüther[2] weist auf folgende Sachverhalte hin.[3]

Ein dauerhafter unfreiwilliger Ausschluss von der Erwerbsarbeit stellt eine massive Bedrohung des Selbstbildes und der Identität dar. Solch eine Bedrohung zählt zu den stärksten Stressoren, die Menschen überhaupt erleben können. Dauerarbeitslosigkeit geht dann mit einer lang anhaltenden, unkontrollierbaren Stressreaktion, mit Ohnmachtsgefühlen und mit Hilflosigkeit einher.

Unter diesen Bedingungen kommt es im Gehirn zur Aktivierung archaischer Notfallreaktionen, zu einer Verschiebung der Balance zwischen dem synaptischen und parasynaptischen System (Folge: z. B. kardio-vaskuläre Erkrankungen) sowie einer chronischen Aktivierung der neuroendokrinen Stressreaktion mit vermehrter Cortisolausschüttung (Folge: Unterdrückung des Immunsystems, der Testo-

2 *Hüther, G.* (2008). Prof. Dr. rer. nat. Dr. med. habil. Gerald Hüther ist Leiter der Abteilung für Neurobiologische Grundlagenforschung an der Psychiatrischen Klinik der Universität Göttingen und der Zentralstelle für Neurobiologische Präventionsforschung der Universitäten Göttingen und Mannheim/Heidelberg.

3 *Hüther, G.* (2011); *Hüther, G., Petzold, H. G.* (2012).

steronproduktion, allgemeine Destabilisierung körperlicher und zentralnervöser Regelkreise).

Wenn es Menschen dennoch gelingt, nicht an den Folgen dieser dauerhaften Notfallreaktion zu erkranken, so vor allem deshalb, weil sie lernen, ihre Bedürfnisse nach Zugehörigkeit und Anerkennung zu unterdrücken oder in andere Bahnen zu lenken, z. B. in eine Arbeitstätigkeit außerhalb des ersten Arbeitsmarktes. Dabei sind sie gezwungen, Haltungen und innere Einstellungen zu entwickeln, die zwar ihr Überleben als Arbeitslose sichern, für ihre Reintegration in das Berufsleben jedoch enorm hinderlich sind.

Das menschliche Gehirn passt seine Arbeitsweise, seine innere Organisation und damit auch seine Struktur an die Art und Weise an, wie und wofür es genutzt wird (nutzungsabhängige Plastizität). Bleibt jemand über einen längeren Zeitraum arbeitslos[4], so optimiert und strukturiert sich sein Gehirn auf diese Situation hin. Die hierbei heraus geformten neuronalen Muster sind dann immer besser für ein Leben als Arbeitsloser, aber immer schlechter für ein Leben als Arbeitstätiger geeignet.

Diese Haltungen und Einstellungen sind neurozerebral als gekoppelte kognitiv-emotionale Netzwerke insbesondere im Frontalhirn verankert. Sie sind weder mit den üblichen kognitiven Strategien der Aufklärung, Belehrung und Beratung, noch mit emotionalen Strategien der Zuwendung und Wertschätzung, Belohnung oder Bestrafung ohne weiteres veränderbar.

Findet der Mensch auf Grund der hohen Plastizität seines Gehirns eine kreative Lösung[5], die seine Situation verändert, klingt der Stress ab. Bleibt die Arbeitslosigkeit trotz aller Anstrengungen dauerhaft, kann er in eine unkontrollierbare Stressreaktion geraten, die mit großer Wahrscheinlichkeit zentrale vitale Funktionen schädigen kann.[6] Er gerät in eine tiefgreifende Lebenskrise, die mit fortschrei-

---

4 Gemeint ist hier „Arbeitslosigkeit“ im weiteren, d. h. nicht im sozialrechtlichen Sinne. Arbeit ist Arbeit auf dem ersten Arbeitsmarkt, aber auch die Arbeit auf dem zweiten Arbeitsmarkt, „Tauscharbeit“ und Nachbarschaftshilfe, „Gemeinsinnarbeit“ und Ehrenamt, „Haus- Familien- und Eigenarbeit“, „Bildungsarbeit“. Vgl. zum erweiterten Arbeitsbegriff und den damit verbundenen Verständnis von „Arbeitslosigkeit“ bzw. „Erwerbslosigkeit“. Vgl. *Göttling, S.* (2006).

5 Vgl. *Hüther, G.* (2007a); *Chalupa, L. M.* et al. (2011); *Lurija, A. R.* (1992).

6 In seinem Buch „Biologie der Angst“ stellt *Hüther* die Zusammenhänge zwischen angstauslösenden Lebensereignissen und den Stressreaktionen auf der psychologischen und neurologischen Ebene dar. Er unterscheidet zwischen kontrollierbaren und unkontrollierbaren Stressreaktionen. Kontrollierbare Stressreaktionen treten auf, wenn das innere Gleichgewicht durch die Aktivierung vorhandener erfahrungsbasierter Reaktionsmuster wiederhergestellt werden kann. Unkontrollierbare Stressreaktionen entwickeln sich, wenn solche Muster nicht abgerufen werden können. Diese können schwerwiegende Auswirkungen auf die Gesundheit haben. *Hüther, G.* (2007b).

tender Dauer und Ausweglosigkeit zu Verbitterung und Resignation, Rückzug aus sozialen Kontakten, Depressionen, Angststörungen bis hin zu schwerwiegenden körperlichen Erkrankungen führen kann.[7]

Die psychologische Perspektive

Der Mensch ist mit vielfältigen Fähigkeiten und Fertigkeiten ausgestattet, um sein Leben nicht nur zu bewältigen, sondern es auch in befriedigender und beglückender Weise zu gestalten. Dabei spielt das Erleben von Freiheit und Selbstbestimmtheit bzw. Selbstwirksamkeit eine große Rolle. Wir sprechen auch von „persönlicher Souveränität" und „personaler Integrität", der „Würde des Menschen", die deshalb auch grundrechtlich zentral steht[8]. Es ist höchst interessant zu sehen, wie Menschenwürde und Menschenrechte, Gerechtigkeit und Ungerechtigkeit mit persönlicher Gesundheit, Wohlbefinden und „produktiver Wirklichkeitsbewältigung"[9] und -gestaltung in Beziehung stehen. Das hatte schon die große Studie zu den „Arbeitslosen von Marienthal" (*Jahoda* et al. 1933) gezeigt, die aufweisen konnte, wie es zu Veränderungen im Zeiterleben und zu einer wachsenden Resignation kam. Zu den „Krankheitsursachen im Erwachsenenleben" gehören eben auch soziale Ungerechtigkeit, inadäquate Arbeitssituationen, fehlende Möglichkeiten der Selbstverwirklichung und des Nutzens der eigenen Talente, Einflussfaktoren, die Menschen bedrücken und beschneiden. Dabei ist natürlich Arbeitslosigkeit neben vielfältigen anderen Einflüssen, die die Freiräume von Menschen beeinträchtigen und ihre Würde verletzen[10], ein kardinaler Faktor.

Menschen brauchen Bedingungen, in denen *Selbstsorge* und *Gemeinwohlorientierung* einen Verwirklichungsrahmen finden können. Arbeitslosigkeit schränkt diese Bedingungen ein. Dabei geht es um mehr als um materiellen Wohlstand, wenn man ein „gutes Leben" führen will. Es geht um ein Leben in Würde, Integrität und Gerechtigkeit – Werte, die identitätskonstituierend sind. Deshalb ist ein „Integrativer Ansatz" notwendig, wenn man mit Männern und Frauen arbeiten will, die von Langzeiterwerbslosigkeit und ihren Begleitumständen und Folgen betroffen sind[11].

---

7 Z. B. *Schubert, C.* (2011).

8 Vgl. zur Selbstwirksamkeit *Flammer, A.* (1990) und Souveränität *Petzold, H. G.* (2007a), 226 ff; zu Integrität und Würde vgl. *Petzold, H. G., Orth, I.* (2011); *Sieper, J., Orth, I., Petzold, H. G.* (2010).

9 *Hurrelmann, K.* (2005, 2012)

10 Vgl. *Petzold, H. G.* (1968, 1996/2013).

11 Vgl. *Ulrich, P.* (2001); *Nussbaum, M.* (1999); *Orth, I.* (2010); *Orth, Petzold* (2013a).

Ein „Empowerment", das Menschen wirklich wieder aufrichtet, muss neben der „Employability" (der Fähigkeit, eine Erwerbsarbeit zu finden) immer auch die menschlichen Grundfähigkeiten, die „Capabilities" und die Würde und Integrität der Menschen berücksichtigen und stärken. Darin liegt eine Besonderheit des MINIPRENEURE-Ansatzes und damit kann es gelingen, eine prägnante und „souveräne Identität" zu bestärken oder wieder aufzubauen, wo sie beschädigt oder beeinträchtigt wurde.

Identität – so lehrt uns die Entwicklungspsychologie des Erwachsenenalters[12] – entsteht durch Fremd- und Selbstattributionen/Zuschreibungen und deren *kognitiven* Einschätzungen und *emotionalen* Bewertungen. Langzeiterwerbslosigkeit geht häufig einher mit negativen Fremd- und Selbstattributionen, die zu einer „beschädigten Identität"[13] der Person führen können.

Identitätskonstituierende Fremdzuschreibungen und Selbstzuschreibungen kommen maßgeblich aus fünf vitalen Bereichen, die Petzold in seinem Modell der „Fünf Identitätssäulen" wie folgt benennt.[14]

- **Leiblichkeit**
  Bezieht sich auf den individuellen Leib, die körperliche Verfassung, Gesundheit, Vitalität und Wohlbefinden.

- **Soziales Netzwerk**
  Betrifft die sozialen Kontexte (Familie, Freunde, Kollegen), in denen sich eine Person bewegt.

- **Arbeit, Leistung und Freizeit**
  Beinhalten den erlernten Beruf, die Berufserfahrung, Berufs- und Arbeitszufriedenheit, die Work-Life-Balance sowie die Grundeinstellungen und Verwirklichungsmöglichkeiten in den genannten Bereichen.

- **Materielle Sicherheiten**
  Resultieren neben dem persönlichen materiellen Besitz (Geld, Sachwerte, Güter) auch aus milieu-ökologischen Bezügen (meine Wohnung, mein Quartier, meine Heimat).

---

12 Vgl. *Filipp, S. H., Staudinger, U. M.* (2005); *Faltermaier, T., Mayring, Ph., Saup, W., Strehmel, P.* (1992), *Petzold, H. G.* (2012a), 499 ff.

13 Vgl. *Goffman, E.* (1967).

14 Vgl. *Petzold, H. G., Heinl, H.* (1983); *Petzold, H. G.* (2005, 2012a).

- **Werte**
  Deckt den gesamten Bereich von Werten und Normen und deren Einbettung in weltanschauliche und/oder religiöse Überzeugungen bzw. Sinn konstituierende Systeme und Wertegemeinschaften ab, denen ich zugehöre, denen man mich aber auch zuordnet.

Fortwährende Arbeitslosigkeit stellt für jede der fünf Identitätssäulen ein hohes Risiko dar. Aus der empirischen Forschung liegen hierzu umfangreiche belastbare Ergebnisse vor.

Arbeitslosigkeit ist ein Stigma, verbunden mit vielfältigen Vorurteilen gegenüber den Betroffenen[15]. Der Rückzug aus sozialen Kontakten ist eine Strategie, um sich mit diesen Vorurteilen nicht auseinandersetzen zu müssen und Schamgefühle zu bewältigen. Soziale Aktivitäten nehmen ab.[16] Das liegt auch daran, dass sich Arbeitslose viele dieser Aktivitäten wegen ihrer eingeschränkten finanziellen Möglichkeiten nicht mehr leisten können. Gefühle der Scham, Schuld und Ohnmacht spielen in diesem Prozess eine große Rolle.

Offenbar wirkt sich besonders die Erwerbslosigkeit von Männern negativ auf die Stabilität von Paarbeziehungen aus. Mancher Erwerbslose zieht sich innerhalb der Familie zurück, um nicht deren unerfüllbaren Erwartungen und negativen Bewertungen ausgesetzt zu sein.[17] Der Verlust der Ernährerrolle und die verstärkte Präsenz des Erwerbslosen im Haushalt können für weiteren Konfliktstoff sorgen.[18]

Die anzutreffende Meinung, die Identität von Frauen sei durch Arbeitslosigkeit weniger beeinträchtigt als die der Männer, weil mit Haus- und Familienarbeit eine mindestens ebenbürtige Ersatzrolle bereitstehe, wird durch wissenschaftliche Studien nicht bestätigt.[19] Hier kommen offenbar Gendervorurteile zum Tragen.

Auch andere Formen der Arbeit, die von langzeitarbeitslosen Menschen außerhalb des ersten Arbeitsmarktes ausgeführt werden, stellen in modernen Industrienationen wohl eher in Einzelfällen oder nur unter besonderen individuellen und situativen Bedingungen eine dauerhaft gleichwertige, identitätsstiftende Alternative dar.[20]

Öffentlich geförderte Beschäftigung hat zwar zunächst eine positive Bedeutung für das Wohlbefinden und das Identitätserleben. Dadurch, dass sie grundsätzlich befristet ist und die Betroffenen damit rechnen müssen, im Anschluss

15 Vgl. *Noelle, E.* (2003), 5.
16 Vgl. *Underlid, K.* (1996).
17 *Patton, W., Donohue, R.* (2001).
18 *Jones, L.* (1988).
19 *Göttling, S., Merkel, D., Mohr, G.* (2011); vgl. auch *Orth, I.* (2010).
20 Vgl. hierzu den ausführlichen Forschungsüberblick und die Studie von *Göttling, S.* (2006).

wieder arbeitslos zu scin, verflüchtigt sich dieser Effekt zum Ende der Maßnahmen wieder.[21]

Zum Thema „Schwarzarbeit" äußerten arbeitslose Männer in einer britischen Studie, dass die „Schwarzarbeit" ihnen zwar Freude mache, ihnen ermögliche, zu einer Verbesserung des Haushaltseinkommens beizutragen und berufliche Fähigkeiten zu trainieren. Auf der anderen Seite hatten sie jedoch ständig Angst, von den Behörden entdeckt zu werden und damit mindestens ihre Ansprüche auf staatliche Unterstützung zu verlieren. Damit verbunden war auch das Problem, dass sie außerhalb der Familie nicht so offen wie „normale Erwerbstätige" über ihre Arbeit sprechen konnten und somit auch wenige Möglichkeiten hatten, der für Erwerbslose typischen Stigmatisierung als „Faulenzer" zu entkommen. Sie litten weiterhin unter der Abhängigkeit vom Arbeitgeber und unter fehlendem Rechtsschutz.[22]

Arbeitslosigkeit stellt in einer von der Bundeszentrale für politische Bildung veröffentlichten Studie von allen betrachteten soziodemografischen Kriterien das mit *Abstand höchste Armutsrisiko* dar. Gut zwei Drittel der Arbeitslosen gelten als armutsgefährdet.[23] Das bedeutet, sie verfügen über weniger als 60 % des mittleren Nettoeinkommens der Bevölkerung.

Arbeit, und d. h. insbesondere die bezahlte Erwerbsarbeit auf dem ersten Arbeitsmarkt, ist in unserer Gesellschaft ein sehr hoher Wert, von dessen Teilhabe langzeiterwerbslose Menschen ausgeschlossen sind. In einer Studie des Instituts für Arbeitsmarkt- und Berufsforschung (IAB) der Bundesagentur für Arbeit stimmen 78,4 % der befragten arbeitslosen Bezieher von Arbeitslosengeld II der Aussage „zu" oder „eher zu", dass „Arbeit zu haben das Wichtigste im Leben" sei. 80,1 % würden auch dann „gerne" oder „eher gerne" arbeiten, wenn Sie das Geld nicht bräuchten. Eine Arbeit, die „unter dem fachlichen Können" liegt, wären 80,9 % „bereit" oder „eher bereit" zu akzeptieren. Die Bereitschaft, andere Einschränkungen hinzunehmen wie ein geringes Einkommen oder einen Wohnortwechsel, ist dagegen deutlich weniger ausgeprägt.[24]

Wenn die Erwerbsarbeitsorientierung in Folge der erlebten Enttäuschungen nachlässt, kann – so zeigen Studien – die Langzeitarbeitslosigkeit durchaus auch mit einer besseren mentalen Gesundheit einhergehen.[25] Dies steht nicht im Widerspruch zu den Erkenntnissen der Neurobiologie. Denn wer die Chancen hat, sich ohne Not anderen Zielen und identitätsstiftenden Beschäftigungen außerhalb

21 Vgl. *Nitsche, I., Richter, P.* (2003).
22 *Sixsmith, J. A.* (1999).
23 Vgl. Bundeszentrale für politische Bildung (2012).
24 Vgl. *Beste, J., Bethmann, A., Trappmann, M.* (2010).
25 *Pernice, R.* (1996); *Wanberg, C. R., Marchese, M. C.* (1994); *Paul K. I., Moser K.* (2006); *McKee-Ryan F. M., Song Z., Wanberg C. R., Kinicki A. J.* (2005).

der Erwerbsarbeit zuzuwenden, hat aus psychologischer und neurobiologischer Sicht eine gelungene Anpassungsleistung erbracht.

Der Rückzug aus dem Arbeitsmarkt wird in der Regel aber nur als die zweitbeste Lösung erlebt. Die arbeitspsychologische Forschung konnte feststellen, dass die beste Lösung in der Regel immer noch in einer Reintegration in den ersten Arbeitsmarkt besteht.[26]

Ziele des MINIPRENEURE-Prozesses

Für denjenigen, der lange Zeit ohne Arbeit war, sind häufig erst wieder Voraussetzungen herzustellen, die eine erfolgreiche Rückkehr in das Erwerbsleben möglich machen. Jenseits von *Fähigkeiten* und *Fertigkeiten*[27] denken wir hier in erster Linie an die physische, psychische, soziale und ökologische Verfassung bzw. Verankerung der Person, die sie in die Lage setzt, sich den Anforderungen des Erwerbslebens zu stellen.

Wenn körperlichen Einschränkungen vorliegen, gilt es, diese soweit möglich abzubauen oder Wege zu finden, mit den Einschränkungen umzugehen oder das einhergehende Handicap auf geeignete Weise auszugleichen. Menschen, die depressiv sind, wird es schwerlich gelingen, ihre Fähigkeiten und Fertigkeiten positiv zu bewerten, geschweige denn in einer Bewerbungssituation positiv darzustellen. Grundlegende psychische Stabilität ist eine notwendige Bedingung für den beruflichen Wiedereinstieg. Menschen ohne sozialen Rückhalt werden sich schwer damit tun, dauerhaft am Ball zu bleiben und ihre Bemühungen aufrecht zu erhalten.

Es muss also zunächst um die Wiederherstellung oder *Revitalisierung* von körperlichen, mentalen, sozialen und ökologischen Ressourcen gehen.

Nur schwer zu ändern sind Einstellungen, Haltungen und Werte, da sie für den Menschen subjektiv gesehen immer Sinn machen. Sie sind das Resultat eines gelebten Lebens, von guten und oftmals auch von schlechten Erfahrungen, und sie sind Ausdruck und Teil des Anpassungsprozesses, der unter der existenziellen Erfahrung der Arbeitslosigkeit stattgefunden hat. Einstellungen und Haltungen können sich ändern, wenn neue stabile Erfahrungen beginnen, welche die alten Erfahrungen überlagern. So geht es also darum, die Personen einzuladen, zu

---

26 Vgl. *Mohr, G.* (2010).

27 Es ist sinnvoll zwischen *Kompetenzen,* also Fähigkeiten, Wissen und *Performanzen,* also Fertigkeiten, Können, zu unterscheiden. Beides spielt zumeist (aber nicht immer) zusammen. Es gibt Menschen, die im Wissen exzellent sind, aber in der Performanz, im Umsetzen und Können Probleme haben. Hier kann durch entsprechende Förderung Hilfe geleistet werden. *Sieper, J., Petzold, H. G.* (2002).

ermutigen und zu inspirieren, neue Erfahrungen zu machen. Diese können dann zur Grundlage für die Herausbildung einer anderen, neuen Haltung werden.[28]

Eine Person, die lange erwerbslos war, wird sich auf das Risiko neuer Erfahrungen dann am ehesten einlassen, wenn ihr die Chance gegeben wird, nach einem Betätigungsfeld zu suchen, das ihren tatsächlichen *Talenten,* geheimen Wünschen und besonderen Interessen, Fähigkeiten und Fertigkeiten entspricht.

Dabei sind Eignungen und Talente zu entdecken, Kreativität freizusetzen und zu fördern, Erfahrungsschätze an Wissen und Können zu bergen, die nicht auf Anhieb aus der Biografie herauszulesen sind. Auf diese Weise wird nicht nur die „Passung" für bestehende Berufsprofile feststellbar, sondern auch das Potenzial an Engagement, Eigeninitiative und Findigkeit für das Entwickeln neuer Möglichkeiten. Es geht um *Job Creation.*

Werden die Personen dazu angehalten, sich etwas zuzutrauen und sich zu trauen, so sollen die dabei gehegten Erwartungen aber auch realistisch bleiben. Es kann und darf nicht darum gehen, Luftschlösser zu bauen, die am Ende wie Seifenblasen zerplatzen. Viele Langzeiterwerbslose haben wiederholt negative Erfahrungen mit Menschen gemacht, deren Versprechungen sich im Nachhinein als falsch herausstellten. Den Misserfolgserfahrungen darf keine neue hinzugefügt werden. Das würde die Probleme nur noch weiter verschärfen.[29]

Geleitet von diesen Einsichten und Absichten wurde der MINIPRENEURE-Prozess strukturiert. Dabei ist es wesentlich, die „Andersheit des Anderen"[30] zu sehen, ernst zu nehmen und in ihrer Einzigartigkeit und Verschiedenheit *(diversity)* einzubeziehen und zu nutzen. Ihre grundlegenden Fähigkeiten und Identitätsbereiche sind zu erfassen und zu bestärken, damit sie im MINIPRENEURE-Prozess optimal unter Beteiligung aller „auf Augenhöhe" genutzt werden können. Deshalb gilt es, in den Beratungen und POLYLOGEN ein optimales „Bündel" *(bundle)* von Maßnahmen zu erarbeiten und zu schnüren. Der MINIPRENEURE-Prozess hängt nachhaltig davon ab, dass die „Maßnahmepakete" eine gute „Passung" haben und intrinsische Motivationen aufrufen[31].

28 Vgl. *Hüther, G.* (2008); *Hüther, G., Petzold H. G.* (2012).

29 Vgl. *Mohr, G.* (2010).

30 Vgl. *Levinas, E.* (1983, 1989).

31 Zum *„bundling"*, ein Konzept, das auch in Weiterbildungsmaßnahmen und in der Therapie eine immer größere Bedeutung gewinnt, vgl. *Petzold, H. G., Sieper, J.* (2008a), 520 ff und *Petzold, H. G.* (2012h).

Wie finden Menschen wieder zurück in Arbeit?

Das Konzept MINIPRENEURE will nicht nur völlig neue Wege der Integration bzw. Reintegration von Langzeiterwerbslosen in das Arbeitsleben beschreiten, es setzt auch bewährte Modelle in neuer Weise ein. Es ist ein innovatives Projekt, das programmatisch relevante Ansätze und Konzepte aus verschiedenen wissenschaftlichen Disziplinen miteinander ins Gespräch gebracht hat. Daraus ist ein Modell entstanden, das über eine spezielle Verbreitungslogik einer allgemeinen Verwendbarkeit in der praktischen Arbeit mit Erwerbslosen zugeführt werden kann.

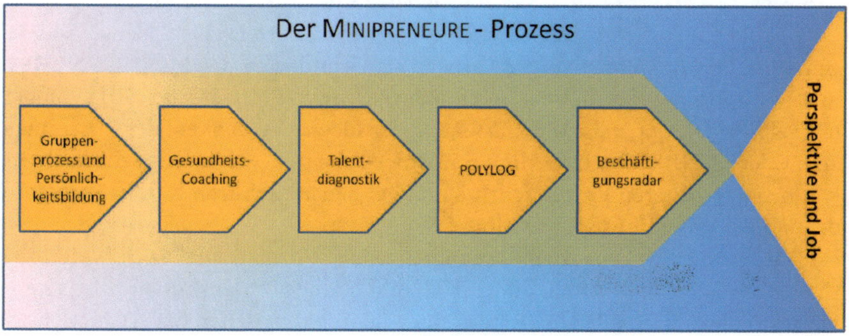

Der MINIPRENEURE-Prozess

Im weiteren Teil dieses Buches werden die ineinandergreifenden Förder-Prozesse des MINIPRENEURE-Ansatzes, die auf ein möglichst ideales „Maßnahmenpaket" abzielen, im Detail vorgestellt. Sie können in der Praxis verschiedene Formen annehmen und mit unterschiedlichen Intensitäten und Schwerpunktlegungen durchgeführt werden. Sie sind flexibel anzupassen an die jeweiligen Kontexte (arbeitsmarktpolitische Maßnahmen, Talentmanagement in Unternehmen), in denen sie zum Einsatz kommen.

PERSÖNLICHKEITS-, GRUPPEN- UND GEMEINSCHAFTSBILDUNG als Basisprozess

Grundlegend für den Weg der MINIPRENEURE ist die PERSÖNLICHKEITS-, GRUPPEN- UND GEMEINSCHAFTSBILDUNG. In diesem und durch diesen Basisprozess werden Langzeiterwerbslose zu MINIPRENEUREN. Im kleinen Rahmen werden sie aktiv, beginnen die Dinge in die Hand zu nehmen und ihren Lebensplan neu zu entwerfen. Am Beginn dieses Weges steht oft der mehr oder weniger isolierte, passive und resignierte Einzelne. Gelingt der Prozess, steht am Ende der seiner selbst und seiner Möglichkeiten bewusste MINIPRENEUR, der sein Talent entfaltet, Leistungsbereitschaft und Aktivität zeigt, die Kommunikation mit anderen pflegt, in einer Gemeinschaft steht, Verantwortung für sich und andere übernimmt – und seine je eigene Perspektive auf Arbeit gefunden hat. An diesem Leitbild werden die individuellen und gemeinsamen Lern-Aktivitäten ausgerichtet.[1]

Wie gestaltet sich der Weg dorthin? Was macht diesen MINIPRENEURE-Lernprozess, den Prozess der Persönlichkeits- und Gruppenbildung aus?

Petzold führt die Prinzipien der „doppelten Expertenschaft", der gegenseitigen Hilfe und des Voneinander-Lernens als Grundlagen der MINIPRENEURE-Kultur ein. Ihm und seiner bis in die 1960er Jahre zurückgehenden Erfahrungen mit Selbsthilfegruppen ist die Entstehung der Idee zu verdanken, der Zusammenarbeit der MINIPRENEURE die Form einer Selbsthilfegruppe zu geben, die im Rahmen der weiteren Prozessschritte und bei Bedarf fachliche Unterstützung findet und Beratung in Anspruch nimmt[2].

Das hartnäckige Vorurteil – „Langzeitarbeitslose sind faul" – ist widerlegt.[3] Unser Ausgangspunkt ist ein anderer. Gerald Hüther verdanken wir durch seine für das Projekt MINIPRENEURE erstellten neurobiologischen Expertise wichtige Erkenntnisse für die Gestaltung des Lern- und Entwicklungsprozesses.

---

1 Eine ähnliche Funktion hatte das M4-Mitarbeiterprofil, das in den 1990er Jahren als Leitbild für die Mitarbeiter im Volkswagenkonzern eingeführt wurde. Vgl. *Hartz, P.* (1994).

2 Vgl. *Petzold, H. G., Schobert, R., Schulz, A.* (1991).

3 Vgl. *Göttling, S.* (2006).

Der andauernde Misserfolg bei der Arbeitsuche geht für die betroffenen Menschen einher mit Stressreaktionen, in Folge derer sich das neuronale System, das Gehirn und damit das Erleben und Verhalten der Erwerbslosen an die Situation der Arbeitslosigkeit anpasst. Das kann bedeuten, dass stressbedingte Krankheiten auftreten, dass die Situation umgedeutet oder neu und eventuell fehlbewertet wird, oder dass alternative Aktivitäten aufgenommen werden. Durch neue und positive Erfahrungen können diese neuronalen Bahnungen wieder verändert werden. Verlorengegangene physische, psychische, mentale und soziale Qualitäten können auf diese Weise neu belebt werden. MINIPRENEURE möchte solche revitalisierenden Erfahrungen in seinem Basisprozess ermöglichen.

Gesundheitscoaching

Die Gesundheit von Langzeitarbeitslosen ist häufig in vielerlei Hinsicht beeinträchtigt. Um die Voraussetzungen für einen Wiedereintritt in das Erwerbsleben zu verbessern, muss der gesundheitlichen Verfassung ein besonderes Augenmerk gelten. Zur Diagnose und Stabilisierung der gesundheitlichen Situation wird daher ein individuelles GESUNDHEITSCOACHING angeboten. Grundlage bilden wissenschaftliche Erkenntnisse aus den Bereichen der Medizin, der Neurobiologie, der Psychologie und der Integrativen Therapie.

Die Psychologin Dr. Christine Kaul hat in den 90er Jahren die Volkswagen Coaching GmbH mit aufgebaut. Mit ihrem Beitrag für das MINIPRENEURE-Projekt gelingt es, die damals gewonnenen Erkenntnisse und Erfahrungen mit GESUNDHEITSCOACHING für unseren Lern- und Entwicklungsprozess zu erschließen. In der Tradition der Ottawa Charta der WHO hebt sie die Bedeutung von *Selbstbestimmung, Selbstsorge und Sorge für andere hervor* und zeigt auf, wie die bewährten Grundpfeiler „Bewegung“, „Ernährung“ und „Entspannung“ auf das GESUNDHEITSCOACHING von Langzeiterwerbslosen bezogen werden können.

Prof. Dr. med. Jürgen Rosenberger steuert die medizinische und medizinischrechtliche Expertise bei. Er leistete unermüdlich und mit großem Engagement einen wesentlichen Beitrag zur praktischen Erprobung des Konzeptes im Saarland, wobei er immer wieder auf die Bedeutung der Motivation und des Motivierens und die Zuversicht für das Gelingen des Prozesses aufmerksam machte.

Ein Verdienst von Hilarion G. Petzold und seiner Mitarbeiterinnen ist es, die verschiedenen Modelle, Ideen, Perspektiven und Ansätze zu integrieren und die Themen „Gesundheit“ und „GESUNDHEITSCOACHING“ in einen größeren Sinnzusammenhang zu stellen. Mit den „Vier Wegen der Heilung und Förderung“ zeigt er auf, wie einerseits Defizite, Störungen, Traumata und Konflikte überwunden werden können und zum anderen „protektive Faktoren", Potenziale, Resilienzen und Überwindungserfahrungen für die Gesundung (Salutogenese) zu nutzen sind.[4]

Talentdiagnostik

Nicht Vermittlungshemmnisse sind zu reparieren, sondern Talente sind in den Mittelpunkt der Lösung zu stellen. Ein weiteres Schlüsselelement im MINIPREURE-Prozess stellt daher die TALENTDIAGNOSTIK dar. Sowohl die psychologische Diagnostik als auch die Art der Ergebnisverwertung gehen hierbei in ihrer Exaktheit und Aussagekraft weit über bisherige Ansätze hinaus.

Die Entwicklungsgeschichte der TALENTDIAGNOSTIK beginnt mit der Auto 5000 GmbH bei VW.[5] Für die Personalauswahl wurde von Heinz Schuler ein personalpsychologisches, rechnergestütztes Testverfahren entwickelt. Dem Bewerber können nach dessen Anwendung konkrete Berufe und Tätigkeiten empfohlen werden, die seinen Fähigkeiten und Fertigkeiten, Interessen, Neigungen und seiner Persönlichkeit am Besten entsprechen.

Andreas Frintrup hat mit seiner HR Diagnostics AG das Berufsprofiling® weiterentwickelt und an die Anforderungen des Projektes MINIPRENEURE angepasst. Bei den ersten Feldversuchen im MINIPRENEURE-Pilotprojekt wurde schnell deutlich, dass eine intensive Betrachtung der Lebenserfahrungen des Teilnehmers und der Teilnehmerin nötig ist, um eine konkrete berufliche Perspektive entwickeln zu können. So gelingt es, auch die häufig verborgenen und auf ganz spezifische Weise mit der Lebensbiografie verwobenen Talente, insbesondere die Begeisterung, die Neigungen und die geheimen Wünsche sowie die heute verfügbaren Ressourcen aufzuspüren.

Sascha Göttling adaptiert zu diesem Zweck die „Panoramatechnik" aus der integrativen Praxis von Petzold und Orth für den Kontext des MINIPRENEURE-Prozesses. Im Zuge der weiteren Erprobung der TALENTDIAGNOSTIK mit der saarländischen Pilotgruppe präzisierte er den Prozess der TALENTDIAGNOSTIK und definierte das Verfahren, wie alle relevanten Daten für die nachfolgende Entscheidungsphase und ein optimales „Bündel von Maßnahmen" zusammengefasst werden können.

---

4 *Petzold, H. G.* (2003a), *Ostermann, D.* (2010).

5 Um den neuen VW-Touran in Deutschland produzieren zu können, wurde ein neues personalwirtschaftliches Modell gesucht. Die Idee zu dem Projekt 5000 mal 5000 entstand. 5000 Arbeitslose sollten neu eingestellt werden und für ihren Job 5000 DM erhalten. Aus 48 000 Bewerbungen waren die passenden Mitarbeiter auszuwählen.

POLYLOG

Der POLYLOG[6] – ein über den *Dialog* hinausgehender Austausch zwischen mehreren Menschen – ist ein in den 1960er Jahren von Petzold entwickeltes Konzept und Diskursmodell, um interdisziplinäre Zusammenarbeit, aber auch problemlösende Teamarbeit oder auch gruppentherapeutische Praxis so durchzuführen, dass Gespräche „nach vielen Seiten" möglich werden und die Ressourcen und Potenziale aller Beteiligten optimal genutzt werden können. Der POLYLOG kann auch gezielt Menschen mit unterschiedlichen Kompetenzen und Expertisen zusammenführen, um Projekte nicht zuletzt bei inter- und transkulturellen Aufgaben optimal zu verwirklichen.

Im MINIPRENEURE-Projekt kommen im POLYLOG-Prozess im Rahmen einer Kreativierungswoche mit anschließender Entscheidungsphase Personalentscheider, Fachexperten und Experten und Expertinnen „in eigener Sache" zusammen und gestalten gemeinsam einen Raum, in dem die Teilnehmer ihre neuen Lebenspläne entwerfen.

Wir stellten uns die Frage: Wenn wir die langzeiterwerbslosen Menschen ernst nehmen, ihre Talente kennen und nun konstruktiv über die Perspektiven diskutieren, was ist das dann? Petzold antwortete: „Ein POLYLOG, ein vielstimmiger Austausch von unterschiedlichen Menschen über komplexe Wirklichkeit, die mehrperspektivisch betrachtet wird, um sie gemeinsam zu gestalten."

In der ersten Phase des in der Folge entwickelten MINIPRENEURE-POLYLOGS kommen viele aus dem Integrativen Ansatz bekannten Kreativ-Techniken[7] zum Einsatz, in denen die Teilnehmer und Teilnehmerinnen ihr bisheriges Leben, ihre Gegenwart und ihre Zukunft, sich selbst und ihr Umfeld aus neuen Blickwinkeln und unter neuen Fragestellungen betrachten, sich gegenseitig anregen und dabei von Kreativitäts-Trainern begleitet werden.

Die zweite Phase ist die Entscheidungsphase. Hier werden alle Erkenntnisse aus der TALENTDIAGNOSTIK und der Kreativierungsphase zusammengetragen. Jede Teilnehmerin und jeder Teilnehmer stellt dazu zunächst seine eigenen Vorstellungen vor. Die Fachexperten für die TALENTDIAGNOSTIK, das GESUNDHEITSCOACHING und dem regionalen Markt werden angehört und bestärken die Teilnehmerinnen und Teilnehmer aus ihrer jeweiligen Perspektive heraus. Gegebenenfalls anwesende (Personal-)Entscheider und Entscheiderinnen unterbreiten schließlich – wenn möglich noch vor Ort – ein Angebot. Der leitende Coach formuliert die wichtigsten Entwicklungsziele, die in den persönlichen Ent-

6 *Petzold, H. G.* (2002c, 2003m).
7 *Petzold, H. G., Orth, I.* (1990, 1994).

wicklungsplan – ein erprobtes Instrument schon in der Praxis der Volkswagen Coaching GmbH – eingehen. Die Marschroute für das weitere Vorgehen ist damit festgelegt.

Beschäftigungsradar

Wer die Langzeiterwerbslosigkeit abbauen will, muss auch sagen können, wo die Jobs herkommen sollen. Mit dem neuentwickelten Tool BESCHÄFTIGUNGSRADAR wird systematisch das lokale Umfeld nach geeigneten Beschäftigungsmöglichkeiten durchforstet, und zwar bis auf Gemeinde- bzw. Stadtteilebene. Nicht nur auf die vorhandenen und ausbaubaren Beschäftigungsangebote wird geschaut. Neue Tätigkeitsfelder, neue Dienstleistungen, die aus den neuen Megatrends der sozialen Milieus unserer Gesellschaft hervorgehen, werden gesucht.

In den BESCHÄFTIGUNGSRADAR sind die Erfahrungen aus dem Projekt zur „Halbierung der Arbeitslosigkeit" eingeflossen, das der Volkswagen-Konzern der Stadt Wolfsburg zum 60. Geburtstag im Jahre 1998 schenkte.[8] Thomas Heuser, einer der bei diesem Projekt mitwirkenden Berater, entwickelte die Grundlage für das MINIPRENEURE-BESCHÄFTIGUNGSRADAR mit seinen drei Säulen „Finden bestehender Arbeitsplätze", „Erzeugen neuer Arbeitsplätze" und „Beobachten von Trends und Chancen".

Unter der maßgeblichen Mitarbeit von Corinna Mühlhausen wurden aus den gesellschaftlichen Megatrends 7 Jobfamilien[9] mit 130 neuen Dienstleistungen ab-

---

8 Mit Hilfe von Experten der Unternehmensberatung McKinsey & Company wurde hierzu auf der Suche nach einer Antwort auf die Frage, wie Beschäftigung in einer Region generiert werden kann, die halbe Welt „umgegraben". Ein Masterplan zur Halbierung der Arbeitslosigkeit entstand. Zur operativen Umsetzung wurde die Wolfsburg AG gegründet. Diese betrieb zum einen eine Personal-Service-Agentur, die Mitarbeiter zum temporären Einsatz an die Unternehmen in der Region verlieh und Leiharbeit hoffähig machte. Zum zweiten förderte sie innovative Start-Up-Unternehmen, die Unterstützung für die Ansiedlung erhielten und in ein exzellentes Netzwerk eingebunden waren, das dann Wachstum ermöglichte. Drittens wurde die Ansiedlung von Zulieferbetrieben gefördert und viertens durch die Erlebniswelt „Autostadt Wolfsburg" und weitere kulturelle Attraktionen der Tourismus und die gesamte Dienstleistungsbranche angekurbelt. Das Projektziel, die Halbierung der Arbeitslosigkeit, konnte so erreicht werden. Von Januar 1998 bis März 2005 wurden 7811 unbefristete und 130 befristete Stellen geschaffen.

9 Berufe und Berufsbilder haben sich z. T. über Jahrhunderte im gesellschaftlichen Bewusstsein etabliert und waren in der öffentlichen Vorstellungswelt präsent: Bäcker, Schneider, Schmied etc. Heute sind in unseren ultrakomplexen Gesellschaften zahllose neue Berufe, Dienstleistungen und Arbeitsmöglichkeiten entstanden, die neue Aufgaben, neue Bedürfnisse oder Probleme mit neuen Berufsprofilen und Arbeitsfeldern „bedienen". Um diese Vielfalt zu strukturieren und im öffentlichen Bewusstsein mental repräsentiert zu halten, wurde

geleitet, die von ehemals langzeiterwerbslosen Menschen auf der Grundlage ihrer TALENTDIAGNOSTIK ausgeführt werden können. Die Jobfamilien sind: *Familiendienste, Nachhilfe, Zuhause betreut, Gesundheit und Wohlgefühl, Natur und Garten, Kleinunternehmerdienste, Handgemacht.*

Imke Keichers Beitrag zum Projekt bestand darin, den Umsetzungsprozess zu konkretisieren. Sie stellte die konzeptionelle Verbindung zu Sinus Maps der Firma Microm her, die eine hervorragende Grundlage bieten, um aufzuspüren, wo die Kunden für diese Dienstleistungen aufzufinden sind. Insbesondere hat sie geholfen, die Frage zu beantworten, wie die angehenden MINIPRENEURE in Kontakt mit ihren zukünftigen Kunden kommen und ihre Dienstleistungen mit Hilfe einer selbst durchgeführten Markterkundung weiter differenzieren und quantifizieren können.

das Konzept der Jobfamilien entwickelt, das Dienste, Arbeitsformen, „Jobs" (in Unternehmen bereichs- und hierarchieübergreifend) zusammenfasst. Jobfamilien ermöglichen Spezialisierungen, Know how-Transfer und Qualitätssicherung, Entwicklungen und Innovationen in neuen Feldern, aber auch Entwicklungspfade und Übergänge der in ihnen tätigen Personen.

III. Der Weg zum Minipreneur

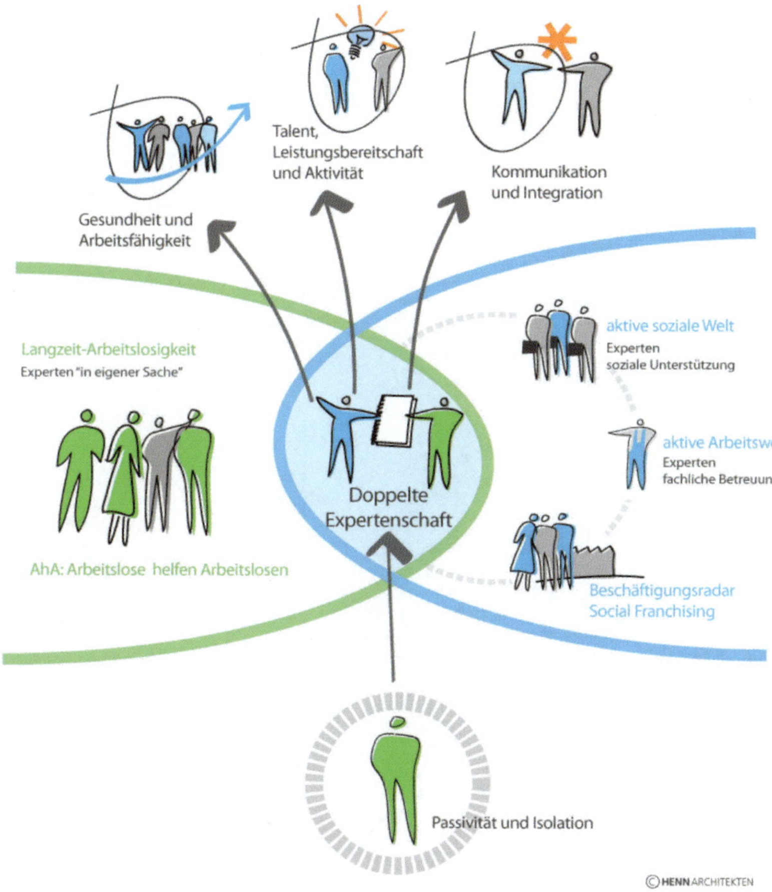

* Mache Dich Selbst Zum Projekt!

Gemeinschafts-, Gruppen- und Persönlichkeitsbildung als Basisprozess*

Wenn wir einen Beitrag dazu leisten wollen, dass Menschen aus lang andauernder Erwerbslosigkeit wieder herausfinden, dann müssen wir nach aller Erfahrung mehr tun, als lediglich nach Stellenangeboten zu suchen. Wir wissen, dass der Weg zurück in die Erwerbstätigkeit umso schwieriger wird, je länger die Arbeitslosigkeit andauert. Dabei geht es nicht alleine darum, dass Kenntnisse und Fertigkeiten nicht mehr auf dem Stand der Zeit sind. Dem kann durch geeignete Weiterbildung abgeholfen werden. Die eigentlichen Barrieren finden wir in der Regel an anderer Stelle. Sie liegen bei den Betrieben, wo lang andauernde Arbeitslosigkeit als Stigma und Obsolenzkriterium gilt, zumal wenn sie einhergeht mit weiteren Einschränkungen wie etwa dem fortgeschrittenen Lebensalter. Und sie liegen bei den betroffenen Menschen selbst, wenn sie sich mit der Zeit darauf eingestellt haben, aus der Arbeitsgesellschaft herausgefallen zu sein; wenn sie krank werden; wenn sie entmutigt sind und das Zutrauen verloren haben.

Wessen Ausbildung schon länger zurückliegt, wer sich jahrelang in Vollzeit um die Erziehung von Kindern und die Pflege von Angehörigen gekümmert hat, wer gesundheitlich eingeschränkt ist, wer über 50 Jahre alt ist, wer schon tausend Bewerbungen geschrieben und selten auch nur eine Antwort erhalten hat, der kommt in Anbetracht dieser Erfahrungen, der Reaktionen seines Umfeldes, der Berichterstattung in den Medien und der Rede von multiplen Vermittlungshemmnissen zu der Einschätzung, in der modernen Erwerbswelt nicht mehr gefragt und für sie nichts mehr wert zu sein. Das Zutrauen in die eigenen Fähigkei-

* Erstellt auf Grundlage der Beiträge von Peter Hartz und Hilarion G. Petzold (2010), Hilarion G. Petzold (2010), Gerald Hüther (2008), Sascha Göttling (2012).

ten schwindet. Viele gehen den Weg in Resignation und Passivität, manche finden neue Selbstbestätigung in Aktivitäten fernab des Arbeitsmarktes[1].

Für diejenigen, die den Weg zurück ins Erwerbsleben suchen, geht es jenseits der ökonomischen Prozesse von Angebot und Nachfrage also in erster Linie um Fremd- und Selbstzuschreibungen, um gestörtes Vertrauen und verlorenes Selbstvertrauen, um die Überwindung von Isolation und Resignation.

Hier setzt das Projekt MINIPRENEURE an. Es öffnet den lange Zeit erwerbslosen Menschen einen Raum, in dem sie ihre individuellen Geschichten und Lebenserfahrungen einbringen und sich mit ihren Wünschen und Möglichkeiten, Interessen, Fähigkeiten und Fertigkeiten auseinander setzen können. Und es organisiert Angebote, die den Erwerbslosen dabei helfen, ihren Weg aus der Arbeitslosigkeit zu finden.

Das Ziel lautet: Entmutigte Menschen zu ermutigen, eine neue Perspektive auf Arbeit zu finden. Sich selbst zum Projekt zu machen. Den Lebensplan neu zu entwerfen.

Der Rahmen, in dem dies geschieht, sind MINIPRENEUR-Gruppen, in denen sich Erwerbslose auf lokaler Ebene zusammenfinden und im Verständnis angeleiteter Selbsthilfe von Beratern begleitet sowie punktuell von Experten unterstützt werden.

Die Arbeit in diesen Gruppen folgt einem teils offenen, teils standardisierten und professionell angeleiteten Entwicklungs- und Bildungsprozess. In seinem Verlauf werden die teilnehmenden Personen ermutigt, beginnend in kleinem Rahmen und für sich persönlich etwas Neues zu unternehmen, aus der latenten Passivität der Arbeitslosigkeit herauszutreten und ihr Selbstvertrauen zu stärken, eigene Talente zu entdecken, den Lebensplan neu zu entwerfen und schließlich eine konkrete Perspektive zu entwickeln, die eine Tätigkeit auf dem ersten Arbeitsmarkt zum Ziel hat.

Die gemeinnützige Gesellschaft MINIPRENEURE bildet den organisatorischen Rahmen und die Unterstützungsstruktur, die das Konzept pflegt und weiterentwickelt. Seine Umsetzung erfolgt über eine SOCIAL FRANCHISE-Organisation (vgl. Kapitel IV).

---

1 *Göttling, S.* (2006) fasste die Forschungsergebnisse zur psychosozialen Gesundheit von Langzeiterwerbslosen in Abhängigkeit von Ausmaß und Inhalt ausgeführter Arbeitstätigkeiten jenseits des ersten Arbeitsmarktes zusammen und führte eine eigene Studie mit älteren Langzeiterwerbslosen in Ostdeutschland durch.

Der Integrative Ansatz

Was macht Langzeitarbeitslosigkeit mit den Menschen? Und was ist zu tun, dass sie aus dieser Lage wieder herausfinden wollen und können? In der Auseinandersetzung mit diesen Fragen können wir auf die Erkenntnisse verschiedener Fachdisziplinen zugreifen.

- **Neurobiologische Erkenntnisse …**
  betonen die Notwendigkeit der Revitalisierung der psychischen und physischen Ressourcen, um Resignation, Passivität und Isolation zu durchbrechen.[2]

- **Entwicklungspsychologische Aspekte …**
  befassen sich mit dem Prozess der Persönlichkeits- und Identitätsentwicklung. Sie verweisen auf die Notwendigkeit, Selbstwertverlust und „erlernte Hilflosigkeit" zu überwinden und neue Orientierungen auf aktive Teilhabe zu gewinnen.[3]

- **Soziologische Einsichten …**
  zeigen uns die Bedeutung von sozialen Netzwerken und kollektiven Gedankenwelten (mentalen Repräsentationen), die Notwendigkeit der Strukturierung des Alltages und der Stabilisierung neuer Orientierungen und Verhaltensmuster.[4]

- **Ökologische Einsichten …**
  zeigen uns die Wichtigkeit mikroökologischer Einflüsse wie Wohnung, Quartier, Arbeitsplatz, Natur für Gesundheit und Wohlbefinden.[5]

- **Die Wirtschaftspraxis, ökonomische Perpektiven …**
  lassen uns wissen, welche Einstellungen und Werte, welches Verhalten, welche Möglichkeiten und Chancen in der heutigen Arbeitswelt geboten sind.[6]

Diese Erkenntnisse, Einsichten, Forderungen und auch Interessenlagen aufzugreifen und in einem schlüssigen Handlungsansatz wirksam zu machen, stellt eine große Herausforderung dar. Denn einerseits ist eine angemessen komplexe Me-

---

2 Vgl. *Hüther, G., Petzold, H. G.* (2012), *Sieper, J.* (2007).
3 *Petzold, H. G.* (2012a).
4 *Moscovici, S.* (2001), *Hass, W., Petzold, H. G.* (1999).
5 *Flade, A.* (2010), *Petzold, H. G.* (2006p), *Petzold, H. G., Orth.Petzold, S.* (2013).
6 *Hartz, P.* (2001).

thodik erforderlich, und andererseits müssen die Elemente dieses Handlungsansatzes alltagstauglich und zur Lebenswelt der Menschen, um die es hier geht, anschlussfähig sein.

In der Tradition des „Integrativen Ansatzes" nach Petzold[7] liegt dem Konzept MINIPRENEURE ein *bio-psycho-sozial-ökologischer Ansatz* zu Grunde, mit dem wir den mehrperspektivischen Anspruch in der Auseinandersetzung mit dem Problem der Langzeiterwerbslosigkeit einlösen können. Die Perspektiven, die wir damit für unser Vorhaben erschließen, betreffen die biomedizinische Seite der Problematik, beziehen die psychologischen, soziologischen, ökologischen und ethischen Aspekte mit ein und nehmen die wirtschaftlichen, sozial- und arbeitsmarktpolitischen Dimensionen in den Blick.

MINIPRENEURE liegt auf der Schnittstelle von Persönlichkeitsentwicklung und sozialer Selbsthilfe, von Förderung individueller Lebenspläne und Erschließung lokaler Beschäftigungsmöglichkeiten, von Gemeinwesenarbeit und Arbeitsmarktpolitik. Die besondere Innovation liegt gerade in der Integration dieser Perspektiven und in der Einbindung der entsprechenden Disziplinen und Fachleute für die praktische Arbeit mit und für Langzeiterwerbslose.

Das Leitbild

- **MINIPRENEUR ist jemand, der sein Leben selbst in die Hand nimmt, sich selbst zum Projekt macht, der klein anfängt, dem ein bisschen nicht zu wenig ist und der dann mit Hilfe anderer eine Perspektive für einen neuen Job bekommt, der aber auch bereit ist, andere bei ihren Bemühungen um einen Neuanfang zu unterstützen.**[8]

Mit dem Begriff „Leitbild" oder „Modell" bezeichnet die psychologische Grundlagenforschung eine Person, die ein erfolgreiches Verhalten zeigt, das von anderen Menschen wahrgenommen, kognitiv und emotional verarbeitet und dann gegebenenfalls nachgeahmt wird. Lernen findet hier zunächst verdeckt (latent) auf der Ebene der Kompetenzen (Fähigkeiten, Wissen) statt und äußert sich dann – unter bestimmten Umständen, auf die weiter unten noch eingegangen wird – auch auf der Ebene der Performanzen (Fertigkeiten, Können)[9].

7 Eine Darstellung der Gesamtkonzeption des Integrativen Ansatzes findet sich in: *Petzold, H. G.* (2002a) und *Sieper, J.* (2006) 154 ff., 393 ff.

8 *Peter Hartz* in der ARD-Dokumentation „Auf der Suche nach Peter Hartz", Erstausstrahlung am 14. 11. 2011 in der ARD.

9 *Bandura, A.* (1976); *Sieper, J., Petzold, H. G.* (2002).

Menschen in Projekten brauchen Leitbilder. Diese werden am besten in POLYLOGEN mit allen Beteiligten entwickelt. Sie haben oft den Charakter von Idealbildern, den man sich annähern will, wohl wissend, dass das ein *WEG* ist, auf den man sich macht, auf dem es auch Hindernisse gibt. Deshalb braucht man auf ihm gute Freunde und Kolleginnen, um ihn sicher gehen zu können und um die gesteckten Ziele zu erreichen. In vielen POLYLOGEN mit Teilnehmerinnen und Teilnehmern am Projekt wurden Umrisse eines solche Leitbildes entwickelt und allen war klar: es muss auf die jeweilige Person und ihre Situation jeweils zugepasst werden. Es geht also nicht darum, einen „Superpreneur" zu kreieren, sondern eine Modellvorstellung, mit der man sich in einer Bezugsgruppe auseinandersetzen kann, um sich weiterzuentwickeln. Im Leitbild kommt also die Sicht der Projektteilnehmerinnen und -teilnehmer selbst zum Tragen.

Ein MINIPRENEUR ist also eine prototypische Figur die den Beteiligten als Anregung, Leitbild oder Modell dient. Wenn ein MINIPRENEUR sich auf den *WEG* macht, muss er zu anderen und zu sich selbst Vertrauen fassen lernen, um mit Hilfe von Freunden auch neue Strecken anzugehen und zu durchmessen. So gewinnt er wieder Selbstgewissheit und persönliche Souveränität.

Was zeichnet dieses Leitbild „MINIPRENEUR" aus? Es ist die Idee von einer Person – Frau und Mann –, die über sich, die Menschen, die Welt aktiv nachdenkt *(Kognition)*, die im Bereich der Empfindungen und Gefühle resonanzfähig ist *(Emotion)*, die zu „wechselseitiger Empathie" bereit und fähig ist und einen ausgeprägtem Willen *(Volition)* entwickelt, die sich aktiv in ihre *Umgebung* einfügt und sie verändert *(Performanz)*, Wissen und Fähigkeiten erwirbt und immer weiter differenziert *(Kompetenz)*. Sie entwickelt auf dem Hintergrund ihrer Erfahrungen *Werte und Überzeugungen*, die sie immer wieder hinterfragt und ggf. verändert. Sie erarbeitet sich Vorstellungen von dem, was sie ist *(Identität)* und zu wem sie gehört *(Zugehörigkeit, Wertewelt)*.

Der MINIPRENEUR fühlt sich nicht nur für sich selbst, sondern auch für seine Umgebung verantwortlich. Er nimmt wahr, was in ihm selbst und in seiner Umgebung passiert. Er interessiert sich für das, was er selbst und seine Mitmenschen empfinden. Er ist verbindlich und beständig in dem, was er tut. Der MINIPRENEUR akzeptiert die Grenzen anderer, zeigt Achtung und Wertschätzung gegenüber den anderen Menschen mit ihrem ganzen Sein und Geworden-Sein und in all ihrer Verschiedenheit. Der MINIPRENEUR fordert aber auch andere heraus, ermutigt sie dazu weiter zu gehen, ihre Grenzen zu erweitern und Neues zu wagen.

Das erste Erfolgsgeheimnis des MINIPRENEURS ist das Wissen darum, dass es immer – ganz gleich was passiert – möglich ist, wieder neu anzufangen, und dass er dabei von Menschen Unterstützung erhält. Dieser Gedanke gibt ihm Kraft. Er weiß, es gehört zum Leben dazu, dass man in Sackgassen geraten kann; dass es

Schicksalsschläge gibt, die einen aus der Bahn werfen; dass es nicht immer höher, schneller und weiter geht. Er weiß wie wichtig es ist, den Boden unter den Füßen zu spüren, Inventur mit sich selbst zu machen, sich klar darüber zu werden, wer man ist, was einem wirklich wichtig und wertvoll ist, was man will, was man kann und wer einem dabei helfen kann.

Das zweite Erfolgsgeheimnis des MINIPRENEURS ist, dass er weiß: Es gibt einen Ort, an den er immer wieder zurückkehren kann und von dem aus er neu starten kann. Aus diesem Wissen zieht er sein Gefühl von Sicherheit und Vertrauen. Das MINIPRENEURE-Netzwerk und die lokalen MINIPRENEURE-Gruppen bieten ihren Mitgliedern Möglichkeiten der Mitarbeit. Jedes Mitglied findet hier etwas, das es mit den ihm zur Verfügung stehenden Mitteln tun kann.

Die Präsenz des MINIPRENEURE-Leitbildes in Bildern und Erzählungen, in den Handlungen, in der Reflexion des eigenen Handelns in der Gruppe führt dazu, dass die Beteiligten immer wieder die MINIPRENEURE-Idee vor Augen haben. Sie haben die Chance, dieses Leitbild als Vorbild zu nutzen und ihr Wollen und ihr Handeln daran zu orientieren.

Ethische Orientierungen

MINIPRENEURE ist ein Programm, das Menschen zusammenführt mit dem Ziel, einen Weg aus der Erwerbslosigkeit zu finden. Da die Begegnung, Ermutigung und wechselseitige Unterstützung der Beteiligten als Schlüssel für gutes Gelingen und Erfolg zu sehen sind, kommt dem „guten Umgang miteinander“ besondere Bedeutung zu. Wichtig ist daher, die im sozialen Miteinander immer wieder hervorkommenden und insbesondere mit dem Stigma der Arbeitslosigkeit einhergehenden Vorurteile und Verallgemeinerungen zu hinterfragen und im eigenen Rollenverhalten kritisch zu reflektieren.

Auch wenn die Erwerbslosigkeit sich über lange Zeit verfestigt haben mag, so ist sie dennoch kein der Person als solcher eigenes, konsistentes und stabiles Merkmal. Arbeitslosigkeit ist keine Krankheit, sondern Phänomen der Marktprozesse unseres Wirtschaftssystems. Eine Pathologie von Arbeitslosigkeit liegt daher im System, nicht in der Person begründet. Das sollten die Betroffenen, aber auch die Bürger und Bürgerinnen „in Arbeit und Brot“, die Politiker und Entscheidungsträger immer wieder neu reflektieren, um Vorurteilen, Stigmatisierungen und falschen Zuschreibungen keinen Raum zu geben.

Wer aus der Arbeit herausgefallen ist, teilt das Schicksal einer großen Zahl von Menschen. Doch sie sind nicht nur Notleidende und Opfer. Dieser lähmenden Fremd- und Selbstzuschreibung müssen wir begegnen. Wer heute erwerbslos ist, kann morgen wieder Arbeit haben und umgekehrt. Auch unter den Langzeiterwerbslosen finden wir solche, die sich nicht davon abbringen lassen, ständig weiter und von anderen zu lernen, und die in diesem Sinne sich selbst zum Projekt machen. Auf der anderen Seite ist unter den Erwerbstätigen keine kleine Zahl, die sich seit Jahren in einem unveränderten Zustand „innerer Kündigung" befinden.

Die Probleme der Menschen, die aus der Arbeit herausgefallen sind und viele vergebliche Versuche unternommen haben, wieder in das Erwerbsleben zurück zu kehren, sollen nicht kleingeredet werden. Wir haben eine Auswahl der wissenschaftlichen Befunde dargelegt, die über die Folgen und Wirkungen von Erwerbslosigkeit Auskunft geben. Wer mit erwerbslosen Menschen arbeitet, ist gut beraten, hierüber Bescheid zu wissen. Aber wenn wir ihnen dabei helfen wollen, den Weg aus der Erwerbslosenfalle zu finden, dann gilt es, neben den Problemen auch *Ressourcen* und insbesondere die *Potenziale* zu erkunden, um einen realistischen Eindruck der Chancen zu erhalten. Diese Perspektive greift weiter als defizitorientierte Modelle. Der von Armatya Sen und Martha Nussbaum (1993) entwickelte *„capabilities approach"* (Fähigkeitsansatz) hat untersucht, was Menschen brauchen, um in komplexen modernen Gesellschaften bestehen und ein „gutes Leben" führen zu können[10]. Im MINIPRENEURE-Projekt gehen wir ähnliche Wege, um Menschen zu helfen, die ins Abseits geraten sind, damit sie wieder in Bereiche voller gesellschaftlicher Partizipation gelangen können. Lange Zeit erwerbslose Personen teilen zwar das Los, vom Arbeitsmarkt ausgeschlossen zu sein, sie unterscheiden sich aber in ihrer Individualität, ihren Eigenschaften, Fähigkeiten und Fertigkeiten, Erfahrungen, Interessen, Neigungen und Talenten, so dass eine differenzielle Sicht unerlässlich ist, will man „passgenaue" Hilfen entwickeln und *„Bündel von Maßnahmen" (bundling)* richtig zusammenstellen. Hier müssen wir ansetzen, jedoch nicht in dem Sinne, das Konkurrenzverhalten zu stärken und in Wettbewerb zueinander um rare Arbeitsstellen zu treten, sondern um Kooperation, Altruismus und Solidarität zu fördern.

Wir unterstellen neben der Vielfältigkeit der je gegebenen persönlichen Ausstattung und Individualität eine Gemeinsamkeit in der Sorge um ein gutes Leben (M. Nussbaum[11]), um die Integrität der Menschen in ihrer Andersheit (E. Levinas[12]), der Achtsamkeit im Miteinander ihrer intersubjektiven Beziehungen (G. Marcel[13]), und ihrer Verantwortlichkeit im Umgehen mit dem ökologi-

---

10 *Orth, I.* (2010); *Kallhoff, A.* (2011), *Agarwal, B., Humphries, J., Robeyns, I.* (2005).
11 *Nussbaum, M.* (1999).
12 *Levinas, E.* (1983, 1989).
13 Vgl. *Marcel, G.* (1967).

schen Lebensraum (H. Jonas[14]). Denn wir werden krank, wenn die Beziehungen und das Miteinander-Umgehen kränkend sind und wenn unser Lebensraum – unser Wohnraum, unser Quartier, unser Arbeitsplatz – ungesund und belastet ist. Der Integrative Ansatz, dem das MINIPRENEURE-MODELL folgt, wird von der Einsicht geleitet, dass das eigene Leben nicht gut und gesund sein kann, wenn wir versuchen, die anderen Menschen mit ihren Sorgen, Interessen und Bedürfnissen auszublenden und unserer Umwelt nicht die erforderliche Achtsamkeit gegenüber aufbringen. Deshalb ist es wichtig, gegebenenfalls auch Angehörige und Freunde in das Projekt einzubeziehen. Weil zahlreiche Arbeitsmöglichkeiten für MINIPRENEURE im Bereich der Ökologie liegen, wird auch diesen Fragen besondere Aufmerksamkeit geschenkt.

In diesem Sinne ist es zwar wichtig und richtig, dass Menschen sich um ihre eigenen Angelegenheiten, Probleme und Interessen kümmern und in die Lage kommen, sich selbst helfen zu können, aber es darf nie der Überblick für die großen Zusammenhänge und das Gesamt verloren gehen. Deshalb wird im MINIPRENEURE-Programm das Prinzip der *wechselseitigen Hilfe* und des *Voneinander-Lernens* über das Prinzip der ego-zentrierten Selbsthilfe gestellt[15]. Dieses Prinzip altruistischer Wechselseitigkeit ist fundamental und wird insbesondere durch den POLYLOG und in ihm umgesetzt.

In diesem, auf Wechselseitigkeit gründenden Rahmen der Selbst- und Fremdbefähigung orientieren wir uns am Prinzip des *„normativen Empowerment“*[16]. Wir sehen uns hier in der Tradition des Engagements für Gerechtigkeit und Menschenrechte.[17] *Normatives Empowerment* in diesem Sinne bedeutet, Menschen zu befähigen und sie dabei zu unterstützen, für die eigene Integrität Sorge zu tragen und sich für die Integrität des Anderen, die Integrität von Beziehungen, des Miteinander-Umgehens, des Lebensraumes einzusetzen. Zudem ist das gleiche Engagement von den formellen Experten und Expertinnen gefragt, die wir einbeziehen. Es geht um ein Engagement für Menschen in Notlagen. Es gelten die Prinzipien der *konstruktiven Einmischung*, der *engagierten Verantwortung* für die „Integrität des Anderen“[18].

14 *Jonas, H.* (1973). Sein „ökologischer Imperativ“ lautet: Handle so, dass die Wirkungen deiner Handlungen verträglich sind mit der Permanenz echten menschlichen Lebens auf Erden.“ *Jonas, H.* (1979), 36. Vgl. dazu *Petzold, H. G. Orth-Petzold, S., Orth, I.* (2013).

15 *Petzold, H. G., Schobert, R., Schulz, A.* (1991), 215; *Petzold H. G., Orth, I.* (2013a).

16 *Regner, F.* (2005).

17 *Arendt, H.* (1986); *Bourdieu, P.* (1997).

18 *Petzold, H. G.* (1978c); *Petzold, H. G., Orth, I.* (2011); *Petzold, H. G., Sieper, J.* (2011).

Ein komplexer Lernprozess

Ebenen des Lernens

Um die individuellen Entwicklungspläne zu realisieren und die angestrebten Integrationsziele zu erreichen, sind Lernprozesse und Veränderungen auf verschiedenen Ebenen erforderlich. Hierbei werden alte Muster (Wahrnehmungs-Verarbeitungs-Handlungs-Zyklen) unterbrochen und neue aufgebaut.

Der MINIPRENEURE-Prozess ist ein komplexer Lernprozess, in dem *Kompetenzen* und *Performanzen* vermittelt werden und *Persönlichkeitsbildung* ermöglicht wird. *Kompetenz* meint dabei die Gesamtheit aller Fähigkeiten und Wissensbestände, die zum Erkennen, Formulieren und Erreichen von Zielen erforderlich sind. *Performanz* ist die Gesamtheit aller Fertigkeiten und Praxen, die zur Umsetzung und Realisierung der Ziele mit gutem Erfolg notwendig sind.[19]

Herkömmliche Vermittlungspraxis	Lern- und Veränderungsebenen	MINIPRENEURE-Programm
"Ich gehöre zur Gruppe der Überflüssigen."	Leitidee	"Ich gehöre zu den MINIPRENEUREN!" "Ich gehöre dazu!" „Ich bin ein aktiver Teil der Gesellschaft und des Arbeitsmarktes!"
"Ich bin ein Langzeitarbeitsloser mit multiplen Vermittlungshemmnissen!"	Identität	„Ich bin jemand, der sein Leben in die eigenen Hände nimmt, der Hilfe sucht und erhält!"
"Ich tue, was von mir verlangt wird!" "Niemand gibt mir eine Chance." Hilflosigkeit / Ohnmacht	Werte und Überzeugungen volitionale / emotionale Ebene	„Ich will es und ich kann es!" hohe Selbstwirksamkeitserwartung, Optimismus
Erstellung von formell korrekten und inhaltlich angepassten schriftlichen Bewerbungen.	Kompetenz kognitive Ebene	Sich selbst zum Projekt machen. Soziale Unterstützung mobilisieren.
Stellenanzeigen lesen, Bewerbungen fertig machen und abschicken.	Performanz sozial-interaktionale Ebene	Individuelle Ziele setzen, gemeinsam mit anderen Lösungen finden und umsetzen.
Anforderung: 10 Bewerbungen im Monat	Umgebung Handlungsmöglichkeiten und -einschränkungen	Versprechen: „Jeder erhält eine Perspektive!"

Ebenen des Lernens und der Veränderung in Anlehnung an das Modell der neurolinguistischen Ebenen nach Dilts* und der Lernebenen nach Petzold und Sieper.**

* *Dilts, R.* (1993). ** *Sieper, J., Petzold, H. G.* (2002); *Lukesch, B., Petzold, H. G.* (2011).

19 Vgl. Sieper, J., Petzold, H. G. (2002).

In der Weiterbildung zum MINIPRENEUR eignet sich der Mensch Wissen in verschiedenen Bereichen an *(kognitive Ebene),* nimmt Kontakt zu seinen Emotionen auf, um Wichtigkeiten und Wertigkeiten zu erfassen, und verändert nötigenfalls seine kognitiven, emotionalen, volitionalen, d. h. willensbestimmten Stile und damit seine Handlungsroutinen. So wird etwa erlernte Hilflosigkeit umgewandelt in Optimismus, Ohnmacht in Selbstwirksamkeit *(emotionale Ebene).* Er schult seine Willenskräfte, lernt sich besser zu entscheiden und durchzuhalten *(volitionale Ebene)* und gestaltet den Kontakt zu seiner Umwelt positiv *(sozial-interaktionales Lernen).* Für jede dieser *Lernebenen* gibt es spezifische Lernvorgänge, die einander aber nicht ausschließen, sondern sich ergänzen. Alle Lernvorgänge schlagen sich auf der körperlichen Ebene nieder, etwa in Veränderungen neuronaler Bahnungen im Gehirn *(neurobiologische Ebene).* Der Lernprozess umfasst also die gesamte Person. Wenn der MINIPRENEUR sich selbst zum Projekt macht, ist Ziel aller Lernprozesse die Selbstveränderung in Richtung einer Verminderung seines Problems, Vergrößerung seiner Ressourcen und Potenziale und einer Ausdehnung seiner Möglichkeiten.[20]

Zur Initiierung und Lenkung dieser komplexen Lernprozesse schöpft das MINIPRENEURE-Programm aus dem Wissens- und Erfahrungsfundus des „Integrativen Ansatzes“ nach Hilarion G. Petzold und Mitarbeiterinnen. In dessen inzwischen mehr als 40jähriger Geschichte konnte ein reichhaltiges Repertoire von Methoden und Techniken für Beratung, Coaching, Supervision, Therapie und Bildungsarbeit auf einer multipel fundierten theoretischen Basis aufgebaut werden.[21]

Der Mensch und seine Umwelt bilden ein komplexes lebendes System. Unter einem System versteht man eine Menge von Elementen, zwischen denen Beziehungen bestehen. Lebende Systeme tauschen Materie, Energie und Informationen mit ihrer Umwelt bzw. mit ihren Subsystemen aus. Eine Veränderung auf einer Ebene zieht in sich selbst regulierenden, lebenden Systemen automatisch Veränderungen auf den anderen Ebenen nach sich.

Es muss angenommen werden, dass sich Menschen verändern können und wollen, sofern es hilfreich und nützlich für sie ist. Der Mensch verhält sich mit allen seinen Erfahrungen, seinem Wissen, Fähigkeiten, Emotionen, Werten als ein System, das von Natur aus bestrebt ist, einen Zustand der Angeregtheit, der gemäßigten Ungleichgewichte zu erreichen, was neue Entwicklungen, neues Verhalten, neues Lernen möglich macht[22]. Verändert sich dieses System an einer Stelle, erfolgen an anderer Stelle Anpassungen, um den angestrebten Zustand wieder zu erreichen. Angestoßen wird Lernen durch ein Arrangement von Reizen, durch *mul-*

20 Vgl. *Petzold, H. G.* (2007a), 297.
21 Vgl. *Sieper, J., Petzold, H. G.* (2002); *Lukesch, B., Petzold, H. G.* (2011).
22 *Petzold, H. G.* (2007a); *Lurija, A. R.* (1992).

tiple Stimulierung in der und aus der Um- und Mitwelt, in der sich eine Person bewegt, d. h. durch den Aufforderungscharakter, die Affordanzen (J. J. Gibson) des sozialen und ökologischen Zusammenhangs.

Spezifische Umgebungen sind für die Person immer durch spezifische Handlungsmöglichkeiten *(affordances)* und Handlungsbeschränkungen *(constraint)* gekennzeichnet. Das ist der Niederschlag „ökologischen Lernens" in der Natur, erworben über Millionen Jahre der Evolution des Menschen[23]. Der MINIPRENEURE-Bildungsprozess schafft besondere Lernbedingungen und fördert damit einzigartige Handlungs- und Lernmöglichkeiten.

Modalitäten und Methoden des Lernens

Methoden sind Strategien praktischen Handelns. Sie dienen als solche der Zielerreichung. Angesichts der Vielfalt und Komplexität der Zielstellungen des MINIPRENEURE-Konzeptes erscheint es nur plausibel, dass zur Arbeit an diesen Zielen eine Vielfalt an Methoden nötig ist. Für jede *Lernebene* existieren spezifische Lern*vorgänge,* müssen deshalb auch spezifische Lern*methoden* oder Lern*modalitäten* zum Einsatz kommen, die sich aber einander nicht ausschließen, sondern zu einem Ganzen ergänzen können und sollen[24].

Wissensvermittlung

Beim Einsatz dieser Methoden geht es darum, Lernvorgänge auf der *kognitiven, emotionalen, volitionalen und Handlungsebene* anzustoßen, Lernen über *Einsicht und Erfahrung* in *zwischenmenschlicher Bezogenheit* mit anderen Menschen und „Zonen nächster Entwicklung" *(Vygotskij)* herbeizuführen. Wissen wird von den Beratern, Experten, Coachs und Trainern vermittelt oder gemeinsam anhand verschiedener Materialien erarbeitet. Zusammenhänge zu vorhandenem Wissen werden hergestellt.

Durch die Vermittlung von Wissen wird eine gemeinsame Wissensbasis hergestellt, werden Gemeinsamkeiten und Unterschiede in der Verwendung von Begriffen, zum Beispiel in der Verwendung des Begriffes „Gesundheit" offengelegt.

Alle Aktivitäten des Programms sollen den Kriterien der Kohärenz genügen. Wenn Menschen sich im MINIPRENEURE-Programm selbst zum Projekt machen, ist es essentiell, dass sie die Hintergründe von Übungen und Aufgaben ken-

---

23 Vgl. *Gibson, J. J.* (1979), *Petzold, H. G. Orth-Petzold, S., Orth, I.* (2013)

24 *Sieper, J., Petzold, H. G.* (2002), 9 im Bezug auf *L. S. Vygotskij* (1992) und *A. R. Lurija* (1992), vgl. *Jantzen, W.* (2008).

nenlernen, dass alle – auch die von Experten angeleiteten Teile – als *verständlich, handhabbar* und *sinnvoll* erlebt werden. Das Kohärenzempfinden (SOC = *Sense of Coherence*) nämlich ist nach Antonovsky[25] eine zentrale *Widerstandsressource*, ein zentrales Element einer salutogenen Entwicklung. Wer sich selbst zum Projekt macht, muss verstehen und einordnen, was um ihn herum passiert. Er weiß oder erarbeitet sich Mittel und Wege, um seine Ziele zu erreichen, macht sie dadurch handhabbar und empfindet sein eigenes Handeln als sinnvoll. Was er nicht sinnvoll findet, wird er nicht tun.

Es geht bei der Wissensvermittlung also nicht um eine abgehobene Theorie, sondern um Theorie als Intervention, um eine Information, die „Sinn" macht und Wissenswertes auf die Sprach- und Verständnisebene der Teilnehmenden transportiert. Jeder komplizierte Sachverhalt muss teilnehmernah erklärt werden.[26]

Übungszentriert-funktionale Methoden

Bei diesen Methoden wird zunächst an der Ebene der *Performanz* angesetzt. Es geht um das Erproben von spezifischen Verhaltensweisen und den Erwerb von praktischen Fertigkeiten. Trainer instruieren die Teilnehmenden, ein bestimmtes Verhalten auszuführen, um ein spezifisches Ziel zu erreichen (z. B. jemanden überzeugen; mit jemandem ins Gespräch kommen; sich entspannen, …). Im Anschluss werden die Erfahrungen gemeinsam ausgewertet. Trainer und Gruppe geben Rückmeldungen und Empfehlungen zur korrekten, d. h. zielführenden Auswertung des Verhaltens. Auch das Erlernen neuer Verhaltensweisen anhand von Vor- oder Leitbildern kommt hier zum Einsatz.

Erlebniszentriert-stimulierende Methoden

Hier wird mit „kreativen Methoden und Medien"[27] sowie Ansätzen der Visualisierung und Imagination an einer Flexibilisierung der Persönlichkeit mit ihren Strukturgefügen gearbeitet. Lernen erfolgt dabei differenziell und ganzheitlich. Es geht um die Wahrnehmung, Verarbeitung und aktive Dar- und Herstellung von Atmosphären, Stimmungen, Qualitäten, Szenen, Stücken, Narrationen. Dabei werden *alle Sinne* angesprochen. Es geht darum, mit Verhaltensweisen zu experimentieren (Ebene der *Performanz*). Diese Verhaltensweisen können virtuell in der Vorstellung oder körperlich konkret vollzogen werden. Andere Menschen können in einen vielstimmigen ko-kreativen Austausch in dieses Geschehen einbezogen

25 Vgl. *Antonovsky, A.* (1997); *Höfer, R.* (2010).
26 *Petzold, H. G., Sieper, J.* (2008), 554.
27 *Petzold, H. G., Orth, I.* (1990)

werden. Bei der (gemeinsamen) Reflexion können neues Wissen und neue Fähigkeiten entstehen: Was habe ich gelernt? *(Ebene der Kompetenz).* Durch das Nachfühlen oder Erfühlen werden die Erfahrungen bewertet: Welche Gedanken und Emotionen sind aufgetreten? Waren sie positiv oder negativ? Habe ich Freude, Zufriedenheit, Angst oder Traurigkeit verspürt? Aus dieser kognitiven und emotionalen Bewertung der Erfahrungen kann wiederum Motivation erwachsen oder sich ein Wille herausbilden, anders zu handeln *(Ebene der Performanz).* Zum Beispiel: „Ich möchte das neue Verhalten, etwa das Erzählen eines bestimmten Ereignisses aus dem eigenen Leben, nun im nächsten Bewerbungsgespräch erproben und werde der Gruppe im Anschluss davon berichten!"

Netzwerk-aktivierende Methoden

Ein zentrales Element des MINIPRENEURE-Programmes besteht in der Bildung, Förderung und Aktivierung unterstützender sozialer Netzwerke. Als ein wesentliches Erfolgskriterium für die Wirksamkeit und Nachhaltigkeit komplexer Lernprozesse hat sich speziell auch die Teilnahme der LebenspartnerInnen, der Familie und des engen sozialen Umfeldes erwiesen.[28] Teilnehmer und Teilnehmerinnen, deren Partner in keinerlei Form beteiligt werden, haben weniger überzeugende Erfolge aufzuweisen. Der MINIPRENEURE-Prozess als Empowerment für Langzeiterwerbslose sollte die LebenspartnerInnen und Familien daher *informativ* partizipieren lassen und sie zumindest *imaginativ* in Entscheidungsprozesse einbeziehen („Was würde Ihr Mann dazu sagen, wenn Sie sich selbstständig machen?").

Soziale Unterstützung im Privatbereich stabilisiert geändertes Verhalten; sie ermöglicht Stolz auf die eigene Leistung. Positive Veränderungen können nur im sozialen Kontext, *mit* Anderen und nicht *gegen* sie gelingen, sonst misslingen sie. Auch die Integration von Kindern im Wege ihrer inhaltlichen Berücksichtigung bei der Umsetzung der getroffenen Entscheidungen, ist anzustreben. Dies umso mehr, als in vielen empirischen Untersuchungen deutlich wird, dass die Kinder von Langzeiterwerbslosen signifikant problematischere Parameter aufweisen.[29]

28 *Petzold, H. G.* (2010g), *Hass, W., Petzold, H. G.* (1999/2011).

29 Vgl. *Kaul, C.* (2011). *Dr. Christine Kaul* ist Supervisorin und Coach am Kompetenzzentrum für angewandte Personalpsychologie (KAP) der Otto-Friedrich-Universität Bamberg, http://www.uni-bamberg.de/kap.

Formelle und informelle Experten und Expertinnen

Für das MINIPRENEURE-Konzept haben wir uns nicht nur intensiv mit der Frage beschäftigt, *wie* gelernt wird, sondern auch, *von wem* gelernt wird.

Lernen findet grundsätzlich auf der Basis eigener, sinnlicher Erfahrungen statt. Wir erlernen ein neues innerliches oder äußerliches Verhalten, weil wir entweder unmittelbar oder in einem komplexen Reflexions- und Verarbeitungsprozess auf der Grundlage unserer eigenen, leiblichen Erfahrungen zur Erkenntnis gekommen sind, dass dieses Verhalten für uns „*Sinn* macht". Der Impuls dazu, ein neues Verhalten zu erproben, kommt dabei häufig von anderen Menschen, die uns bestimmte Fragen stellen, uns mit ihren Empfindungen konfrontieren, ein erfolgreiches Verhalten vorleben oder einfach als liebe Freunde einen guten Ratschlag erteilen.

Mit Ratschlägen verhält es sich ähnlich wie mit dem vorgelebten Verhalten eines Leitbildes. Es kommt darauf an, *wer* uns den Ratschlag gibt. Am ehesten werden wir ein Verhalten ausführen, das dem Ratschlag einer Person entspringt, die wir als Experten oder Expertin für den Bereich, auf den sich der Ratschlag bezieht, wahrnehmen und anerkennen.

- **Experte, von lateinisch expertus ‚erprobt' (...) ist eine Person, die über überdurchschnittlich umfangreiches Wissen auf einem Fachgebiet (...) oder über spezielle Fähigkeiten verfügt, oder der diese Eigenschaften zugeschrieben werden. Neben dem theoretischen Wissen kann eine kompetente Anwendung desselben, also praktisches Handlungswissen für einen Experten oder eine Expertin kennzeichnend sein.**[30]

Diese Definition verdeutlicht sehr schön die Zweischneidigkeit des Begriffes „Experte". Eine notwendige Bedingung, um als Experte oder Expertin bezeichnet zu werden, besteht demnach darin, „überdurchschnittlich umfangreiches Wissen auf einem Fachgebiet (...) oder über spezielle Fähigkeiten" also über *Kompetenz* zu verfügen. Eine zusätzliche Bedingung besteht aber in der erfolgreichen Anwendung dieses Wissens in der Praxis, also in der *Performanz.*

Die erste Bedingung wird zweifellos von Menschen erfüllt, die gemeinhin als „Profis" bezeichnet werden. Ein Mensch, der einen bestimmten Beruf erlernt hat, verfügt über ein weitaus umfangreicheres Wissen in seinem Bereich als andere Menschen. In seiner Ausbildung und während der Ausübung des Berufes hat er sich spezifische Fähigkeiten und Fertigkeiten angeeignet.

---

30 Wikipedia – die freie Enzyklopädie. [Online-Ressource] http://de.wikipedia.org/wiki/Experte [aufgerufen am 04.12.2012].

Wir wissen diese Profis sehr zu schätzen: Ohne die Expertise dieser *formellen Experten und Expertinnen* hätte das Konzept nicht entstehen können. Auch bei der Durchführung der MINIPRENEURE-Prozesse spielen Profis eine wichtige Rolle. Eine weitere wichtige Rolle spielt jedoch darüber hinaus die Expertise der „Praxis des täglichen Umgangs".[31] Lange Zeit erwerbslose Menschen verfügen über eine große Erfahrung im Umgang mit ihrer Arbeitslosigkeit im täglichen Leben. Sie wissen, was Arbeitslosigkeit bedeutet im Kontakt mit Angehörigen, Freunden, Bekannten, mit Behörden, beim Einkaufen, bei Freizeitaktivitäten. Sie haben selbst erfahren, was Arbeitslosigkeit für die Gestaltung ihres Tagesablaufs, für ihr Gefühl von Zugehörigkeit und Teilhabe und für ihr Erleben von Sinn heißt. Und sie können nachvollziehen, was Arbeitslosigkeit aus ihrem Selbstwertgefühl macht und wie sie die personale Identität, das Bild von sich selbst aber auch die Sicht auf andere verändert.

Derartige Erfahrungen bedeuten nicht nur ein Erleiden, sondern sie ermöglichen dabei auch permanent nützliche Lernprozesse: Verhaltensweisen werden erprobt und reflektiert und beeinflussen als Erfahrungen dann das spätere Handeln. Daraus erwachsen ein umfangreiches Wissen und spezifische Fähigkeiten *(Kompetenz),* die das Verhalten und Agieren in der Alltagspraxis, neue Fertigkeiten *(Performanz)* anleiten. Mit der Zeit werden Langzeiterwerbslose zu Experten und Expertinnen im Umgang mit Arbeitslosigkeit – zu *informellen Experten,* zu *Expertinnen in eigener Sache.*

Der Begriff „doppelte Expertenschaft" bezieht sich auf beide Formen der Expertise: Die Expertise der Profis, der *formellen Expertinnen* und die der direkt Betroffenen als *informelle Experten.* Alle Teilnehmer der MINIPRENEURE-Prozesse sollen von beiden Formen des Expertentums profitieren können und *voneinander lernen:* Die Langzeiterwerbslosen lernen von den Profis und von anderen in gleicher Weise Betroffenen als Experten und Expertinnen in eigener Sache. Sie reichern so ihren Fundus an Kompetenzen und Performanzen an.

Aber auch die professionellen Experten lernen von der Expertise der Betroffenen. Sie haben im direkten Kontakt die Chance, mit allen ihren Sinnen *wahrzunehmen,* was Arbeitslosigkeit für unterschiedliche Menschen bedeutet, diese Wahrnehmungen zu reflektieren, mit ihrem Wissen zu verbinden und in ihr zukünftiges (professionelles) Handeln einfließen zu lassen.

So werden *formelle Experten,* wenn sie über Fähigkeiten der Anteilnahme und Empathie verfügen und sich von den Erzählungen der direkt „Betroffenen" berühren lassen, zusätzlich und zunehmend auch zu *informellen Experten,* zu Experten in der „Praxis des täglichen Umgangs".

31 Vgl. die Ausführungen zur „Doppelten Expertenschaft" in: *Petzold, H. G., Sieper, J.* (2008a), 554 und in *Petzold, H. G., Schobert, R., Schulz, A.* (1991).

Das Verhältnis zwischen Selbsthilfegruppen und ihren Mitgliedern als *Experten und Expertinnen in eigener Sache* und professionellen Helfern und Helferinnen als *formellen Expertinnen und Experten* ist in der Praxis nicht immer unproblematisch. Aus pragmatischer Sicht bringt der Einbezug externer Berater und deren Expertise eindeutige Vorteile mit sich: Die kreative Potenz, die Lösungsfähigkeit der MINIPRENEURE-Gruppen kann durch den Einbezug zusätzlicher Perspektiven stark erhöht werden. Durch den Einbezug von Entscheiderinnen und Führungspersönlichkeiten aus Politik, Wirtschaft und Gemeinwesen kann zudem auch die „soziale Macht" der Gruppe erheblich gesteigert werden, weil zusätzliche Ressourcen, zum Beispiel finanzielle Mittel, Verträge, Empfehlungen, Zugänge und Kontakte erschlossen werden können.

Der MINIPRENEURE-Prozess sieht den Einsatz folgender *formeller Experten* und Expertinnen vor:

- **Psychologische Coaches/Supervisoren – als Kommunikations- und psychologische Beratungsexperten. Diese stehen auch für die ständige Einrichtung der MINIPRENEURE-Gruppen auf kommunaler Ebene zur Verfügung.**

- **Medizinischer Coach – als Experte in Gesundheitscoaching und POLYLOG.**

- **Talentdiagnostiker – für die Durchführung der TALENTDIAGNOSTIK und die Teilnahme als Experte im POLYLOG.**

- **Kreativitätstrainer – als beratende Kreativitäts- und Motivierungsexperten (z. B. Kunsttherapeuten oder örtliche und überregionale Künstler).**

- **Unternehmer und Manager aus der lokalen Wirtschaft – als beratende Experten für aktuelle Beschäftigungsmöglichkeiten, wirtschaftliche und unternehmerische Fragen oder als Entscheider für öffentliche und private Auftraggeber in der Entscheidungsphase des POLYLOGS.**

- **Fachkraft für Geomarketing und Berater für Beschäftigungsradar.**

- **Experte für Businesspläne und Fördergelder.**

- **Marketing- und Bewerbungsberater.**

Diese formellen Experten und Expertinnen werden zeitweise zu den Gruppensitzungen hinzugezogen. Sie führen Gespräche mit einzelnen Teilnehmern oder erstellen schriftliche Expertisen. Über ihren spezifischen Leistungsbeitrag wird in den nachstehenden Kapiteln berichtet.

Der MINIPRENEURE-Prozess als Ganzes kommt nicht ohne den Einsatz dieser Experten aus. Damit stellt sich die Frage der Finanzierung, denn deren Leistung ist zum Teil zu vergüten und es sind Mittel für die Nutzung kostenpflichtiger Lizenzen erforderlich. Die Frage der Erschließung öffentlicher und privater Geldgeber wird daher in den späteren Ausführungen zum SOCIAL FRANCHISING aufgegriffen.

A-Trainer – Person des Vertrauens

Wer langzeiterwerbslosen Menschen helfen will, neue Erfahrungen zu machen, muss zu allererst ihr Vertrauen gewinnen. Oft scheitern selbst Therapeuten und Berater an dieser Aufgabe. Gerade wenn es darum geht, Betroffene zu ermutigen, erste Schritte aus Isolation und Resignation zu unternehmen, tritt der Aspekt der Glaubwürdigkeit in besonderem, vertrauensförderndem Maße in den Vordergrund.

Aus der psychologischen Forschung wissen wir, dass die Wahrscheinlichkeit für das „Lernen am Modell", also die Übernahme von Einstellungen und Verhaltensweisen von einem Vorbild, durch eine Reihe von Faktoren bestimmt wird. Dies sind unter anderem:[32]

- **Ähnlichkeiten zwischen Modell und Beobachter**
  Der Beobachter nimmt am Leitbild ein Verhalten wahr, das er selbst realisieren möchte. Wenn das Modell also ehemals selbst ein Langzeiterwerbsloser war und mittels bestimmter Überzeugungen, Fähigkeiten und Verhaltensweisen den Weg aus dieser Situation gefunden hat, so wird ein motivierter Beobachter darin ein Vorbild erkennen können und das Modell nachahmen.

- **Emotionale Beziehung**
  Je intensiver die Beziehung, desto höher ist die Wahrscheinlichkeit der Verhaltensnachahmung. Wenn die Person, die als Modell angesehen wird, einfühlsam und empathisch agiert, steigt die Wahrscheinlichkeit der Nachahmung.

32 Nach *Bandura, A.* (1976).

- **Erfolgsaussichten**
  Verbindet der Beobachter mit wahrgenommenem Verhalten die Erwartung eines Erfolges, so ist die Wahrscheinlichkeit der Nachahmung größer. Es muss also ein Zusammenhang zwischen dem Verhalten, den Fähigkeiten und Werten des Modells und seinem beruflichen Erfolg erkennbar sein.

- **Stellvertretende Verstärkung**
  Es erhöht die Wahrscheinlichkeit der Nachahmung, wenn das Modell ein prototypisches Verhalten konkret vorführt und auch die Verhaltenskonsequenzen direkt beobachtbar sind.

- **Sozialer Status des Modells**
  Eher nachgeahmt werden Personen mit einem höheren sozialen Status als der Beobachter. Für das Modell kann dies bedeuten, selbst nicht mehr erwerbslos sein, wenn es von Erwerbslosen nachgeahmt werden soll.

- **Soziale Macht des Modells**
  Dem Beobachter ist bewusst, dass das Modell über die Möglichkeit verfügt, Mitwirkung und Kooperation einzufordern.

Langzeiterwerbslose Menschen sollen also von Personen erreicht, ermutigt, eingeladen und inspiriert werden, die selbst eine vergleichbare Situation überwunden haben und wissen, „was Sache ist".[33]

Diese Rolle übernehmen bei den MINIPRENEUREN die *A-Trainer*, die zu zertifizierten Personalcoaches ausgebildet worden sind. Wir setzen hier auf ähnliche Abläufe und Effekte, wie sie beispielsweise bei den Anonymen Alkoholikern, den Weight Watchers und anderen Selbsthilfegruppen erfolgreich in ihren Bemühungen zur Veränderung von Einstellungen und Haltungen praktiziert werden.[34]

Dem A-Trainer kommt eine zentrale Bedeutung im MINIPRENEURE-Prozess zu. Er motiviert und ermutigt die Erwerbslosen nicht nur, am MINIPRENEURE-Projekt teilzunehmen. Er bleibt auch während der gesamten Projektdauer und darüber hinaus direkter Ansprechpartner für die von ihm betreuten Teilnehmerinnen und Teilnehmer.

Schwerpunkte der Tätigkeit der A-Trainer sind:

- **Mitarbeit bei der Auswahl der Teilnehmerinnen und Teilnehmer für die Weiterbildung zum MINIPRENEUR.**

33 *Hüther, G.* (2008).
34 Vgl. *Petzold, H. G., Schobert, R., Schulz, A.* (1991).

- **Betreuung der Teilnehmerinnen und Teilnehmer.**

- **Ansprechpartner für lokale MINIPRENEURE-Organisationen.**

- **Mitarbeit bei Pflege und Aktualisierung des BESCHÄFTIGUNGSRADARS.**

Die A-TRAINER werden für diesen Einsatz qualifiziert und vorbereitet. Die Ausbildung wird mit einer zertifizierten Qualifikation als A-Trainer abgeschlossen. Erfahrene A-Trainer können wiederum selbst als Lehrtrainer tätig werden und zukünftige Kandidaten ausbilden und zertifizieren.

Auf diese Weise soll ein „Schneeballeffekt" der Gewinnung von A-Trainern erzeugt und eine sich selbst erweiternde und ausdehnende Bewegung zur Gründung von weiteren A-Trainer-Gruppen in Gang gesetzt werden. Ziel ist es, eine breite und nachhaltige Betreuung der MINIPRENEURE im SOCIAL FRANCHISING-System sicherzustellen.

Das GESUNDHEITSCOACHING*

Warum GESUNDHEITSCOACHING?

Zum Zusammenhang von Arbeitslosigkeit und Gesundheit bzw. Erkrankungsrisiko liegen viele profunde Untersuchungen vor. Wo Menschen dazu ermächtigt werden sollen, sich selbst und ihre eigenen Lebensumstände nachhaltig zu verändern, ist es naheliegend und konsequent, dem Thema Gesundheit besondere Beachtung zu schenken.[1]

Warum GESUNDHEITSCOACHING für arbeitslose Menschen besonders nottut, zeigt die empirische Forschung der letzten Jahre, auch wenn bedauerlicherweise diese Erkenntnisse in der Öffentlichkeit kaum je thematisiert werden und von den Betroffenen selbst häufig verharmlost, verschwiegen oder heruntergespielt werden.

Jeder fünfte bis sechste Arbeitslose hat laut Arbeitsmarktstatistik „vermittlungsrelevante gesundheitliche Einschränkungen"[2]. Der Anteil der gesundheitlichen Einschränkungen wächst mit der Dauer der Arbeitslosigkeit. Auch subjektiv bestätigt sich dies: (Langzeit-)Erwerbslose schätzen ihre eigene physische und psychische Stabilität als deutlich eingeschränkt ein.

Arbeitslosigkeit korreliert hoch mit schweren Gesundheitsproblemen und Störungen, wie Krebsleiden und Herz-Kreislauf-Erkrankungen. Bei Personen mit mehr als 2 Jahren Arbeitslosigkeit steigt das Sterblichkeitsrisiko auf das 3,8-fache gegenüber in Beschäftigung stehenden Menschen.

---

* Erstellt auf Grundlage der Beiträge von Christine Kaul (2008), Jürgen Rosenberger (2013), Sascha Göttling (2012).

1 *Kaul, C.* (2011); *Ostermann, D.* (2010).

2 Vgl. Deutscher Bundestag (2012).

Stärker noch als die physischen nehmen allerdings die psychischen Erkrankungen zu. Die Verordnungsmenge von Antidepressiva für Arbeitslose hat sich innerhalb weniger Jahre mehr als verdoppelt[3]. Meta-Analysen, in die eine große Zahl von Einzelstudien eingegangen sind, belegen, dass es einen ursächlichen Zusammenhang zwischen Arbeitslosigkeit und der Beeinträchtigung des individuellen Wohlbefindens sowie der psychischen Gesundheit gibt. Der Verlust des Arbeitsplatzes zieht im Allgemeinen eine signifikante Verschlechterung der psychischen Gesundheit nach sich. Nach einer Wiederaufnahme der Erwerbstätigkeit zeigen die Indikatoren wiederum eine Verbesserung der gesundheitlichen Situation an[4]. Zu den psychischen Folgen zählen Hoffnungslosigkeit, Selbstzweifel, Erosion des Selbstwertgefühls, Resignation, Depression und Angst.

Diese psychischen Probleme hängen eng mit den sozialen Folgen und Begleiterscheinungen von Arbeitslosigkeit zusammen: Da der persönliche Erfolg und die soziale Anerkennung stark von beruflichen Leistungen abhängen, fehlt dem Arbeitslosen die Bestätigung seiner Umwelt. Die „Faulheitsdebatten", die verschiedentlich in Medien und an Stammtischen geführt werden, verstärken das pathogene soziale Klima. Weitere individuelle Folgen der Arbeitslosigkeit, insbesondere der Langzeiterwerbslosigkeit, sind Entqualifizierung (Entwertung der bisher erlangten Qualifikation), gesellschaftlich-kulturelle Isolation und Verarmung. In vielen Fällen wirkt sich das auch auf die folgenden Generationen aus, denn die Kinder von Arbeitslosen haben schlechtere Chancen, geistig und körperlich gesund aufzuwachsen.[5]

Es gibt also vielfache Verknüpfungen zwischen der gesundheitlichen Verfassung erwerbsloser Menschen mit den sozialen und ökologischen Bedingungen, unter denen sie leben, sowie der individuellen und gesellschaftlichen *Bewertung* von Arbeitslosigkeit. Zwischen Gesundheit und Arbeitslosigkeit bestehen enge aber komplexe Zusammenhänge. Es gibt viele Hinweise, dass eine eingeschränkte Gesundheit zugleich *Ursache, Symptom und Folge von Arbeitslosigkeit* ist. Wer also Langzeiterwerbslosigkeit erfolgreich bekämpfen möchte, muss diese komplexen Zusammenhänge zunächst verstehen und sich dann um eine Verbesserung der Gesundheit der arbeitslosen Menschen kümmern.

---

3 BKK-Bundesverband (2008).

4 Vgl. auch *Paul, K. I., Hassel, A., Moser, K.* (2006).

5 Die vorstehenden Ausführungen wurden in großen Teilen der Expertise von *Dr. Christine Kaul* für das Projekt MINIPRENEURE entnommen.

Was ist Gesundheit?

Die Vorstellungen und Definitionen von „Gesundheit“ sind sehr vielfältig. Sie hängen eng mit den sozialen und professionellen Gemeinschaften, in denen die Menschen sich bewegen, und mit der individuellen Lebensgeschichte zusammen. Letztendlich hat jeder Mensch auf Grund und im Zuge seiner Lebenserfahrungen eine eigene ganzheitliche und differenzierte Vorstellung, ein Bild, Emotionen und Kognitionen, Bedeutungen und Bewertungen „im Kopf“.[6] Die Beschreibungen dessen, was Gesundheit ist, unterscheiden sich danach, wer die beschreibende Person ist, welche berufliche Position, welches Alter, welches Geschlecht sie hat und welche Perspektive zum Gegenstand sie gerade einnimmt.

Aus der Perspektive der Arbeitswelt betrachtet, wird Gesundheit etwa als psychophysische Fitness und Leistungsfähigkeit beschrieben[7]. Ältere Menschen sehen Gesundheit als Ganzheit, Integrität, innere Stärke und Fähigkeit, den Alltag zu bewältigen[8]. Für Jüngere bedeutet Gesundheit eher Fitness, Energie und Stärke[9]. Männer erleben eingeschränkte Gesundheit häufiger als lebensbedrohliche Erkrankung, Frauen dagegen leiden häufiger unter nicht bedrohlichen aber chronischen Krankheiten[10].

Die Definitionen von Fachleuten sind genauso uneinheitlich wie differenziert. Schon in der „alten Medizin“, die sich in der Tradition der hippokratischen Ärzte in Griechenland entwickelt hatte, standen zwei Konzepte für die Behandlung von Kranken im Vordergrund: erstens die Hilfe zur rechten Lebensführung *(dieita)*, zur persönlichen *Integrität*, und zweitens die Hilfe zum Gesundwerden, zur *Heilung*. Die hippokratischen Ärzte verstanden sich also durchaus nicht nur und überwiegend als Menschen, die andere „reparieren“, Krankheiten heilen, sondern wollten zur *Diät*, zur rechten Lebensführung anhalten. Das war das erste Anliegen des Arztes; denn ohnehin heilt ja die Natur, nicht der Arzt *(natura sanat non medicus)*. Der Arzt unterstütze nur die Natur darin, ihre Arbeit ein bisschen besser zu machen. Er unterstütze die Selbstheilungskräfte, leiste Hilfe zur Selbsthilfe.[11]

Mit diesen beiden Konzepten, der Wiederherstellung des gesunden Funktionierens *(restitutio in sano)* und der Wiederherstellung einer Integrität *(restitutio*

---

6 *Petzold* verwendet hier den Begriff der „subjektiven mentalen Repräsentationen“, die sich in Wechselwirkung mit den kollektiven mentalen Repräsentationen in den social worlds entwickeln, vgl. *Petzold, H. G., Hildenbrand, C., Jüster, M.* (2002); *Petzold, H. G., Orth, I., Sieper, J.* (2013).

7 *Lauterbach, M.* (2005).

8 *Williams, R.* (1983).

9 *Blaxter, M.* (1990).

10 *Kolip, P.* (2003).

11 *Petzold, H. G.* (2003a).

ad integrum), sind die beiden bis heute gültigen Grundtendenzen in den alltäglichen und wissenschaftlichen Betrachtungen von Gesundheit bereits charakterisiert.

Häufig überwiegt allerdings eine *pathogene* Sicht auf Gesundheit, in der mit Gesundheit ein optimales Funktionieren, die Abwesenheit von Krankheit gemeint ist, die sich mit der Frage beschäftigt, wie Krankheit entsteht, und sich in der praktischen Behandlung von Patienten auf das Abschalten oder Vermeiden von Risikofaktoren (z. B. Nikotinkonsum) konzentriert.[12]

Auf der anderen Seite steht die *salutogene* Sichtweise, die heute vor allem mit dem Namen des Soziologen Antonovsky verbunden wird. Er untersuchte anhand der Biografien von Holocaust-Überlebenden, warum es manchen Menschen trotz widrigster äußerer Umstände gelingt, gesund zu bleiben. In seinen Analysen stellte er fest, dass es allgemeine Widerstandsressourcen gibt, die Menschen helfen, äußere Belastungen, Stressoren zu bewältigen und Gesundheit zu entwickeln. Die Frage bei dieser Sichtweise ist also vor allem, wie Gesundheit *entsteht.*[13]

Was Gesundheit *ist,* wenn sie mehr oder etwas anderes ist als die Abwesenheit von Krankheit, von Defiziten, von Normabweichungen, wurde direkt nach dem zweiten Weltkrieg bereits in einer internationalen Erklärung der Weltgesundheitsorganisation (WHO), der Ottawa Charta dargestellt[14]. Mit der Ottawa Charta vollzog sich ein Wandel im Verständnis von Gesundheit und Krankheit, der zu einem Motor eines neuen Gesundheitsbewusstseins und einem bis heute prägenden Element von Gesundheitspolitik wurde. Die Charta bezieht sich in ihren Aussagen auf Selbstbestimmung, Selbstsorge und Sorge für andere. So lautet eine zentrale Botschaft:

- **Gesundheit wird von Menschen in ihrer alltäglichen Umwelt geschaffen und gelebt: dort, wo sie spielen, lernen, arbeiten und lieben. Gesundheit entsteht dadurch, dass man sich um sich selbst und für andere sorgt, dass man in die Lage versetzt ist, selbst Entscheidungen zu fällen und eine Kontrolle über die eigenen Lebensumstände auszuüben sowie dadurch, dass die Gesellschaft, in der man lebt, Bedingungen herstellt, die allen ihren Bürgern Gesundheit ermöglichen.**

---

12 Exemplarisch die Definition von *Gesundheit* in der Brockhaus Enzyklopädie: „Gesundheit ist das normale Befinden, Aussehen und Verhalten sowie das Fehlen von der Norm abweichender ärztlicher Befunde." Brockhaus. Die Enzyklopädie in 24 Bänden (1996–1999), 20. Auflage. Bibliografisches Institut & F. A.Brockhaus AG: Mannheim. Vgl. *Ostermann, D.* (2010).

13 *Antonovsky, A.* (1997).

14 Weltgesundheitsorganisation WHO (1986).

Und an anderer Stelle:

- **Gesundheit zielt auf einen Prozess, allen Menschen ein höheres Maß an Selbstbestimmung über ihre Lebensumstände und Umwelt zu ermöglichen und sie damit zur Stärkung ihrer Gesundheit zu befähigen.**

Die Ottawa-Charta thematisiert damit eine grundsätzliche Botschaft, die auch dem MINIPRENEURE-Programm sowie dem *Integrativen Ansatz* zugrunde liegt. Letzterer integriert die beiden hippokratischen Konzepte, die Idee der Widerstandsressourcen, der geteilten Verantwortlichkeit und die Bedeutung der sozialen und ökologischen Bedingungen und hebt den prozessualen Charakter von Gesundheit hervor:

Gesundheit wird als eine subjektiv erlebte und bewertete sowie auch äußerlich wahrnehmbare Qualität der Lebensprozesse des Menschen und seines Kontextes gesehen. Sie ist dadurch gekennzeichnet, dass der Mensch sich selbst, ganzheitlich und differentiell, in leiblicher Verbundenheit mit seinem Lebenszusammenhang wahrnimmt; dass er im Wechselspiel von protektiven und Risikofaktoren entsprechend seiner Vitalität/Vulnerabilität, Bewältigungspotenziale, Kompetenzen und Ressourcenlage imstande ist, kritische Lebensereignisse bzw. Probleme zu handhaben, sich zu regulieren und zu erhalten; schließlich dass er auf dieser Grundlage seine körperlichen, seelischen, geistigen, sozialen und ökologischen Potenziale ko-kreativ und konstruktiv entfalten kann und so ein Gefühl von Kohärenz, Sinnhaftigkeit, Integrität und Wohlbefinden (Wellness) entwickelt.[15]

Probleme, Störungen, Stress und ihre Krankheit auslösenden Eigenschaften dürfen keinesfalls einfach weggeredet oder wegdefiniert werden. Es ist aber wichtig, neben der pathogenen, auf den *Krankheitsverlauf* gerichteten Perspektive eine salutogenetische Perspektive einzunehmen, die sich auf den *Prozess der Gesundung* bezieht.[16]

Kennzeichnend für einen gesunden Menschen ist die Fähigkeit zur „dynamischen Regulation"[17]. Dieser der Systemtheorie entstammende Begriff beinhaltet die Fähigkeit eines Menschen, das eigene Erleben und Verhalten immer wieder so zu regulieren und zu steuern, dass ein bestimmter „Zustand der Angeregtheit, der gemäßigten Ungleichgewichte" erreicht wird, der sich als subjektives Erleben von Gesundheit, etwa als Erleben von „Vitalität", „Leistungsfähigkeit"

15 *Petzold, H. G.* (1991a), 553.
16 Vgl. etwa *Petzold, H. G.* (2012b); *Bengel, J., Strittmatter, R., Willmann, H.* (2001).
17 *Petzold, H. G., Sieper, J.* (2008), 552 ff.

und „Frische“[18] bemerkbar machen kann. Diese *Regulationskompetenz* beruht auf der Verfügbarkeit von komplexen Steuerungsprogrammen (Narrative, Schemata, Muster, Scripts)[19], die wiederum das Ergebnis komplexer Lernprozesse sind. Ausgelöst werden diese Lernprozesse durch eine stimulierende Umgebung, die soziale und ökologische Umwelt oder durch leibliche Wahrnehmungen von Stimuli, etwa einem Gefühl von Unwohlsein oder Schmerz. Lernprozesse können wiederum nur dann nachhaltig in Gang gesetzt werden, wenn sie durch einen festen Willen fundiert sind. Grundlegend für die Fähigkeit zur dynamischen Regulation sind daher immer volitionale Kompetenzen[20], etwa Entscheidungsfähigkeiten und Durchhaltevermögen, die wiederum erlernt werden müssen und – wie die moderne neurobiologische Forschung nachweisen konnte[21] – auf Grund der großen Plastizität des neuronalen Systems auch bis ins hohe Alter noch erlernt werden können.

In der Beschäftigung mit Gesundheit ist zu beachten, dass sie sowohl als *subjektiv erlebte* Qualität als auch als ein *objektiv feststellbares* Merkmal eines Menschen in Erscheinung tritt. Auch hier gilt also das Prinzip der *doppelten Expertenschaft*. Weiterhin ist Gesundheit nicht nur ein Merkmal der einzelnen Person, sondern auch ihres sozialen und ökologischen Kontextes. Hiermit wird noch einmal die Verantwortung des Einzelnen sowie der Gemeinschaften und der Gesellschaft für die Gesundung des (arbeitslosen) Menschen hervorgehoben, gesundheitsförderliche Bedingungen herzustellen. *Gesundheitsförderung* wird damit zum Ziel und Handlungsfeld von Politik im Makrobereich und von einzelnen Maßnahmen der Gesundheitsförderung im Mikrobereich, zu denen das GESUNDHEITS-COACHING zu zählen ist.

Alle diese Merkmale sind kennzeichnend für den *bio-psycho-sozial-ökologischen Gesundheitsbegriff* im MINIPRENEURE-Programm.

---

18 Geleitwort *Petzold* in: *Ostermann, D.* (2010), 23 f. http://www.fpi-publikation.de/artikel/textarchiv-h-g-petzold-et-al-/petzold-h-g-2010b-gesundheit-frische-leistungsfaehigkeit.html

19 Vgl. *Petzold, H. G., Sieper, J.* (2008), 556.

20 Vgl. ebenda, 558.

21 Vgl. *Hüther, G.* (2008); *Hüther, G., Petzold, G. H.* (2012).

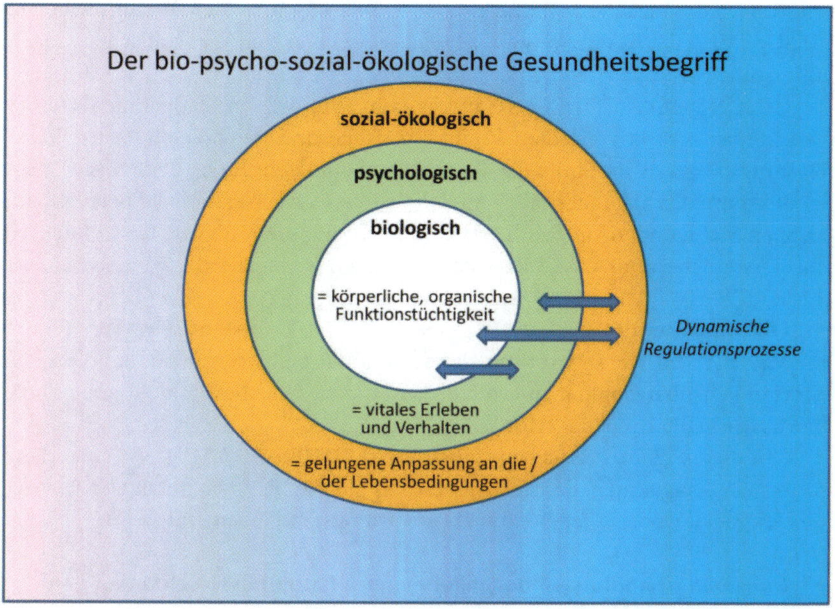

Der bio-psycho-sozial-ökologische Gesundheitsbegriff

Was ist GESUNDHEITSCOACHING?

In Theorie und Praxis und Theorie finden sich unterschiedliche Definitionen von Coaching.[22] Im wirtschaftlichen Bereich kommt Coaching vor allem die Funktion zu, die berufliche Leistungsfähigkeit von Führungskräften durch geeignete personale Beratungsformen zu steigern.[23]

Es geht neben der Beratung von Handlungsoptimierung also im Coaching auch um gelebte Vorbilder. Eine solche Vorbildfunktion kommt im MINIPRENEURE-Konzept den A-Trainern zu. Sie fungieren als Leit- und Vorbilder und

22 Vgl. Zur ausführlichen Diskussion des Coaching-Begriffes etwa *Rauen, C.* (2005) oder *Petzold H. G., Orth, I.* (2013a).

23 *Petzold, H. G., Hildenbrand, C., Jüster, M.* (2002). So stand zum Beispiel bei der Arbeit der VW Coaching GmbH im Volkswagen-Konzern die Frage im Vordergrund: Wie entstehen Spitzenleistungen? Welche Rolle kommt den Führungskräften zu und wie kann es ihnen gelingen, ihre Mitarbeiter durch herausragende Leistungen „mitzureißen"? Vgl. *Hartz, P.* (1996).

verkörpern die Idee der MINIPRENEURE. Sie werden bei der Durchführung des GESUNDHEITSCOACHINGS von psychologischen und medizinischen Coachs unterstützt.

GESUNDHEITSCOACHING umfasst ein „Bündel von Maßnahmen" zur Steigerung der subjektiv erlebten Vitalität, Frische und der objektiv feststellbaren Leistungsfähigkeit im Sinne der Regulationskompetenz. „Die dynamische Regulationskompetenz ist maßgeblich an den Prozessen der Gesundheit ‚beteiligt' und an allen Maßnahmen, die Resilienz[24] fördern," (also die Fähigkeit, durch Rückgriff auf persönliche und soziale Ressourcen, Krisen zu meistern). Sie „sind äußerst ‚heilend'"[25].

Oberstes Ziel des GESUNDHEITSCOACHING muss es sein, den Teilnehmenden die Selbstverantwortung, das dazu nötige Selbstvertrauen und die Selbstwirksamkeitsüberzeugung zu ermöglichen, die zu selbstbestimmter, gesundheitsbewusster Lebensführung erforderlich sind.[26]

Um dieses Ziel zu erreichen, muss GESUNDHEITSCOACHING einen Lernprozess in Gang setzen, der sich mindestens auf die hier genannten vier Lernebenen erstreckt, wobei jede Ebene auf der vorhergehenden aufbaut:

- ***Umgebung/*****Handlungsmöglichkeiten und Handlungseinschränkungen**
- ***Performanz/*****Verhalten und Tun – sozial-interaktionale Ebene**
- ***Kompetenz/*****Wissen und Können – kognitive Ebene**
- ***Werte und Überzeugungen*** **– volitionale und emotionale Ebene**

Entscheidend ist die Verstärkung von Werten und Überzeugungen, dergestalt, daß eine gesunde Lebensführung als gewollt und erstrebenswert anerkannt wird.[27] Durch GESUNDHEITSCOACHING kann sich ein neues Gesundheitsbewusstsein entwickeln, und ein geändertes Gesundheitsverhalten erlernt werden.[28] In diesem Sinne verstehen wir GESUNDHEITSCOACHING als ein Angebot, das eine „Lebensstilveränderung" ermöglicht.

Damit sind die grundlegenden Prämissen, die übergeordneten Ziele und Orientierungen für das GESUNDHEITSCOACHING skizziert. Auf dieser Grund-

---

24 Vgl. zum Begriff der Resilienz etwa: *Müller, L., Petzold, H. G.* (2003); *Petzold, H. G.* (2012b).
25 *Ostermann, D.* (2010), 200.
26 *Kaul, C.* (2011).
27 *Kaul, C.* (2011).
28 *Ostermann, D.* (2010), 70.

lage wird in Abstimmung mit den jeweiligen Auftraggebern für das MINIPRENEURE-Programm der konkrete Rahmen für das individuelle Coaching abgesteckt. Innerhalb dieses Rahmens legt jeder Teilnehmende seine eigenen Gesundheitsziele selbst fest und bearbeitet diese zusammen mit der Gruppe, dem A-Trainer und den Coachs. Jenen kommt dabei auch die Aufgabe zu, auf die Rahmenbedingungen und auf eventuell auftretende Zielkonflikte hinzuweisen.

Methoden im GESUNDHEITSCOACHING

Der klassische Ablauf des GESUNDHEITSCOACHING kann mit dem Modell von Kurt Lewin[29] durch drei Phasen gekennzeichnet werden. Zu Beginn, in der „Phase des Auftauens", gilt es, die Voraussetzungen für die Festlegung eines Entwicklungs- und Veränderungszieles zu schaffen. Hierzu wird die Ausgangssituation analysiert und das bisherige Verhalten auf Zweckmäßigkeit geprüft, werden Selbst- und Fremdwahrnehmung gegenübergestellt und abgeglichen und schließlich Prioritäten für die Optimierung festgelegt.

In der zweiten „Phase der Veränderung" werden zielführende Wege zur Aneignung neuer Verhaltensweisen und Wissensstände geprüft und entschieden. In der abschließenden „Phase der Restabilisierung" wird gemeinsam an der Festigung der neuen Verhaltensweisen gearbeitet und werden weitere Entwicklungsschritte eingeleitet.

Für das GESUNDHEITSCOACHING gilt wie für alle anderen Prozesse des MINIPRENEURE-Programmes, dass vielfältige Methoden zum Einsatz kommen, um Lerneffekte auf allen Ebenen anzustoßen. Das zeigt sich etwa dann, wenn die Inhalte des GESUNDHEITSCOACHING auf einer *rational-kognitiven* Ebene für die Teilnehmerinnen und Teilnehmer einsichtig, wünschenswert und attraktiv erscheinen, sich aber im Alltag zeigt, dass *emotionale, volitionale* und *soziale* Aspekte erheblichen Einfluss auf Verhaltensveränderungen haben, wenn etwa innere und äußere Konflikte gesundheitsförderlichen Verhaltensweisen entgegenstehen. Welcher Raucher etwa weiß nicht, dass Zigarettenkonsum gesundheitsschädlich ist, und welche verheerenden Folgen auftreten können? Wer hat sich nicht schon einmal vorgenommen, das Rauchen einzustellen, ist dann aber am eigenen Willen, einem emotionalen Zwiespalt oder der mangelnden Unterstützung durch Familie und Freunde gescheitert?

Je nach Bedarf und Ausgangslage werden folgende Methoden zum Einsatz kommen:

---

29 *Lewin, K.* (1963); vgl. auch *Hartz, P.* (1996) 86 f.

Einzelcoaching[30]

Durch die hochgradig individuelle Bezugnahme im GESUNDHEITSCOACHING können physische Leistungseinschränkungen (Adipositas, Asthma…), die ja auch die Lebensfreude von Personen erheblich beschneiden, erfolgreich und sehr persönlich bearbeitet werden. Hier ist die ärztliche Instanz, die jedes GESUNDHEITSCOACHING begleitet, als medizinischer Coach gefragt.

Eine begleitende psychologische Beratung bietet zusätzliche Unterstützung: Die Fragestellungen beziehen sich dann einerseits auf Themen wie Selbstwertstabilisierung, auf belastende soziale Beziehungen und andere „kränkende" Umstände. Von besonderem Gewicht sind die Analyse von individuellen Widerstandsressourcen und der Prozess der Stressbewältigung. Andererseits beziehen sich individuelle Coachinginteressen auf Fragen der Transferunterstützung bei der Übertragung des gewünschten Gesundheitsverhaltens in den Alltag.

Vernetzung mit anderen Gesundheitsdiensten

GESUNDHEITSCOACHING ist eine Ergänzung zu vorhandenen Angeboten der Gesundheitsförderung. Es steht weder in Konkurrenz zu der Leistung von Ärzten noch zu der von Psychotherapeuten oder den Angeboten im Bereich der Sozialarbeit oder Sozialpsychiatrie. Es bestehen vielmehr kooperative und vernetzende Beziehungen zu den anderen Gesundheitsdiensten. Die hier vertretenen Perspektiven werden im Sinne des mehrperspektivischen und interdisziplinären Ansatzes als Bereicherung angesehen. Ein POLYLOG wird angestrebt, natürlich unter Berücksichtigung aller datenschutzrechtlichen und die Verschwiegenheitspflicht betreffenden Bestimmungen zum Wohle der Teilnehmerinnen und Teilnehmer.

Es besteht die Möglichkeit, in einem (sozial-)medizinischen „theragnostischen" Gespräch mit dem medizinischen Coach zu Beginn des Prozesses die gesundheitliche Situation von Aspiranten ganzheitlich begutachten zu lassen. Dabei können auch externe Gutachten einbezogen werden. Auf dieser Grundlage wird die Eignung des Bewerbers für bestimmte berufliche Perspektiven aus (sozial-)medizinischer Sicht darstellt. Die Bewertungen beziehen sich zum einen – in ganzheitlicher Sichtweise – auf die Eignung für die Teilnahme am MINIPRENEURE-Weiterbildungsprogramm generell: Bei Vorliegen bestimmter Diagnosen kann eine Teilnahme am MINIPRENEURE-Weiterbildungsprozess aktuell kontraindiziert sein. In diesem Fall erhält der Bewerber eine Empfehlung für alternative Maßnahmen, die der MINIPRENEURE-Weiterbildung auch vorgeschaltet

30 *Kaul, C.* (2011).

werden können. Weiterhin werden in differenzieller Sichtweise Empfehlungen für bestimme berufliche Tätigkeiten und Aktivitäten ausgesprochen (*salutogene* Perspektive), von anderen wird abgeraten (*pathogene* Perspektive).

Am Anfang steht das Gespräch – wer konnte einmal 60 Minuten mit einem Arzt reden?

Es hat sich bewährt, der endgültigen Aufnahme in das MINIPRENEURE-Weiterbildungsprogramm ein etwa einstündiges 4-Augengespräch zwischen dem Arzt als Gesundheitscoach und dem potenziellen Teilnehmer voranzustellen.

Ziel der Unterredung muss für beide Gesprächspartner sein, gemeinsam einen Ist-Status des Probanden zu erheben, in dem vor allem gesundheitliche Defizite in Verbindung mit der Abschätzung einer zu erwartenden beruflichen Belastbarkeit herauszuarbeiten sind.

Eine wesentliche Erkenntnis aus diesen Gesprächen liegt darin, dass gerade Langzeitarbeitslose die Neigung zu haben scheinen, ihren Gesundheitszustand unrealistisch einzuschätzen: Aus ärztlicher Sicht falsch-positiven Bewertungen – „meine Wirbelsäule ist total kaputt" – stehen falsch-negative Ausblendungen beispielsweise gravierender Gefäß- oder Lungenerkrankungen gegenüber, vom Nikotin-, Alkohol- und gelegentlich auch Drogenabusus ganz zu schweigen.

Neben der Erfragung von Lebens- und Ernährungsgewohnheiten ist die Krankengeschichte zu durchleuchten. Der Proband wird vor dem Gespräch vom Kursleiter gebeten, relevante Befunde aus früheren ärztlichen oder psychologischen Untersuchungen zum Einzelgespräch mitzubringen, damit sich der Arzt über die Befunddokumentation ein realitätsnahes Bild machen kann.

Der Gesundheitscoach führt keine körperlichen Untersuchungen durch und nimmt keinerlei hausärztliche Aufgaben wahr. Er spricht am Ende der Unterredung eine Empfehlung aus, die in eine von drei Richtungen geht:

a) der Proband hat, soweit erkennbar, keine krankheitsbedingten Einschränkungen und kann an der MINIPRENEURE-Weiterbildung teilnehmen;
b) es besteht eine schlecht eingestellte Grunderkrankung, z. B. Diabetes mellitus etc. Sie ist einer ärztlichen Optimierung zuzuführen; die Teilnahme an der MINIPRENEURE-Weiterbildung wird befürwortet;
c) beim Patienten besteht eine nicht behandelte gravierende Erkrankung, z. B. Alkoholismus, Drogenkonsum, Krampfleiden etc.. Diagnostik und ggf. Therapie sind vorrangig, eine Kursteilnahme ist auf einen späteren Zeitpunkt zu verschieben.

Das Gesundheitscoaching ermöglicht nur eine grobe Einschätzung, die es erlaubt, Risiken zu erkennen und ggf. diagnostische Maßnahmen oder Optimierungen von Therapieverläufen anzuregen. Eine endgültige Austarierung des Gesundheitszustandes muss einer hausärztlichen oder auch arbeitsmedizinischen Untersuchung vorbehalten bleiben. Der Gesundheitscoach ist Berater und kein Therapeut.

Die Angebote der Gesundheitsdienste werden als Handlungsmöglichkeiten von den Trainern und Coachs in das GESUNDHEITSCOACHING einbezogen. Inwieweit sie tatsächlich in Anspruch genommen werden, bleibt immer den Klienten mit ihren individuellen Ausgangspositionen und Zielen überlassen.

Themen und Inhalte von GESUNDHEITSCOACHING

Als für die Zielgruppe besonders wichtige „Stellhebel" für die *Heilung* vorhandener Probleme, Störungen und Defizite und die *Förderung* von Gesundheit werden die Themenbereiche *Selbstregulation, Bewegung – möglichst in der Natur, Ernährung, Entspannung und soziale und ökologische Kompetenz (Wissen) und Performanz (Umsetzung)* behandelt. Durch deren richtige „Bedienung" kann nachweislich eine große Anzahl der sogenannten Zivilisationskrankheiten positiv beeinflusst, wenn nicht sogar vermieden werden. Gerade Menschen, die in schicksalsergebene Resignation verfallen sind, kann anhand der gemeinsamen Erörterung, Reflexion, des Erprobens und Erlebens dieser Aspekte von Gesundheit immer wieder verdeutlicht werden, dass selbst „schicksalhafte" Ereignisse, wie Krankheit, in hohem Maß dem eigenen Willen und Handeln unterliegen. Während dieser gemeinsamen thematischen Arbeit werden weiterhin die Themen für das individuelle GESUNDHEITSCOACHING aus- und vorbereitet.

Selbstregulation

Im Hinblick auf den *salutogenetischen* Aspekt der „Selbstregulation" lässt sich das GESUNDHEITSCOACHING von folgenden Fragestellungen, Themen und Orientierungen leiten:

Maximen gesunder Lebensführung/Wege der Heilung und Förderung

Die an der Europäischen Akademie für biopsychosoziale Gesundheit (EAG)[31] von Petzold entwickelten *Maximen gesunder Lebensführung,* die vier *„Wege der Heilung und Förderung“,* die *„Grünen Aktivitäten“* in der Natur *(green exercises)*[32], bieten einen Orientierungsrahmen für ganzheitliche und differenzierte Heilungs- und Entwicklungsprozesse *(Salutogenese),* wie sie mit dem GESUNDHEITSCOACHING angestrebt werden. Zum einen zeigen sie, wie Defizite, Störungen, Traumata und Konflikte, die sich etwa in der individuellen Lebensgeschichte im Zusammenhang von Arbeitslosigkeit entwickelt haben, überwunden werden können *(Coping).* Zum anderen führen sie vor, wie protektive Faktoren, Potenziale, Resilienzen und Überwindungserfahrungen für die Salutogenese genutzt werden können *(Creating).* Die *„Wege der Heilung und Förderung“* weisen so weit über den Zeitpunkt der Beendigung der Arbeitslosigkeit hinaus und liefern vielfältige Ansatzpunkte für die praktische Arbeit im GESUNDHEITSCOACHING. Sie werden zunächst vorgestellt und im Weiteren dann gemeinsam reflektiert, auf die eigene Situation bezogen, überdacht und „emotional intelligent“ nachspürend und nachfühlend vertieft.

Die 14 Wirkfaktoren

Im GESUNDHEITSCOACHING wie auch im weiteren MINIPRENEURE-Prozessverlauf gilt die Orientierung an den *14 gesundheitsfördernden und therapeutischen Wirkfaktoren,* deren heilende und aufbauende Wirkung im Rahmen der praktischen Arbeit mit dem integrativen Verfahren für verschiedenste Settings nachgewiesen werden konnte:[33]

- **Einfühlendes Verstehen, Empathie**
- **Emotionale Annahme und Stütze**
- **Hilfen bei der realitätsgerechten praktischen Lebensbewältigung**
- **Förderung emotionalen Ausdrucks und volitiver Entscheidungskraft**

---

31 Staatlich anerkannte Einrichtung der beruflichen Weiterbildung des Landes NRW, Hückeswagen, Beversee, Wefelsen, www.eag-fpi.com.

32 Vgl. *Petzold, H. G.* (2012); *Leitner, A.* (2010); *Petzold, H. G., Orth-Petzold, S., Orth, I.* (2013).

33 Vgl. *Petzold H. G.* (2003a), *Leitner, A.* (2010).

- **Förderung von Einsicht, Sinnerleben und Evidenzerfahrungen**
- **Förderung kommunikativer Kompetenz und Beziehungsfähigkeit**
- **Förderung leiblicher Bewusstheit, Selbstregulation und psychophysicher Entspannung**
- **Förderung von Lernmöglichkeiten, Lernprozessen und Interessen**
- **Förderung kreativer Erlebnismöglichkeiten und Gestaltungskräfte**
- **Förderung positiver Wertebezüge**
- **Förderung eines prägnanten Selbst- und Identitätserlebens und positiver selbstreferentieller Gefühle und Kognitionen, d. h. von persönlicher Souveränität**
- **Förderung tragfähiger sozialer Netzwerke**
- **Ermöglichung von Empowerment und Solidaritätserfahrungen**

Diese Wirkfaktoren bieten einen weiteren heuristischen Orientierungsrahmen für die individuellen Prozesse im GESUNDHEITSCOACHING.

Gefühle erkennen und ausdrücken, spontan und kreativ sein

Für den Menschen, der „sich selbst zum Projekt" macht, ist es essenziell, mit seinen Empfindungen, Gefühlen und Emotionen in Kontakt zu sein, sie wahrzunehmen. Denn sie liefern wichtige Hinweise darauf, welche Umgebungen und Handlungen gut für die einzelne Person sind und welche Ziele sie sich setzen soll. In der TALENTDIAGNOSTIK spielen sie neben den Kompetenzen und Performanzen eine herausragende Rolle. Wer sich dann auf diesem Hintergrund mit kreativen Mitteln ausdrückt, sich „künstlerisch in die Welt begibt" und sich mit Schönem beschäftigt, verhilft sich zu ästhetischen Erfahrungen und zum Genuss der eigenen Frische und Vitalität – „protektive Faktoren", die zugleich heilsam und gesundheitsförderlich sind.[34]

34 *Petzold, H. G. , Moser, S. Orth, I.* (2012); *Petzold, H. G., Orth-Petzold, S., Orth, I.* (2013).

Arbeit am Willen: Entscheidungen treffen und Durchhaltevermögen entwickeln

Auf die besondere Bedeutung des Willens für den Erfolg von GESUNDHEITSCOACHING und das gesamte MINIPRENEURE-Programm wurde schon an verschiedenen Stellen hingewiesen. Mit Hilfe verschiedener, insbesondere erlebniszentriert-stimulierender aber auch übungszentriert-funktionaler Methoden und Techniken kann in der Gruppe oder auch individuell an den Entscheidungsfähigkeiten, der Stärkung oder Flexibilisierung des eigenen Willens gearbeitet werden.[35]

Arbeit an Zielen

Ein wichtiger Bestandteil der *Arbeit am Willen* ist die Beschäftigung mit den eigenen Zielen. Nur wenn es einer Person gelingt, sich Ziele zu setzen, die erreicht werden können und gleichzeitig attraktiv sind, wird sie das Gefühl haben, ein gutes Maß an Kontrolle über das eigene Leben zu haben, und Selbstwirksamkeit erleben, was ein wichtiger Faktor für die Gesundheit ist. Dazu gehört im Sinne des Konzeptes des „Kohärenzgefühls"[36], dass man ein Gefühl des Verstehens der eigenen Situation mitsamt aller Handlungsmöglichkeiten entwickelt, um dann wirksam handelnd die eigene Situation zu verbessern und Sinn zu erfahren.

Ressourcenmanagement

Ressourcen sind alle erdenklichen Mittel der Hilfe und Unterstützung, mit denen Belastungen, Überforderungssituationen und Krisen bewältigt werden können. Darüber hinaus dienen sie dazu, derartige Konsolidierungsprozesse überschreitend, Entwicklungen auf den Weg zu bringen und zu fördern. In der Arbeit mit Ressourcen geht es darum, nach einer Bestandsaufnahme Wege für eine Erweiterung oder Vertiefung der Ressourcen zu entwickeln[37].

Entwicklung von Resilienz

Resilienz ist die psychologische bzw. psychophysiologische Widerstandsfähigkeit, die Menschen befähigt, psychologische und psychophysiologische Belastungen (Stress, Hyperstress, Strain) unbeschädigt auszuhalten und zu meistern. Resilien-

35 Vgl. umfassend *Petzold, H. G., Sieper, J.* (2008a); *Petzold, H. G., Orth, I.* (2008).
36 Vgl. *Antonovsky, A.* (1997), *Flammer, A.* (1990).
37 Zum Ressourcenmanagement vgl. *Petzold, H. G.* (2007a) 287–307.

zen können zum Beispiel durch ausgleichende und freudvolle Aktivitäten, durch kreative Erfahrungen oder durch einen positiven ökologischen Rahmen ausgebildet werden. Wichtige psychophysische Resilienzfaktoren sind weiterhin Optimismus im Verbund mit einer hohen Selbstwirksamkeitserfahrung sowie soziale Unterstützung.[38]

Bewegung, Ernährung und Entspannung

Mit diesem Teil des Gesundheitscoaching wird der klassische, an Erkenntnissen der Medizin sowie der Sport- und Ernährungswissenschaften orientierte Bereich gesunder Lebensführung abgedeckt.

Bewegung

Sinn und Ziel dieses Moduls ist es, nicht nur ein allgemeines Verständnis der Zusammenhänge von körperlichen Aktivitäten und Gesundheit bzw. spezifischen Krankheitsbildern zu vermitteln, sondern auch die positiven Wirkungen – körperliches Wohlbefinden, Spaß und Lebensfreude – in geeigneten Bewegungseinheiten direkt erfahrbar zu machen.

Das Modul erstreckt sich über folgende Themenschwerpunkte:[39]

- **Zusammenhang von sportlicher Betätigung/Bewegungsaktivitäten und Gesundheit**
- **Körperwahrnehmung und Körpererfahrung**
- **Persönliche Erfolgserlebnisse durch Körperbeherrschung**
- **Training der Motorik**
- **Haltungs- und Bewegungsschulung**

---

38 Vgl. zusammenfassend *Ostermann, D.* (2010), 115 ff.

39 Aus den Expertisen *Kaul, C.* (2011) und *Rosenberger, J.* (2013). *Prof. Dr. Jürgen Rosenberger* ist heute als freier Gutachter für chirurgische Krankheitsbilder tätig, http://www.gutachten-rosenberger.de/index.php?id=5; *Orth, I., Petzold, H. G.* (1998).

- **Sportarten, die ein Leben lang ausgeübt werden können und Freunde machen**

- **Aktivitäten in der Natur, in Landschaft und Garten**

Körperliche Aktivitäten sind förderlich für das Herz-Kreislaufsystem, sie stärken Muskelsysteme, Knochen, Sehnen und Beine. Sportliche Angebote sollen sich jedoch an der Situation und der körperlichen Verfassung der Teilnehmenden orientieren. Um gesundheitlichen Risiken bei untrainierten Personen vorzubeugen, ist im Rahmen des ärztlichen Gespräches insbesondere bei über 40-Jährigen nach Beschwerden zu fragen, die üblicherweise nach kurzfristigen Belastungen im Bereich der Brust-, Kopf-, Hals- oder Kieferregion aufgetreten sind. Übelkeit, Atemnot, Herzrhythmusstörungen, Kopfschmerzen sind als Warnsymptome zu werten. Regt man die Teilnehmenden zu ausgiebigen sportlichen Betätigungen an, so ist bereits bei Personen im mittleren Alter eine ärztliche Untersuchung mit kardialem Screening unverzichtbar.

Dagegen sind leichte Bewegungs- und Lockerungsübungen während der Coachingeinheiten als unbedenklich einzustufen. Sie sind nicht körperlich belastend und wirken entspannend.

Geeignete Bewegungseinheiten sind Walking (je nach Kondition auch Laufen), Spazierengehen, Übungen zur Rückenstärkung, Dehnungsübungen, Tanzen, Yoga, Qi Gong. Auf weitere Möglichkeiten wie Schwimmen wird hingewiesen, stets verbunden mit konkreten Angaben zu kostengünstigen Eintritts- bzw. Nutzungsmöglichkeiten im lokalen Umfeld, die den Beratern vertraut sein sollten. Eine weitere Anwendungsmöglichkeit stellt der sogenannte Pedometer dar, der die Bewegungsfreude des Anwenders einschließlich des Kalorienverbrauchs abbildet. Das sportwissenschaftliche Modell der individuellen Belastung zeigt den Teilnehmenden, wie sie selbst „Herr“ ihrer Aktivitäten bleiben: Nicht der objektive Wert der Herzfrequenz ist für Bewegung maßgeblich, sondern die subjektiv gefühlte und bewertete Belastung.

Ernährung

Übergewicht und Fettsucht gelten als die großen Krankmacher unserer Zeit. Gesundheitliche Schäden im menschlichen Organsystem in Folge von Übergewicht sind insbesondere arterielle Hypertonie, Insulinresistenz, Erhöhung der Blutfette, Arterienverkalkung bis hin zu einem erhöhten Tumorrisiko. Für den Bewegungsapparat ist eine deutliche Zunahme degenerativer Wirbelsäulen- und Gelenkerkrankungen die Folge.

Die kritische Auseinandersetzung mit dem Ernährungsverhalten ist daher aus medizinischer Sicht ein zentraler Ansatz des Gesundheitscoaching. In Anlehnung an das Konzept „Kochen bei schmaler Kasse“[40] werden dabei folgende Themen bearbeitet:

- **Bausteine einer gesunden Ernährung unter Berücksichtigung altersspezifischer Bedarfe**
- **Vermeidung spezifischer Krankheitsbilder durch gesunde Ernährung**
- **Umgang mit Genussmitteln**
- **Analyse und Bewertung der eigenen Ess- und Kaufgewohnheiten (Ernährungstagebuch)**
- **Checklisten für den gesunden Einkauf**
- **Sparmöglichkeiten durch Bevorratung**

Zum Einstieg wird versucht, den Teilnehmenden die Energiedichte verschiedener Nahrungsstoffe näherzubringen. So entspricht etwa der Konsum einer Familienflasche Cola der Kalorienaufnahme von 35 Zuckerwürfeln. Alleine schon ein tägliches Glas Apfelsaft führt über das Jahr hin zu einer Gewichtszunahme von 5 kg.

Die Teilnehmenden erfahren, dass Fette, Kohlenhydrate und Eiweiße die Bestandteile unserer Ernährung darstellen. Verständnis- und Erinnerungsbrücken helfen, wichtige Unterscheidungen zu kennen und Zusammenhänge festzuhalten, zum Beispiel: Ungesättigte Fettsäure in fettem Fisch („Eskimos kennen keinen Herzinfarkt, obwohl sie von fettem Fisch leben“) und in pflanzlichen Ölen (Oliven-, Walnuss- und Rapsöl) oder in Nüssen wirken gesundheitsfördernd. Gesättigte Fettsäuren pflanzlicher Fette (der Inhalt der Chipstüten ebenso wie die Frittenportionen aus dem Fastfood) oder tierischer Fette sind dagegen mit Vorsicht und Bedacht zu verzehren. Die Zufuhr von Kohlenhydraten über den Verzehr eines Stückes Sahnetorte wird einen kurzen und heftigen Blutzuckeranstieg bewirken, so dass der Insulinüberschuss einen starken Hunger verursacht. Die gleich große Menge Kohlenhydrate in Form von Vollkornbrot geht einher mit einem langsamen und halb so hohen Blutzuckeranstieg und ausgewogener Insulinausschüttung, so dass der Hunger nachhaltig gestillt wird.

---

40 Vgl. das Konzept „Kochen bei schmaler Kasse“ des Deutschen Hausfrauenbundes Bremen e. V.; *Voß-Winne, P.* (2010), 18.

Wir müssen davon ausgehen, dass Geschmacksinn und Essgewohnheiten unter den längere Zeit erwerbslosen Teilnehmerinnen und Teilnehmern in größerem Maße durch Fertiggerichte, Geschmacksverstärker und Zusatzstoffe geprägt sind, und dass es an Kenntnissen der „natürlichen" Lebensmittel und an Fertigkeiten ihrer Zubereitung mangelt.

Der gemeinsame Gang zum Supermarkt und auf den Wochenmarkt ermöglicht eine differenzierte Anleitung zum Kauf naturbelassener gesunder Lebensmittel. Mit Erstaunen erfährt mancher der Teilnehmenden, dass die Zubereitung einer Mahlzeit mit frischen Zutaten nicht nur abwechslungsreicher und gesünder, sondern auch noch preisgünstiger ist, als die Mahlzeiten aus dem Regal der Fertiggerichte oder aus dem Fastfood. Das anschließende gemeinsame Kochen dient schließlich dazu, grundlegendes Wissen und einfache Kenntnisse und Fertigkeiten der Vor- und Zubereitung einer Mahlzeit zu vermitteln.

Die Coachingteilnehmer erhalten ein Ernährungstagebuch, mit Hilfe dessen sie über einen Zeitraum von etwa zwei Wochen ihr Ernährungsverhalten im Blick behalten und zugleich Tipps und Ratschläge festhalten können. Sie lernen, wie abwechslungsreiche, gesunde Mahlzeiten für sich selbst und ihre Familien mit kleinem Budget möglich sind.

„GESUNDHEITSCOACHING benötigt Methodenvielfalt."[41] Hierbei ist Einfallsreichtum gefragt, etwa wenn es darum geht, eine Möglichkeit für gemeinsames Kochen aufzuspüren und zu nutzen. Praktisch kann dann gemeinsam umgesetzt werden, was tags zuvor zum Thema „Kochen mit schmalem Geldbeutel" gelernt wurde. Gemeinsames Kochen und Speisen erweist sich immer wieder als hoch motivierend, gemeinschaftsfördernd und emotional positiv erinnerbar!

Entspannung

Im Modul „Entspannung" werden u. a. folgende Themen bearbeitet:[42]

- **Unterscheiden zwischen passiv-konsumorientierter und aktiver Entspannung**
- **Die eigene Kreativität als Weg zu innerer Ruhe entwickeln**
- **Unterschiedliche aktive Möglichkeiten entdecken, zu Entspannung zu kommen, etwa Singen im Chor**

41 *Ostermann, D.* (2010), 74.
42 Expertisen von *Rosenberger, J.* (2013) und *Kaul, C.* (2011).

- **Gesunder Schlaf**
- **Freude und Lachen**
- **Eigene verborgene Ressourcen erkennen und nutzen, um Stressoren entgegen zu wirken**

Verschiedene Entspannungstechniken werden vorgestellt. Da sie meist kontinuierlicher Übung bedürfen und individuell sehr unterschiedlich als nützlich für die Entspannung erlebt werden, gibt es nur ein kurzes „Hineinschnuppern" mit Empfehlungen, wo und wie die Praxis verstetigt werden kann. Progressive Muskelentspannung, Qi Gong, Yoga werden auf diese Weise bekannt gemacht. Zusätzlich wird aber Wert gelegt auf Achtsamkeitsübungen und künstlerische Tätigkeiten. Als hochwirksame Entspannungstechniken werden behandelt: Singen, Musizieren, Zeichnen und Malen. Da Schlafstörungen ein häufig erlebtes Problem in der Zielgruppe sind, wird das Thema „Gesunder Schlaf" aufgegriffen. Bei länger bestehenden Störungen in diesem Bereich wird an den medizinischen Coach verwiesen.

Soziale und ökologische Kompetenz und Performanz

In diesem Komplex werden die folgenden Themen und Inhalte bearbeit:

- **Soziale Kompetenz und Performanz**
  Befähigung zu aktiver Beziehungspflege, Konfliktfähigkeit, innere und äußere Konflikte erkennen und sich ihnen konstruktiv stellen, Verhandeln, wertschätzend streiten, Konsensfindung.
- **Verhalten in Situationen**
  Verschiedene soziale Situation verlangen unterschiedliche Handlungsweisen mit unterschiedlichen Zielsetzungen und unterschiedlichen verbalen und nonverbalen Ausdrucksweisen. Anhand typischer Szenarien werden Verhaltensweisen geübt und reflektiert[43].

43 Vgl. *Hinsch, R., Pfingsten, U.* (2007).

- **Positive und negative Auswirkungen von und Wechselwirkungen mit sozialen und ökologischen Kontexten**
  Auf der Grundlage ökopsychosomatischer Erkenntnisse und mit Hilfe diverser erlebniszentrierter und stimulierender Methoden werden die eigenen Lebensumstände aus verschiedenen Perspektiven betrachtet und analysiert.

Die sozialen Netzwerke einer Person werden ebenso wie die ökologischen Bedingungen im Hinblick auf förderliche (z. B. Ressourcen) und schädliche Einflüsse (Stressoren, Belastungen) untersucht. Es geht weiterhin darum zu erkennen, welche Wechselwirkungen zwischen den sozialen Gruppen und Systemen, den Wohn- und Arbeitsräumen, Quartieren und Nachbarschaften, der Stadt, den Landschaften, in denen sich die Teilnehmerinnen und Teilnehmer bewegen, und der individuellen Person in all ihren Dimensionen (Körper, Geist, Seele, soziales Netzwerk, ökologische Eingebundenheit) bestehen, und wie diese komplexen Beziehungen im Hinblick auf die Gesundheit gestaltet werden können.[44]

44 Vgl. zur Bedeutung sozialer Netzwerke und Beziehungen z. B.: *Hass, W., Petzold, H. G.* (1999), *Petzold, H. G., Müller, M.* (2003); und zur Ökopsychosomatik: *Petzold, H. G.* (2006p); *Leitner, Sieper* 2008); *Petzold, H. G. Orth-Petzold, S., Orth, I.* (2013).

Die TALENTDIAGNOSTIK*

Warum TALENTDIAGNOSTIK?

Jeder Mensch verfügt über Talent. Von dieser Grundüberzeugung wird das MINIPRENEURE-Projekt getragen. Jeder Mensch hat in seinem Leben schon einmal Leistungen vollbracht, die herausragend waren; Leistungen, auf die er stolz war; Leistungen, die Lob, Anerkennung und Wertschätzung anderer Menschen nach sich zogen. Unter günstigen Umständen wurden das Wissen, die Fähigkeiten und Fertigkeiten, die Neugier und die Leidenschaft, die diesen Leistungen zugrunde lagen, weiter trainiert und gefördert – manchmal aber auch nicht. Das Talent, das sich in früheren Jahren gezeigt hat, geriet in Vergessenheit. Als grundsätzlich angelegte Fähigkeit zu einer besonderen Leistung blieb es aber erhalten. In förderlichen Umgebungen kann das Talent wieder zum Vorschein kommen. Der wertschätzende Blick anderer Menschen kreiert das Talent und fördert es wieder zu Tage, wenn es verschüttet war. Eine solche förderliche Umgebung bietet die MINIPRENEURE-Weiterbildung.

Die Funktion der MINIPRENEURE-TALENTDIAGNOSTIK liegt darin, Talente der Teilnehmerinnen und Teilnehmer aufzuspüren und sie für diese selbst wie für die beteiligten Fachleute sichtbar zu machen. In einem weiteren Schritt geht es darum, eine Zuordnung individueller Ressourcen zu passenden beruflichen Aufgaben vorzunehmen.

Durch die Kombination multiprofessioneller Perspektiven, verschiedener talent- und eignungsdiagnostischer Ansätze und Methoden und die gemeinschaftliche Ergebnisinterpretation und Entscheidungsfindung geht die MINIPRENEURE-TALENTDIAGNOSTIK entscheidend über Ansätze hinaus, die sich

* Erstellt auf Grundlage der Beiträge von Peter Hartz und Hilarion G. Petzold (2010), Andreas Frintrup (2008), Sascha Göttling (2012).

ausschließlich auf die Berufsbiografie einer Person beziehen. Dadurch werden zusätzliche Beschäftigungsoptionen aufgezeigt, und die Wahrscheinlichkeit einer erfolgreichen Reintegration oder Vermittlung wird erhöht.

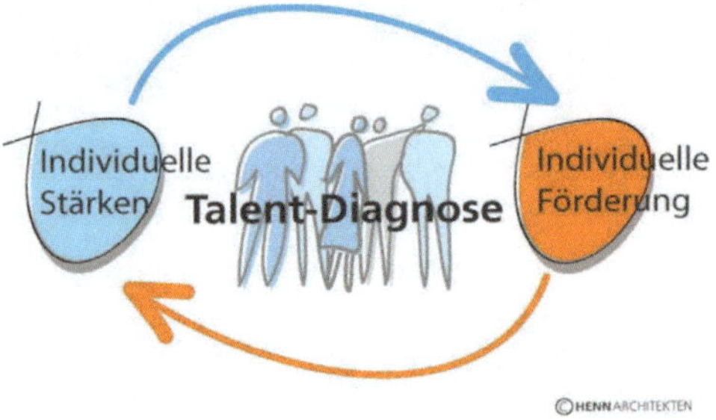

Der Fokus auf das Talent einer Person aggregiert das komplexe Stärkenprofil zu konkreten Tätigkeiten. Damit mündet die Ermittlung des Potenzials einer Person unmittelbar in die Entdeckung einer neuen beruflichen Aufgabe, für die mit Hilfe des BESCHÄFTIGUNGSRADARS schließlich eine konkrete Erwerbsmöglichkeit sondiert wird.

Was sind Talente und wie finden wir sie?

Für MINIPRENEURE definieren wir Talent in einem ersten Ansatz wie folgt:

- **Talent bedeutet, bei der Erledigung einer konkreten beruflichen Aufgabe gute bis herausragende Leistungen zu vollbringen oder über das Potenzial dazu zu verfügen. Die Grundlagen für das Talent sind genetisch angelegt und umfassen bei den meisten Menschen ein breites Spektrum, aber auch Sonderbegabungen. Die genetischen Verhaltensdispositionen werden vertieft und überschritten durch Lern- und Lebenserfahrungen in einer spezifischen sozialen und ökologischen Umwelt. Talent wird ganzheitlich erfasst durch den wertschätzenden Blick der Mitmenschen. Als Mittel, um diese Leistungen zu vollbringen, dient dem Einzelnen eine besondere Kombination spezifischer Fähigkeiten, Fertigkeiten und Kenntnisse *(Können)*. Grund für den Einsatz und die Entwicklung dieses Könnens sind entsprechende Neigungen, Vorlieben, Interessen und Leidenschaften *(Wollen)*.**

Talent bezieht sich also immer auf das, was ein Mensch in Bezug auf eine konkrete (berufliche und persönliche) Aufgabe zu leisten vermag. Interessant ist das Talent in unserem Zusammenhang vor allem deswegen, weil es eine Aussage bezüglich zukünftiger Leistungen einer Person erlaubt.

Sowohl die Einschätzung, ob ein konkretes Verhalten eine gute bis herausragende Leistung darstellt, als auch, ob ein bestimmter Mensch in Zukunft dazu in der Lage sein wird, eine solche Leistung zu vollbringen, beruht auf subjektiven Urteilen, auf Selbst- und Fremdzuschreibungen. Trauen wir es einem Menschen zu, dass er eine bestimmte Aufgabe sehr gut erledigen wird? Traut dieser Mensch es sich selbst zu?

Talent hat viel mit subjektiver Wertschätzung, mit dem *wertschätzenden Blick* zu tun: Kann ich, können andere etwas Wertvolles sehen in dem, was ich kann und was ich will, was ich heute und was ich früher getan und gewollt habe? Es geht um die Bewertung von Fähigkeiten, Fertigkeiten und Kenntnissen, von Neigungen, Vorlieben, Interessen und Leidenschaften, um die Bewertung des Gesundheitszustandes sowie der sozialen und ökologischen Bedingungen, die vermittelt über das Können und Wollen einen Einfluss auf Art und Größe zukünftiger Leistungen haben.

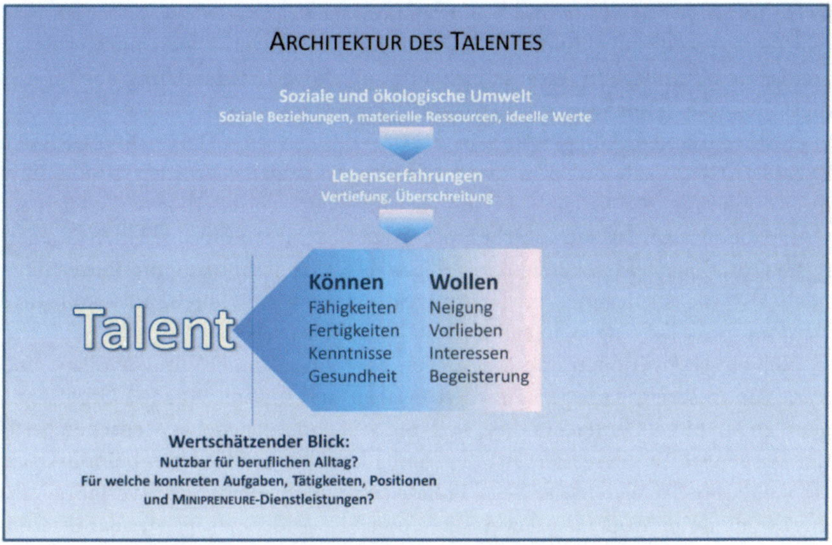

Die Architektur des Talentes im Sinne des MINIPRENEURE-Konzeptes

Bewertungen werden im MINIPRENEURE-Prozess gemeinsam – in ko-kreativem Zusammenwirken, das Synergieeffekte schafft – vorgenommen. Im POLYLOG wird Talent zum Ergebnis eines interindividuellen Aushandlungsprozesses.

Die TALENTDIAGNOSTIK erhält auf diese Art und Weise eine hohe *ökologische Validität:* Da unterschiedliche, multidisziplinäre Sichtweisen die Urteilsbildung fundiert haben, kann davon ausgegangen werden, dass ein ähnliches Urteil auch in vielen anderen Kontexten, in die sich die Person begibt, getroffen werden wird. Wenn die unterschiedlichsten Menschen unabhängig voneinander sagen „Sie können das!", nachdem sie die Person aus ihren jeweiligen Blickwinkeln betrachtet haben, ist es wahrscheinlich, dass auch andere Menschen außerhalb des Kontextes der MINIPRENEURE-TALENTDIAGNOSTIK zu diesem Urteil kommen werden, zumal die beurteilte Person selbst durch den Prozess des POLYLOGS in ihrer Selbstwahrnehmung und Außendarstellung verstärkt wurde. Durch die Beteiligung der beurteilten Person an der Urteilsbildung und die damit verbundene Transparenz des Prozesses wird weiterhin eine hohe Akzeptanz, eine hohe *soziale Validität* erreicht.

Können und Wollen einer Person, als wesentliche Elemente von Talent, werden zuvor auch mittels objektiver Verfahren bestimmt, wobei die erhobenen Daten relativ unabhängig von den jeweils für die Durchführung Verantwortlichen festgestellt werden (Durchführungsobjektivität) und es weiterhin eindeutige Kriterien für die Auswertung und Interpretation der Prüfungs- bzw. Testergebnisse gibt (Auswertungsobjektivität). Diese insofern objektiven Daten fließen als gemeinsame Grundlage in die abschließende subjektive Urteilsbildung der Teilnehmerinnen und Teilnehmer des POLYLOGS ein.[1]

Im beruflichen Alltag – und in diesen will sich die MINIPRENEURE-TALENTDIAGNOSTIK in Form und Bedeutung einfügen – werden Urteile über das Können und Wollen einer Person allerdings faktisch selten ausschließlich auf Grund der Ergebnisse aus solchen objektiven Messverfahren gefällt. Die wichtigste Grundlage bilden häufig rein subjektive Wahrnehmungen und Bewertungsmaßstäbe, die wiederum – historisch gesehen – in individuelle und kollektive Deutungsprozesse eingebettet sind.

Subjektive Positionen und Meinungen über das „Können" und „Wollen" sind stark von unserem ganz persönlichen Erleben und unserer eigenen Urteilslogik geprägt: Ich bin ein guter Zuhörer, weil mir das schon von vielen Menschen bestätigt worden ist. Er interessiert sich für Fußball, weil er weiß, dass er beim Betrachten von Fußballspielen in der Regel Freude empfindet. Solche „Messverfahren" für das Können und Wollen sind zwar nicht objektiv. Anders als bei standardisierten

1 Wenn genügend verschiedene Leistungsbereiche auf diese Art und Weise geprüft werden und genügend Personen diese Tests durchlaufen, lassen sich mit einem professionell gestalteten Testarrangement gute Aussagen darüber machen, wie wahrscheinlich es ist, dass eine Person in einem bestimmten Beruf oder einer Tätigkeit erfolgreich sein wird. Diese Verfahren haben eine hohe *prognostische Validität.* In der MINIPRENEURE-TALENTDIAGNOSTIK wird ihnen daher eine große Bedeutung zugemessen.

Tests ist zunächst völlig unklar, ob und inwiefern ein solches Urteil im Zusammenhang mit dem zukünftigen beruflichen Erfolg steht. Die Bedeutung solcher Aussagen muss in einem sinnstiftenden, hermeneutischen, ko-reflexiven und ko-kreativen Prozess erst noch erschlossen werden: Die Tatsache, dass jemand sich für einen exzellenten Fußballer hält, bedeutet noch lange nicht, dass andere das genau so sehen geschweige denn, dass die Person eine Karriere als Fußballspieler machen kann. Für die Person selbst kann aber diese Aussage in diesem Moment absolut wahr sein.

Solche subjektiven Aussagen haben eine hohe *inhaltliche Validität:* Wenn eine Person etwa – aus welchen subjektiven Gründen auch immer – äußert, dass die einzig für sie in Frage kommende berufliche Position die eines Profifußballers sei, dann muss zunächst einmal davon ausgegangen werden, dass die Person hiermit – zumindest für den Moment – eine für sich selbst valide Aussage trifft. Diese Aussage nicht anzuhören bzw. nicht als valide anzuerkennen, könnte als grobe Respektlosigkeit aufgefasst werden und stünde im schroffen Widerspruch zu dem Anspruch auf Selbstbestimmung, der etwa in dem MINIPRENEURE-Motto „Ich mache mich selbst zum Projekt!“ zum Ausdruck gebracht wird, wäre also mit der MINIPRENEURE-Kultur nicht zu vereinbaren. Des Weiteren würde eine für die jeweilige Person zentrale Aussage – in diesem Fall über das *Wollen* – nicht in den Urteilbildungsprozess eingehen: Die Entwicklung einer individuell stimmigen, sinnstiftenden beruflichen Perspektive wäre vermutlich zum Scheitern verurteilt. Subjektive Verfahren wie das „Lebenspanorama“ nehmen in der MINIPRENEURE-TALENTDIAGNOSTIK daher ebenso eine wichtige Rolle ein. Zusammenfassend kann somit festgestellt werden:

- **Talent ist das Ergebnis eines ko-kreativen, subjektiven Aushandlungs- und Bewertungsprozesses eines multiprofessionellen Teams auf der Grundlage objektiver und subjektiver Daten über das *Wissen, Können und Wollen* einer Person und ihrer sozialen und ökologischen Bedingungen, die mit Hilfe unterschiedlicher Verfahren erhoben worden sind.**

Der Prozess der TALENTDIAGNOSTIK

Was kennzeichnet den Prozess der MINIPRENEURE-TALENTDIAGNOSTIK? Welche Verfahren und Instrumente kommen zum Einsatz?

Der Prozess der MINIPRENEURE-TALENTDIAGNOSTIK ist mehr als ein diagnostischer Prozess zur Erfassung des Ist-Zustandes einer Person. Er erschließt die Bedeutung der Vergangenheit für das Talent, wie es sich heute zeigt. Er wendet sich der Zukunft zu, denn das Talent weist über den Status-Quo einer Person hinaus. Talent beschreibt das Potenzial einer Person, *in der Zukunft* etwas Bestimmtes zu tun und zu leisten[2]. Talent schließt das „*Wollen*" einer Person mit ein. Das „*Wollen*" ist immer auf einen zukünftigen, antizipierten Zustand gerichtet[3]. Er ist ein Prozess der Bewusstwerdung, der gemeinsamen Reflexion, der Heilung und Stärkung. Er ist ein theragnostischer Prozess: Diagnostik (Feststellen von Problemen) und Therapie (Lösen von Problemen) zugleich[4].

Viele Menschen, die an der TALENTDIAGNOSTIK teilnehmen, haben ein geringes Selbstwertgefühl oder sie leiden daran, dass Selbst- und Fremdbild ihres Könnens und Wollens auseinanderdriften. Ausdrucksformen dafür sind weiterhin destruktive Erzählungen, Narrationen, über das eigene Leben, die sich in Gedanken und Reden fest eingegraben haben.[5] Im Prozess der TALENTDIAGNOSTIK sollen diese Erzählungen eine neue Wendung erhalten. Der wertschätzende Blick der anderen Teilnehmer, der begutachtenden Experten auf die *Probleme, Ressourcen* und *Potenziale*[6] einer Person befördert das Material für diese neuen Erzählungen an die Oberfläche.

Die MINIPRENEURE-Gruppe als Umgebung spielt eine entscheidende Rolle für das Erkennen und die Entwicklung des Talentes: Talent ist kein technisches Merkmal einer Person, das aktivierbar ist, wie die Pferdestärken eines Motors. Talent hängt von den *emotionalen* und *kognitiven* Bewertungsmustern einer Person ab. Talent muss sich in der Realität beweisen! Nur wer glaubt, dass er Talent hat, wird sich in Situationen begeben, in denen er es sich selbst und anderen beweisen kann. Wer sein Talent beweist, wird sich und andere zur Überzeugung bringen, dass er Talent hat. Er wird es weiter trainieren und verbessern, denn: Nur wo sich Talent zeigen kann und wo es wahrgenommen und wertgeschätzt wird, lohnt es sich auch zu investieren.

Einführung in die TALENTDIAGNOSTIK

Der Prozess der TALENTDIAGNOSTIK beginnt für die Teilnehmerinnen und Teilnehmer mit einer Einführung in das Thema „Talent" und „TALENTDIAGNOSTIK" und mit einer Reflexion beider Begriffe. Diese Einführung schafft eine gemeinsame Wissensgrundlage darüber, was in den folgenden Schritten erlebt und erarbeitet wird. Auf diese Art und Weise wird zunächst das Einverständ-

2 *Erpenbeck, J., v. Rosenstiel, L.* (2009).
3 Vgl. *Petzold, H. G., Sieper, J.* (2008).
4 Vgl. *Petzold, H. G., Orth, I.* (2008), 603 ff. „Therapie" hier nicht im klinischen Sinne verstanden.
5 Vgl. *Petzold, H. G.* (1993a).
6 Vgl. *Petzold, H. G., Sieper, J.* (2008).

nis für die Teilnahme an der TALENTDIAGNOSTIK gewonnen. Sie werden in die Lage versetzt, sich ein Urteil zu bilden, was sie selbst wollen und was in ihrem Interesse ist. Die Teilnehmerinnen und Teilnehmer erhalten so die Möglichkeit, sich im Folgenden nicht als passive Konsumenten oder als Opfer manipulativer psychologischer Verfahren, sondern als aktiv und gleichberechtigt Handelnde zu erfahren.

Lebenslauf

Der Lebenslauf ist ein für die meisten Menschen vertrautes Mittel der Darstellung des eigenen Lebens, der Beschäftigung mit der eigenen Biografie. In der Regel dient er dazu, anderen Menschen einen schnellen Überblick über Qualifikationen und berufliche Erfahrungen zu liefern. Die Kategorien, zu denen Angaben erfolgen, sind relativ klar festgelegt. Es geht um eine Darstellung dessen, was man in welchem Zeitraum in welcher Organisation oder Institution getan hat. Bezüglich der einzuhaltenden Reihenfolge und der Darstellungsweise gibt es gewisse Standards, die zum Beispiel Personalverantwortlichen schnelle Entscheidungen ermöglichen, ob eine Person für eine bestimmte Stelle in Frage kommt oder nicht. Die Angaben gewinnen an Glaubwürdigkeit und Objektivität, wenn Sie durch den Einbezug weiterer Quellen belegbar sind, etwa durch Zeugnisse oder die Nennung der Namen von Personen, Unternehmen, oder Bildungseinrichtungen.

Bei der Erstellung und Reflexion des Lebenslaufes können Teilnehmer und Teilnehmerinnen, Berater und Beraterinnen erste Hinweise auf Talente, Ressourcen und Potenziale erhalten. Auch werden Probleme erkennbar, die eine Person mit ihrer beruflichen Biografie auf dem Arbeitsmarkt erlebt.

In diese Phase gehen auch diagnostische Informationen ein, die im Rahmen des GESUNDHEITSCOACHINGS gewonnen werden, soweit sie einen engeren Bezug zum beruflichen Entscheidungsprozess haben. Wichtig sind Informationen, die darüber Auskunft geben, was eine Person kann und will, und für welche Bereiche relevante Leistungseinschränkungen vorliegen. Nicht zu Verfügung stehen dagegen klinische Diagnosen und Informationen, die der allgemeinen ärztlichen und psychologischen Schweigepflicht unterliegen. Generell werden durch den medizinischen und psychologischen Coach nur solche Informationen weitergegeben, die der Teilnehmer oder die Teilnehmerin explizit freigegeben hat.

Lebenspanorama

Das „Lebenspanorama" ist eine Technik[7], die eine Gesamtschau von individueller Geschichte und Talent ermöglicht. In der bildnerischen Darstellung aller wichtigen erinnerbaren Erfahrungen wird das Talent mitsamt seiner individuellen, sozialen und ökologischen Bedingungen und der eigenen Reaktionen auf diese Bedingungen sichtbar. Im Bild artikulieren sich neben den bewusst erinnerten Inhalten über das Medium des Malens auch unbewusste biografische Zusammenhänge.

Die Darstellung der Ereignisse in ihren Zusammenhängen macht die Entstehung bestimmter Werte, Haltungen und Einstellungen zunächst erkennbar und verstehbar. Gemeinsam mit der MINIPRENEURE-Gruppe und den Beratern können diese Einstellungen und Haltungen zunächst hinterfragt und schließlich verändert werden, wenn der Einzelne erkennt, dass sie für ihn heute weder stimmig noch hilfreich sind. *Probleme, Ressourcen und Potenziale* werden durch die bildnerische Darstellung und die gemeinsame Aufarbeitung deutlich und stehen in Folge für die weitere Bearbeitung zur Verfügung.

Die Technik des Lebenspanoramas ermöglicht es, durch eine entsprechende Anleitung Talente in Bereichen zu entdecken, die auf den ersten Blick nichts mit der Arbeit und dem Beruf zu tun haben. Auf diese Weise können Menschen, die lange Zeit nicht mehr erwerbstätig waren, Zugang zu ihren Talenten finden und damit Hinweise auf ihre zukünftige Erwerbstätigkeit gewinnen. Talent entwickelt und zeigt sich nicht nur in der Erwerbsarbeit und der formellen Ausbildung, sondern auch in den Hobbies, bei der Familienarbeit, im Ehrenamt, in der Nachbarschaftshilfe oder bei der Bewältigung von Lebenskrisen.

Die Beschäftigung mit der eigenen Biografie gewinnt so eine ganz neue Qualität und geht weit über die Arbeit am und mit dem Lebenslauf hinaus. Sie hilft *Probleme* zu identifizieren, um sie „lösungsorientiert" anzugehen, *Ressourcen* und *Potenziale* auch dann zu entdecken und darzustellen, wenn der formelle Lebenslauf „nicht viel her gibt". Insgesamt werden dadurch die *„capabilities"*, die *Fähigkeiten* oder *Verwirklichungschancen* im Sinne von M. Nussbaum und A. Sen[8] gestärkt.

Wichtig ist, dass die Arbeit mit dem Lebenspanorama von einem fachkundigen Berater begleitet wird, der es versteht, mit unter Umständen aufkommenden negativen Gefühlen, Reaktionen der Angst, des Scheiterns oder der Mutlosigkeit umzugehen. Belastende Lebenserfahrungen und Mangelerlebnisse können nicht einfach weggeredet oder weggemalt werden. Sie sind Teil der Biografie einer Person. Die Aufgabe des Beraters oder der Beraterin ist es, dabei zu unterstützen,

7 Vgl. *Petzold, H. G., Orth, I.* (1993a), *Neumann, I., Melbye, S.* (2013).
8 Vgl. *Nussbaum, M., Sen, A.* (1993).

dass ein geeigneter Umgang mit solchen Belastungen gefunden werden kann und dazu die eigenen Talente genutzt und die Hilfe anderer dafür in Anspruch genommen werden können.

Talenttests

Mit standardisierten Diagnose- und Assessmentverfahren der Personalpsychologie können ergänzend quantitative Daten zu den individuellen Kompetenzen, Performanzen, Ressourcen, Potenzialen, Eigenschaften und Interessen der teilnehmenden Personen generiert werden.[9]

Bei der Frage, für welchen Beruf oder für welche Stelle eine Person am besten geeignet ist, stößt herkömmliche Eignungsdiagnostik an eine Grenze, die den Einsatz von Verwendungsdiagnostik in Kombination mit Jobmatching erforderlich macht.[10] Mit den Talenttests wird durch individuelle Testung ein breit angelegtes persönliches Stärkenprofil ermittelt. Dabei werden vier große Bereiche unterschieden: Persönlichkeit, kognitive Fähigkeiten, Wissen und Interessen, wobei zu Persönlichkeit auch Motivation und Volitionsverhalten, d. h. Willensentscheidungen Umsetzungsfähigkeit und Ausdauer[11] erfasst werden. Dieses Stärkenprofil wird über ein Matching mit den Anforderungen einer Vielzahl beruflicher Tätigkeiten abgeglichen.

Hierbei wird die Vermittlungslogik am Arbeitsmarkt umgekehrt: Für die individuelle Platzierung ist nicht mehr entscheidend, was eine Person formal gelernt oder in der bisherigen Berufsbiografie ausgeübt hat, sondern was die Person kann, will und wofür sie sich interessiert.

---

9 Für die Bereitstellung eines geeigneten psychologischen Testverfahrens konnte das MINIPRENEURE-Projekt als Partner die von *Professor Dr. Heinz Schuler* und *Andreas Frintrup* gegründete HR Diagnostics AG gewinnen. Sie bringt auf der Grundlage ihrer Erfahrungen aus der wirtschaftlichen Praxis und von Methoden des beruflichen Matchings das Berufsprofiling® als methodische Basis für die MINIPRENEURE-Talenttests ein.

10 *Frintrup, A., Kämper, M., Mussel, P.* (2007). *Andreas Frintrup* ist Geschäftsführer der S&F Personalpsychologie Managementberatung GmbH und der HR Diagnostics AG, Stuttgart, www.personalpsychologie.de, www.HR-Diagnostics.de.

11 Dem Thema „Volition", d. h. der Fähigkeit/Unfähigkeit, Entscheidungen zu treffen, diese umzusetzen und mit Kraft und Ausdauer weiterzuführen, ist bislang in Beratung, Training und Therapie viel zu wenig Beachtung geschenkt worden. Im Minipreneure-Prozess kommt daher der Beratung und dem Training von Willensfähigkeiten besondere Bedeutung zu. Vgl. *Petzold, H. G., Sieper, J.* (2008a), 523–529.

Das Matching von Personen- und Berufsdaten erfolgt über einen komplexen Algorithmus[12], der Persönlichkeitsmerkmale, Fähigkeiten, Wissen und Interessen einer Person mit den Anforderungen eines Berufs abgleicht. Dabei werden zwei unterschiedliche Herangehensweisen kombiniert: Zum einen ein vertikaler Vergleich, der je erfasster Dimension eine Über- bzw. Unterforderung bestimmt, die jeweils spezifisch gewichtet wird. Zum anderen ein horizontaler Vergleich, der die Stärken einer Person, ungeachtet des absoluten Niveaus, mit dem Anforderungsprofil der Tätigkeit vergleicht.[13] Die Gesamtpassung einer Person wird über das Jobradar optisch mit den persönlichen Interessen kombiniert und dem Anforderungsindikator einer Position gegenüber gestellt.

Für das vorliegende Projekt ist von besonderer Bedeutung, dass es sich bei den Talenttests um ein dynamisches, offenes System handelt, in welches auch neue Berufe und Tätigkeiten mit ihrem individuellen beruflichen Anforderungsprofil jederzeit nachgepflegt werden können. So ist es auch möglich, spezifischen Projektbedarfen flexibel zu begegnen und auch lokale Besonderheiten zu berücksichtigen.

Der jeweilige Mensch mit seinen spezifischen Fähigkeiten und Fertigkeiten steht also im Mittelpunkt. Für ihn soll die bestpassende Situation gefunden werden, die dann im Beratungsprozess für eine optimale Umsetzung vorbereitet wird.

Job- bzw. Talentradar sind Arbeitsmittel für die an der Vermittlung und Beratung beteiligten Expertinnen und Experten und Teilnehmerinnen und Teilnehmer, die einen detaillierten Bericht zur beruflichen Orientierung erhalten, in dem auf spezifische Stärken und Interessen eingegangen wird. Dieser Bericht dient der individuellen Beratung wie auch dem konkreten Auffinden alternativer Beschäftigungsoptionen.

Jüngste Forschungsergebnisse dokumentieren den Anwendungsnutzen des Berufsprofiling® bei der beruflichen Beratung und Reintegration von Langzeitarbeitslosen. So konnte festgestellt werden, dass alle eingesetzten Instrumente einen signifikanten Beitrag zur Vorhersage des Vermittlungserfolges leisten.[14]

---

12 Als Algorithmus wird eine eindeutige Berechnungsvorschrift zur Lösung eines Problems bezeichnet. Algorithmen werden zum Beispiel auf große Datenmengen angewandt, um auf eine Eingabe hin eine bestimmte Lösung zu finden.

13 Die Passung wird über gewichtete, nicht lineare Differenzen sowie über Rangkorrelationen ermittelt. Die Gewichte und Parameter des mathematischen Algorithmus wurden empirisch bestimmt, wobei der Algorithmus derart modelliert wurde, dass er den menschlichen Entscheidungsprozess (welcher Job passt zu einer Person?) optimal abbildet.

14 Vgl. *von der Bruck, H., Mussel, P.* (2009); *Mussel, P., von der Bruck, H., Schuler, H.* (2009). Über eine Integration von Effekten des Lebensalters und der Dauer der Arbeitslosigkeit wurde ein Ressourcenmodell abgeleitet, das spezifische Stärken älterer arbeitsloser Personen bezüglich deren Potenzial für die Reintegration auf den ersten Arbeitsmarkt nutzbar macht. Die durch das Matching empfohlenen Tätigkeiten wurden über mehr als 700 Personen ausgewertet, die einen Abgleich mit den in einer Region verfügbaren Arbeitsplatzangeboten

HR Diagnostics stellt die webbasierte Plattform zur Verfügung. Die Nutzung des vollen Funktionsumfangs ist 24 Stunden an 7 Tagen möglich. Die Darbietung der diagnostischen Verfahren erfolgt mit individuellem Passwort geschützt via Internet. Die Bearbeitung erfolgt online in Echtzeit. Auswertungen, Matchingergebnisse und Profile können nach erfolgter Bearbeitung wiederum von den Probanden online eingesehen werden.

Auswertung in Einzelgesprächen

Auswertungsgespräche zwischen Berater und Teilnehmer finden sowohl zum Lebenspanorama als auch zu den Talenttests statt. Das Gespräch zum Lebenspanorama dient der gemeinsamen Erschließung der Bedeutung der bildnerischen und schriftlichen Darstellungen der Teilnehmer. Experte für die Inhalte ist hierbei der Teilnehmer, während der Berater die Aufgabe hat, das Gespräch und die Aufmerksamkeit auf Sachverhalte zu lenken, die er auf Grund seiner Erfahrungen und Sachkenntnisse für relevant hält.

Anders verhält es sich im Auswertungsgespräch zu den Talenttests. Hier stellt der Berater als Experte zunächst die Testergebnisse dar. Wichtig ist hierbei eine wertschätzende Haltung, die sich in einer Betonung der Stärken und der damit verbundenen Potenziale zeigt. Das Gespräch dient weiterhin der Validierung, d. h. der bestätigenden Überprüfung der Ergebnisse. So kann der Berater oder die Beraterin im Gespräch bestimmte Hintergründe klären, die den Teilnehmer zu einem bestimmten auffälligen Antwortverhalten gebracht haben. Möglicherweise wurden etwa Instruktionen in besonderer Weise interpretiert oder die Ergebnisse wurden durch Besonderheiten in den äußeren oder inneren Bedingungen beeinflusst. Es wird weiterhin im Rahmen der kommunikativen Validierung überprüft, inwieweit der Teilnehmer oder die Teilnehmerin sich in den Testergebnissen wiederfindet und nach Erklärungen für mögliche Abweichungen zwischen Testergebnis und Selbstbild gesucht.

Zum Ende dieser talentdiagnostischen Einzelgespräche erstellt der Berater anhand einer softwarebasierten Vorlage gemeinsam mit dem Teilnehmer oder der Teilnehmerin eine Übersicht der Ergebnisse aus allen angewandten Verfahren. Ziel dieser Übung ist es, ein Gesamtbild der Talente der Teilnehmerin/des Teilnehmers zu erstellen, in dem Selbst- und Fremdbild entweder übereinstimmen

---

erlauben. Sowohl die verwendete Matching-Technologie als auch die psychometrischen Algorithmen wurden durch das Institut für Berufsprofiling® (eine Marke der HR Diagnostics AG) entwickelt und haben weltweit ein Alleinstellungsmerkmal.

oder Widersprüche und Brüche offen zu Tage treten und dann im Beratungsprozess bearbeitet werden können.

Wichtig ist die Bereitschaft, sich und andere mit diesem Bild zu konfrontieren. Offenheit, das Bemühen darum, sich anderen Menschen soweit zu öffnen, wie es einem selbst zumutbar und sinnvoll erscheint, ist als ein wichtiger Bestandteil der MINIPRENEURE-Kultur definiert worden. Die jeweils erstellte Übersicht wird im Folgenden allen Teilnehmerinnen und Teilnehmern des POLYLOGS persönlich ausgehändigt und dient dort als gemeinsame Diskussionsgrundlage. Der Berater übernimmt Verantwortung für die fachliche Qualität und Aussagekraft sowie für die sachliche Korrektheit der Inhalte. Der Teilnehmer/die Teilnehmerin bestimmt, welche Informationen weitergegeben werden dürfen und welche nicht. Der Berater klärt den Teilnehmer über die Chancen und Risiken der Weitergabe bzw. Nicht-Weitergabe entscheidungsrelevanter Informationen auf als ein „empowerment", eine Bekräftigung, mit seinen Daten, seinen *Kompetenzen* (Fähigkeiten, Wissen) und *Performanzen* (Fertigkeiten, Können), d. h. mit seinem „persönlichen Kapital" besonnen, souverän und strategisch klug umzugehen.

Qualitätsstandard und Datenschutz

Die Talent- und Eignungsdiagnostik wird von eigens darauf spezialisierten Partnerunternehmen durchgeführt. Die Erhebung und Speicherung der Daten erfolgt nach den gesetzlichen Bestimmungen des Bundesdatenschutzgesetzes[15] bzw. der jeweils einschlägigen Landesdatenschutzgesetze[16] in voller „informierter Übereinstimmung" mit den jeweiligen Projektteilnehmern und Projektteilnehmerinnen.

15 BDSG, Gesetzestext, http://www.gesetze-im-internet.de/bdsg_1990/.
16 SDSG, Gesetzestext, http://sl.juris.de/cgi-bin/landesrecht.py?d=http://sl.juris.de/sl/DSG_SL_2007_rahmen.htm.

Der POLYLOG*

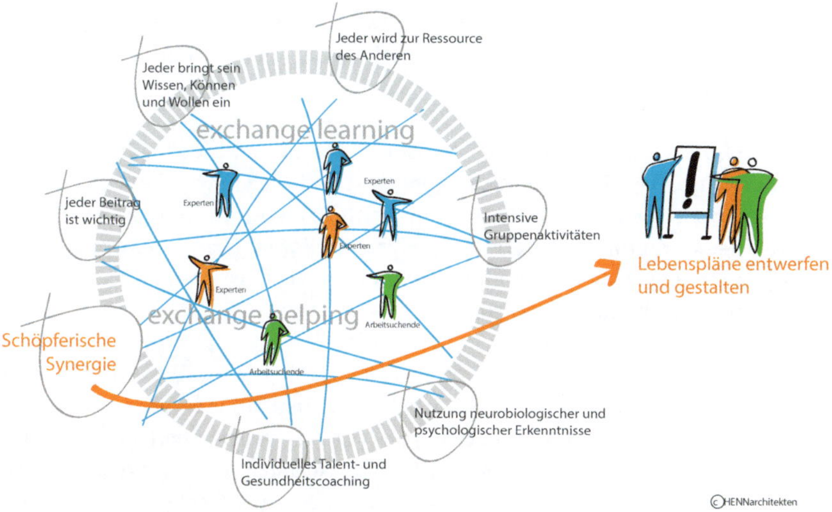

---

* Erstellt auf Grundlage der Beiträge von Peter Hartz und Hilarion G. Petzold (2010), Hilarion G. Petzold (2002c, 2011).

Ort der Ko-Kreativität und des wechselseitigen Lernens

Sprache gründet nicht in Monologen oder Dialogen, sondern in einem Sprechen und Kommunizieren nach vielen Seiten, in POLYLOGEN, bei denen die Beiträge, die Inputs von Vielen, das Entstehen von vielfältigem *Sinn* einen Ideenreichtum ermöglichen, der optimal genutzt werden kann, so dass Überschreitungen zu Neuem entstehen. POLYLOG ist eine schöpferische Synergie. Jeder Beitrag ist wichtig, jeder bringt sein Wissen, Können, Wollen, seine Kreativität und Phantasie ein und wird so zur Ressource für die Anderen, unterstützt die Anderen und weiß sich von Ihnen unterstützt.

Der „Einzelkämpfer" hat in der Regel geringere Chancen als kooperierende Gemeinschaften, Netzwerke, in denen sich die Mitglieder wechselseitig unterstützen, Kenntnisse austauschen und voneinander Lernen.[1] Durch POLYLOG kann sich eine Gruppe und jeder Einzelne in ihr „zum Projekt machen", um seine Selbstwirksamkeit zu stärken und gemeinschaftliche und persönliche Ziele zu erreichen.

- **„POLYLOG ist ein vielstimmiger Austausch von unterschiedlichen Menschen über komplexe Wirklichkeit, die mehrperspektivisch betrachtet wird, um sie gemeinsam zu gestalten. Er führt vielfältige Dialoge zusammen und nutzt die Ideen und die Expertenschaft aller Beteiligten, um Bisheriges zu überschreiten und Neues zu ermöglichen. Der POLYLOG ist damit als solcher ein fundamental ko-kreativer Prozess".**[2]

Das POLYLOG-Modell geht von der evolutionsbiologischen Tatsache aus, dass Menschen Gruppenwesen sind und über 85 000 Generationen der Menschheitsentwicklung in „Polyaden", d. h. in Gruppenkontexten gelebt, überlebt, kooperativ gearbeitet, ständig Altes überschritten, Neues geschaffen und kulturelle Entwicklungen vorangetrieben haben.[3] Dabei ist das gemeinsame Denken und Sprechen in diesen Gruppen aus POLYLOGEN entstanden. Vor diesem evolutionsbiolo-

1 Hier lag auch eine Schwachstelle der Ich-AG als arbeitsmarktpolitisches Instrument.

2 *Petzold, H. G.* (2002c, 2007a). Das POLYLOG-Konzept und der POLYLOG-Prozess wurde Ende der 1960er Jahre von *Hilarion G. Petzold* in psychosozialen Projekten in Paris entwickelt und seitdem von ihm und seinen MitarbeiterInnen in vielfältigen Kontexten, etwa in der Erwachsenenbildung, an der Hochschule/Universität, in der Teamarbeit, in der Selbsthilfe eingesetzt und als Instrument verfeinert, um mit „Kreativität" und Gruppenmethoden Konflikte und Entwicklungsaufgaben anzugehen. Dabei wurden Anregungen aus der Dialogtheorie von *Bachtin* (1981, 2008), der Linguistik und aus vielfältigen Gruppenmethoden – etwa von *J. L. Moreno* und *F. Perls* eingearbeitet. *Petzold, H. G., Sieper, J.* (1970); *Petzold* (1973c; 2010 f).

3 *Richerson, P. J., Boyd, R.* (2005).

gischen Hintergrund wird auch im Sinne moderner, neurowissenschaftlicher Lerntheorien deutlich, dass *„collectives of brains and subjects“*[4] durch eine Synchronisation von mentalen Aktivitäten in POLYLOG-Gruppen, gefördert durch Imitationslernen, wechselseitige Anregung und empathische Unterstützung besondere Leistungen ermöglichen.[5]

Die MINIPRENEURE-Gruppe

Die MINIPRENEURE-Gruppe ist eine für das Konzept MINIPRENEURE angepasste Form der POLYLOG-Gruppe. Sie ist die grundlegende Organisationsform während der MINIPRENEURE-Weiterbildung und später in der MINIPRENEURE-SOCIAL FRANCHISE-Organisation. Die (werdenden) MINIPRENEURE treffen sich regelmäßig in einer festen Bezugsgruppe und sprechen über alles was ansteht, über Themen, zu denen der Einzelne an Meinungen und Anregungen der Gruppe interessiert ist, über aktuelle Herausforderungen und Probleme. Der Ablauf folgt einer standardisierten Struktur. Die Moderation der Gruppentreffen übernimmt typischerweise der A-Trainer, sie kann aber auch rotieren.

MINIPRENEURE-Gruppen bieten die Möglichkeit, durch „dichte Beschreibungen“ von Situationen, intensive zwischenmenschliche Kommunikation und wechselseitige Unterstützung Bisheriges zu überschreiten, Innovationen zu entwickeln und nachhaltig durchzutragen. Es kommen hier Faktoren zum Tragen, die in effektiven Selbsthilfegruppen die Selbstwirksamkeit und „persönliche Souveränität“[6] ihrer Mitglieder fördern. In den MINIPRENEURE-Gruppen werden deshalb auch Methoden aus Selbsthilfe-Bereich eingesetzt, etwa die Arbeitsregeln für *Wechselseitige Hilfe* und *Voneinander-Lernen (Exchange Helping/Exchange Learning)*[7]. Die Gruppeninteraktionen zentrieren zunächst auf das, was sich *hier und heute* zwischen den Teilnehmerinnen und Teilnehmern tatsächlich ereignet. Es geht um *direkte Kommunikation* – auf jede Äußerung soll unmittelbar und offen reagiert werden unter Verdeutlichung der emotionalen Beteiligung. Die POLYLOGische Kommunikation soll konkrete, anstehende Probleme, Entwicklungsaufgaben und Herausforderungen potenzial- und lösungsorientiert und ressourcenbewusst vorantreiben. Sie ermutigt zur *konstruktiven Einmischung,* fördert Interesse, Engagement und Faszination, bestärkt Selbstvertrauen, Selbstwirksamkeit, persönliche Souveränität und zugleich Vertrauen zum Anderen sowie

4 *Hüther, G., Petzold, H. G.* (2012).
5 Vgl. *Petzold, H. G., Sieper, J.* (2008), *Petzold, H. G.* (2012h).
6 *Orth, I., Petzold, H. G.* (1998a), *Petzold, H. G.* (2007).
7 *Petzold, H. G., Schobert, R., Schulz, A.* (1991).

Loyalität zum Projekt. Durch die gemeinsame Reflexion in diesen Gruppentreffen entwickelt jede Gruppe nach und nach einen eigenen Wissensbestand über die Bedingungen, unter denen gute Ergebnisse erreicht werden können und die kollektive und individuelle Problemlösekompetenz wächst.

Das Leitbild des MINIPRENEURS, die MINIPRENEURE-Idee, ist während dieser Gruppensitzungen präsent: Es geht nicht um Alles oder Nichts: „Ein bisschen ist uns nicht zu wenig!" heißt der passende Slogan. Es geht darum, Orientierung zu bieten und Perspektiven zu vermitteln. Es ist von essenzieller Bedeutung, dass es Räume gibt, in denen persönliche und gemeinsame Entwicklung möglich ist, in denen Perspektiven entstehen können. Eine solche Umgebung schafft die MINIPRENEURE gGmbH mit ihrer SOCIAL FRANCHISE-Organisation.

Die MINIPRENEURE-Gruppen sind die Keimzellen der MINIPRENEURE-*Unternehmenskultur.* Während des MINIPRENEURE-Weiterbildungsprozesses werden die werdenden MINIPRENEURE durch die A-Trainer in diese Kultur eingeführt. Später, in den Organisationseinheiten, wird diese Kultur gepflegt und verfeinert.

Eine Reihe von Grundregeln für *Wechselseitiges Helfen* und *Voneinander-Lernen* hat sich in diesen Gruppen als hilfreich erwiesen:

- **Respekt & Wertschätzung**
  Wir nehmen einander ernst, respektieren unsere Verschiedenheit, entwickeln Wertschätzung für einander und drücken diese auch aus.

- **Regelmäßigkeit & Beständigkeit**
  Alle Gruppenmitglieder verpflichten sich zur regelmäßigen, pünktlichen und konstruktiven Teilnahme.

- **Verantwortung**
  Jeder trägt zwei Verantwortungen: erstens für sich selbst – für das, was er tut oder unterlässt: „Ich mache mich selbst zum Projekt!", und zweitens die Verantwortung, zum Gelingen des Projektes beizutragen.

- **Offenheit**
  Wir entwickeln Bereitschaft zu persönlicher Offenheit und vermeiden Verschlossenheit.

- **Umgang mit Grenzen**
  Entscheidungen der einzelnen Gruppenmitglieder werden respektiert; wo notwendig, kommt es zu konstruktiven *„Prozessen des Aushandelns von Positionen und Grenzen".* Dabei kann mit Angrenzungen experimentiert und kön-

nen eigene Grenzen erweitert werden. Man ermutigt sich gegenseitig, Neues zu wagen.

- **Nachhaltigkeit**
  Wir fragen nach den Ursachen hinter den Ursachen und nach den Folgen auf die Folgen.

- **Unkonventionalität**
  Wir entwickeln gemeinsam die Fähigkeit und Bereitschaft unkonventionelle Lösungen zu entwickeln.

- **Gemeinsam Lösungen finden, Ressourcen aktivieren, Potenziale erschließen**
  Wir unterstützen und ergänzen uns wechselseitig beim Finden von Lösungen, Ressourcen und Potenzialen: „Lasst uns das Projekt machen – gemeinsam!"

- **Nach Unterstützung fragen**
  Wir fragen untereinander gezielt um Unterstützung an und ziehen externe Experten hinzu, wenn wir nicht weiterkommen.

Diese letzte Regel öffnet die Möglichkeit, *Netzwerke wechselseitiger Hilfe* zu bilden, *informelle Experten* zu Rate zu ziehen und die Expertise *formeller Experten* mit Spezialkompetenzen in der POLYLOG-Gruppe zu nutzen.[8] Im Rahmen des SOCIAL FRANCHISING sind wir in der Lage, diese Unterstützungen nachhaltig zu realisieren.

Die Kreativierungsworkshops

Das Ziel dieser Workshops ist es, für die angehenden MINIPRENEURE Wege kreativen und innovativen Denkens und Gefühle der Selbstsicherheit, der Zuversicht und des Vertrauens zu entwickeln – Vertrauen zu den Experten-Beratern, zu den Experten-Kollegen, den Peers in der MINIPRENEURE-Gruppe und zu sich selbst.

In den Kreativierungsworkshops kommen kreative Techniken und Medien zum Einsatz und es wird ein Raum geschaffen, in dem die Teilnehmerinnen und Teilnehmer ihre Ideen diskutieren können, um Bestätigung zu finden oder Impulse für Verbesserungen zu erhalten. Als Material stehen einerseits die Ergebnisse der TALENTDIAGNOSTIK im Mittelpunkt, die den aktuellen Erfahrungs-,

8 Zu den vielfältigen Möglichkeiten der Zusammenarbeit zwischen Selbsthilfegruppen und Experten vgl. *Petzold, H. G., Schobert, R., Schulz, A.* (1991).

Kenntnis- und Leistungsstand der Teilnehmenden und ihrer derzeitigen Interessen widerspiegeln. Andererseits werden die ersten Ergebnisse aus dem BESCHÄFTIGUNGSRADAR in die Diskussion eingebracht, so dass Anregungen für Produkte und Dienstleistungen als MINIPRENEURE vorhanden sind, für die eine Nachfrage auf dem regionalen Markt festgestellt wurde.

Bei diesen Workshops ist es besonders wichtig, dass Selbstvertrauen, Selbstwirksamkeit, Innovations- und Kooperationsbereitschaft bereits hergestellt sind, denn wo diese Qualitäten beschädigt sind oder mangeln, können sich Kreativität und verlässliche Zusammenarbeit nicht entfalten und die Neugierde auf ein unternehmerisches Tun ist blockiert: Angehende MINIPRENEURE haben häufig starke Belastungen und Frustrationen hinter sich, wurden oft auch stigmatisiert, woraus Selbststigmatisierung, „erlernte Hilflosigkeit" mit einem resignativen Lebensstil und „innere Kündigung" der Gesellschaft gegenüber erwachsen können; also für eine Reintegration recht dysfunktionale Ausgangslage, wie sie von Gerald Hüther[9] beschrieben wurde. Wo sich Mechanismen der Entwertung/Selbstentwertung eingeschliffen haben, müssen Hilfen bereitgestellt werden (Beratung, Training, Co-Counseling, Selbsthilfegruppen), um sie aufzulösen und um wieder eine Chance erkennbar werden zu lassen, den gegenwärtigen Status zu überwinden und zu einer gesundheitsbewussten, körperlich, seelisch und geistig „aktiven Lebensführung" zu finden.

Kreativierungspotenziale der Kunst

In der POLYLOG-Gruppe sollen die Kreativitätspotenziale der Kunst für soziale Prozesse nutzbar gemacht werden. Menschen denken nicht nur in Begriffen. Ihre Phantasiearbeit nutzt auch das Denken in Bildern und Szenen. Phantasie hilft, verfestigte Situationen aufzulösen. Daher soll dieses Moment phantasievoller Gestaltungskraft durch Bilder, Texte, Dramatisierungen, Skulpturierungen, Wandzeitungen usw. Erkenntnisse vermitteln. Visionen für Lebensweg und Arbeitschancen können bildhaft konkret gemacht werden. Auf diese Weise sollen Strategien, Konzepte und Prozesse künstlerischer Kompetenzbildung in der Kreativierungswoche des POLYLOGS genutzt werden[10].

In den Kreativierungsworkshops mit Kreativitätstrainern (z. B. Künstlern und Kunsttherapeuten) wird ganzheitlich und differenziell auf die eigene Lebenssituation geschaut, um möglichst den „neuen Anlauf" mit einem grundsätzlichen

9 *Hüther, G.* (2008).
10 *Wagner, C.* (2008); *Professor Dr. Christoph Wagner* ist Inhaber des Lehrstuhls für Kunstgeschichte an der Universität Regensburg.

Neuanfang für alles zu verbinden, was in der Lebensführung verbessert werden könnte. Dies betrifft etwa die Pflege des sozialen Netzwerkes (Familie, Kolleginnen und Kollegen, Freundschaften) oder die Entwicklung eines „gesundheitsbewussten und bewegungsaktiven Lebensstils", d. h. die Beachtung körperlicher Fitness, Entspannungsfähigkeit, Ernährung. Zur Förderung dieser wichtigen Grundvoraussetzungen, auf die im ganzheitlichen Ansatz dieses Projektes genauso fokussiert wird wie auf die Arbeitsfindung, soll die Informationsvermittlung durch die beratenden Experten und auch die Innovations- und Empathiefähigkeit der Kreativitätsspezialisten unterstützend wirken.

- ***... denn das Leben des Menschen könnte ein Kunstwerk sein*** **(Foucault)**

- ***... man muss beginnen, Bildhauer der eigenen Existenz zu sein*** **(Epiktet)**

Um das zu realisieren, sollen die Ergebnisse der modernen Neurobiologie und Hirnforschung[11] einbezogen werden. Die kreativen Potenziale des Gehirns, seine Neuroplastizität können aktiviert werden: Kreativitätstechniken müssen emotional unterfangen werden, um Energetisierung zu fördern und die angehenden MINIPRENEURE in ihrer Motivation zu erreichen, ihre „volitionale Entschlusskraft" und „Selbstwirksamkeit" zu bestärken, denn Wille und Wollen kommt in dem gesamten Prozess eine eminente Bedeutung zu.

Auch wenn unser Wille nicht in allen Bereichen *völlig frei* ist, er war und ist immer so frei, dass Menschen sich für die persönliche Lebenssicherung einsetzen und an den gesellschaftlichen Arbeits- und Kulturprozessen mitwirken können. Resignation und Demotivation schwächt Willenskraft. Dem gilt es entgegen zu wirken und Willenspotenziale aufzubauen.

Der POLYLOG fokussiert auf die personalen Entwicklungsprozesse und zielt auf den „schöpferischen Menschen". Aus einer zukunftsorientierten, auf Positives gerichteten neuen Grundhaltung, wie sie in folgenden Leitgedanken zum Ausdruck kommt, bildet er den Rahmen für ein „Ressourcen-Scouting":

- **Ich mache mich selbst zum Projekt.**

- **Ich will es und ich kann es!**

- **Ich will die Zukunft meistern!**

- **Ich suche Kooperation und Hilfe und gehe aus der Isolation!**

11 *Hüther, G., Petzold, H. G.* (2012).

Dabei wird mit Blockierungen und Rückschlägen zu rechnen sein, mit Schwächen bei Motivation, Entschlusskraft und Ausdauer. So sind Durststrecken zu überwinden, bis der erste Erfolg sich einstellt. Zuversicht und Hoffnung, dass das persönliche Unternehmen gelingen kann, sind immer wieder zu stützen. Dazu ist die Unterstützung durch die A-Trainer und durch verschiedene Experten erforderlich.

Kreativitätstechniken

Die Trainer und Betreuer können auf erprobte Kreativitätstechniken zurückgreifen, die im POLYLOG eingesetzt werden[12]. Dabei vollzieht sich in den POLYLOG-Gruppen selbst ein generativer Prozess, in dem nützliche Strategien und Tools entdeckt, erprobt und erfunden werden. Dieser Output wird ausgewertet.

Zum Einsatz kommen unter anderem folgende Tools, die mit Hilfe des *Integrativen Kreativitätstrainings*[13] entwickelt wurden. Mit Texten, Farben, Formen, Collagen, Materialien werden relevante Themen kreativ gestaltet:

- **Netzwerkdiagramme (J. L. Moreno)**
  Menschen stehen in sozialen Netzwerken. Deshalb ist das Netz zu „kartieren" (durch Aufzeichnen der Freunde, Familie, noch ansprechbarer Kollegen) als Ressource, die aktiviert werden kann.

- **Lebenslage-Status (Orth, Petzold)**[14]
  Die heutige Lebenssituation mit ihren Problemen, Ressourcen, Potenzialen wird in Collagen dargestellt, so dass sie in der POLYLOG-Gruppe ausgewertet, diskutiert und zielführend genutzt werden kann.

- **Zielkartierung (Orth, Petzold)**[15]
  Das Identifizieren von Lebens-, Berufs- und Arbeitszielen ist für Menschen von großer Wichtigkeit, denn nur so ist eine zukunftsbewusste Lebens- und Arbeitsplanung möglich. Die Methode der Zielkartierung macht es möglich, sich über Ziele klar zu werden, sie zu ordnen, Realisierungsmöglichkeiten abzuschätzen, zu planen und anzugehen.

---

12 Vgl. *Petzold, H. G., Orth, I.* (1994).

13 Tools des *Integrativen Kreativitätstrainings* wurden an der „Europäischen Akademie für psychosoziale Gesundheit und Kreativitätsförderung" entwickelt; vgl. *Sieper, J., Orth, I., Schuch, H. W.* (2007).

14 *Petzold, H. G., Sieper, J.* (2008a), 652 ff.

15 Ebenda, 632 ff.

Die Teilnahme am POLYLOG ist als eine ganzheitliche und differenzielle Bildungsinvestition zu sehen, die kognitives, emotionales, volitionales und soziales Lernen verbindet. Der Langzeiterwerbslose hat als Teilnehmer in einem kreativen, interdisziplinären, ja transdisziplinären Kommunikationsprozess mit Teilnehmern aus Kunst, Wirtschaft und Psychologie gelernt, flexibilisiertes Denken, Phantasie, Kreativtechniken und den vorbehaltlosen Erfahrungsaustausch zu nutzen, um Problemlösungen und Innovationsideen zu entwickeln und für die persönlichen „Entwicklungsaufgaben" und die berufliche Weiterentwicklung einzusetzen.

Entscheidungsfindung

Auf diese Weise gestärkt und vorbereitet gehen die Teilnehmerinnen und Teilnehmer in die Entscheidungsphase des POLYLOGS, an der neben den Experten für die TALENTDIAGNOSTIK, das GESUNDHEITSCOACHING und den BESCHÄFTIGUNGSRADAR auch Personalentscheider teilnehmen. Dabei kann es sich zum einem um Vertreter der regionalen MINIPRENEURE-Master SOCIAL FRANCHISE-Nehmer handeln, die darüber entscheiden, ob und wenn ja in welcher „Jobfamilie" und mit welcher Dienstleistung ein neuer MINIPRENEUR als Angestellter oder Selbstständiger in die SOCIAL FRANCHISING-Organisation aufgenommen werden kann. Weiterhin können in Absprache auch Arbeitgeber (auch selbstständige MINIPRENEURE), die neues Personal aus dem Kreise der MINIPRENEURE gewinnen möchten, teilnehmen. Denkbar ist weiterhin, dass Vertreter des öffentlichen Auftraggebers, z. B. des Jobcenters oder der Arbeitsagentur, in den Entscheidungsprozess eingebunden werden, etwa in der Frage der weiteren Unterstützung durch Fördermittel, etwa für eine Existenzgründung.

Die Ergebnisse aus dem BESCHÄFTIGUNGSRADAR, der Analyse der lokalen Wirtschaftsstruktur und weiterer Beschäftigungsfelder werden für die Beteiligten aufbereitet und zusammengefasst. Dabei werden auch Felder erschlossen, die von bisherigen „Jobfamilien" noch nicht abgedeckt sind und Raum für Innovation, für „Job Creation" bieten.

Die Fakten und Zahlen aus dem BESCHÄFTIGUNGSRADAR (Standort-Analyse), aus der TALENTDIAGNOSTIK und der Kreativierungsphase des POLYLOGS sind die Arbeitsdaten und die Arbeitsbasis in dieser Entscheidungsphase.

Die angehenden MINIPRENEURE und Bewerber präsentieren sich persönlich. Als Anhaltspunkte dienen ihnen die Ergebnisse ihrer individuellen TALENTDIAGNOSTIK und der Kreativierungsworkshops. Eine von den Bewerbern freigegebene Zusammenfassung dieser Ergebnisse liegt allen Beteiligten auch in schriftlicher Form vor. Was die Struktur ihrer Selbstpräsentation angeht, sind die Bewerber grundsätzlich frei. Folgende Form bietet sich an *(Selbsthilfestrategie):*

- **Selbstformulierte Ziele und Entwicklungsaufgaben: konkret und fassbar formuliert (Projektziele);**

- **eigene Ressourcen benennen, die zur Verfügung stehen, um Ziele zu erreichen (Realisierbarkeit);**

- **Potenziale, die im Kontext erschließbar sind, darstellen (Realisierbarkeit und Zukunftschancen);**

- **die Anwesenden um Unterstützung fragen, um Kooperationen zu gewinnen und Ressourcen zur Zielerreichung bereit zu stellen oder zu verbreitern.**

Aufgabe des leitenden Coach/Supervisors ist es, über die Anfragen der Experten und der Peergruppe hinaus weitere Fragen zu den Zielen zu stellen, um beispielsweise sicher zu gehen, dass möglichst alle Konsequenzen der ins Auge gefassten Handlungen berücksichtigt worden sind. Die Experten bestätigen und ergänzen gegebenenfalls die Aussagen des Bewerbers zu den eigenen Ressourcen und beurteilen die Realisierbarkeit der angestrebten Ziele. Die Entscheider sichern entweder vor Ort die nachgefragte Unterstützung zu oder formulieren alternative Unterstützungsangebote. Auch die anderen MINIPRENEURE und Bewerber kommen hier als potenzielle Unterstützer zu Wort.

Für diejenigen Teilnehmer, die nicht oder noch nicht bereit sind, sich zum Projekt zu machen, führt das Ergebnis der TALENTDIAGNOSTIK in einem durch die Experten vorgenommenen Matching mit dem BESCHÄFTIGUNGSRADAR zu einer aktuellen, maßgeschneiderten Empfehlung *(Expertenstrategie)*. Diese Empfehlung bezieht sich darauf, einen bestimmten beruflichen Weg einzuschlagen und weitere persönliche Entwicklungsaufgaben in Angriff zu nehmen.

Für alle Beteiligten gelten die MINIPRENEURE-Gruppenregeln. Das Feedback soll zwar einerseits offen, andererseits aber wertschätzend und respektvoll sein. Die persönlichen Grenzen eines Jeden sind zu respektieren, wohlwollende Ermutigung ist allerdings erwünscht. Lösungen werden gemeinsam gesucht. Niemand wird alleine gelassen. Jeder erhält eine Perspektive. Jeder ist allerdings dafür verantwortlich, seine persönlichen Chancen zu suchen, zu erkennen und schließlich zu nutzen.

Im Ergebnis des POLYLOGS wird für jeden Teilnehmer und jede Teilnehmerin ein persönlicher Entwicklungsplan erstellt, der die getroffenen Entscheidungen und Vereinbarungen dokumentiert und später um weitere Details ergänzt werden kann.

Das BESCHÄFTIGUNGSRADAR*

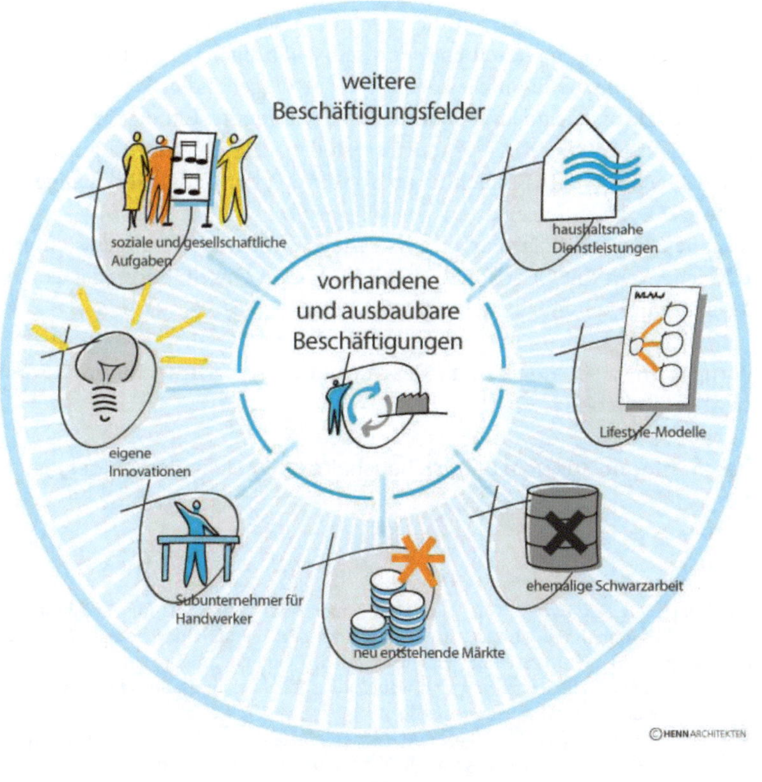

* Erstellt auf Grundlage der Beiträge von Peter Hartz und Hilarion G. Petzold (2010), Thomas Heuser (2010), Imke Keicher (2010, 2011), Corinna Mühlhausen (2010) und unter Mitarbeit von Nicole Paschke.

Betätigungsfelder aufspüren

Ein weiteres der zentralen Module im Rahmen des MINIPRENEURE-Konzeptes ist das BESCHÄFTIGUNGSRADAR. Mit seiner Hilfe wird vorhandenes und neues Beschäftigungspotenzial identifiziert, definiert und lokalisiert. Die gewonnenen Informationen werden anschließend zusammengestellt, aufbereitet und so dargestellt, dass daraus sowohl die Teilnehmerinnen und Teilnehmer selbst als auch auftraggebende Unternehmen, Behörden und Trägergesellschaften exakte Hinweise auf konkretes Beschäftigungspotenzial entnehmen können.

Mit jeder Teilnehmerin und jedem Teilnehmer wird eine aktuelle Analyse der lokalen Wirtschaftsstruktur seines Heimatlandkreises und des näheren Umfeldes erarbeitet und mit Blick auf die Ergebnisse der TALENTDIAGNOSTIK auf Möglichkeiten einer angestellten oder selbstständigen Erwerbstätigkeit überprüft. Darüber hinaus dient diese Analyse auftraggebenden Unternehmen und Institutionen dazu, geeignete Jobfamilien, die verwandte Tätigkeiten in einem bestimmten Sektor erfassen, zusammen zu stellen und im Matching mit der TALENTDIAGNOSTIK die Empfehlungen für die Art der Tätigkeit des angehenden MINIPRENEURS zu untermauern.

Angeregt vom Jobradar nach Heinz Schuler[1] wurde mit Thomas Heuser[2] und Imke Keicher[3] ein BESCHÄFTIGUNGSRADAR entwickelt, durch das Potenziale an Beschäftigungsmöglichkeiten erfasst werden:

- **Vorhandene und ausbaubare Beschäftigung nach Branchen auf Stadtteil- bzw. Ortsteilebene**

- **Beschäftigung aus dem Bereich haushaltsnaher Dienstleistungen**

---

1 *Prof. Dr. Heinz Schuler* war von 1982–2010 Inhaber des Lehrstuhls für Psychologie an der Universität Hohenheim . Er ist Co-Gründer der S&F Personalpsychologie Managementberatung GmbH, Stuttgart, als wissenschaftliche Unternehmensberatung und der HR Diagnostics AG für E-Recruiting und webbasierte Testverfahren, Stuttgart, www.personalpsychologie.de, www.HR-Diagnostics.de

2 Von *Dr. Thomas Heuser*, Dr. Heuser AG, Düsseldorf, stammt das Konzept der systematischen Analyse der Beschäftigungsmöglichkeiten in einer Region. www.drheuser.de; *Heuser, T.* (2010).

3 Die systematische Standortanalyse mit Hilfe von Jobfamilien, Sinus Milieus und Microm Maps und die Verknüpfung mit der MINIPRENEURE TALENTDIAGNOSTIK wurde zusammen mit Imke Keicher entwickelt. Imke Keicher ist Vice President für Strategy & Transformation bei Cap Gemini Consulting. Cap Gemini S. A., Paris, www.capgemini.com; *Keicher, I.* (2010, 2011).

- **Neu entstehende Märkte durch die Entwicklung von Trends und neuen Erfindungen in Nischenmärkten**
- **Beschäftigungsvolumen aus sozialen und gesellschaftlichen Aufgaben, insbesondere aus dem Dritten Arbeitsmarkt**
- **Beschäftigung aus „eigenen Innovationen" der Teilnehmer des POLYLOGS und des Kreativitätstrainings**
- **Beschäftigung aus dem Volumen des Anteils der Schwarzarbeit, die in legale marktfähige Erwerbstätigkeit übertragen werden kann**
- **Tätigkeit als Subunternehmer für Handwerker, etablierte MINIPRENEURE und andere Betriebe**
- **Beschäftigungsvolumen aus neuen Lifestyle-Modellen und aus neuen Lebensmodellen, wie z. B. der Entwicklung von Wellness zu Selfness**

Die Potenziale an Beschäftigung werden systematisch nach Branchen bis auf Ortsteilebene bzw. Stadtteilebene herunter erstellt und in das BESCHÄFTIGUNGSRADAR quantitativ eingebaut.

Grundlage für das BESCHÄFTIGUNGSRADAR ist eine detaillierte, softwaregestützte Analyse und methodische Datenbasis des einzelnen Standortes, die beispielhaft u. a. auf folgenden Daten aufbaut:

- **Ranking der Branchen nach Beschäftigung**
- **Die größten Gewinner und Verlierer in der Beschäftigung**
- **Die Wachstumsaussagen in den Branchen**
- **Die allgemeine Gründungsdynamik**
- **Die Gründungsdynamik in innovativen Industrien**
- **Aktuelle individuelle Unternehmensplanung soweit erreichbar**
- **Qualifikationsstruktur im Vergleich**
- **Sinus Milieus und Microm Maps**

Neue Beschäftigungsmöglichkeiten können grundsätzlich auf drei Arten gefunden werden: „Finden“, „Erzeugen“ und „Beobachten“.

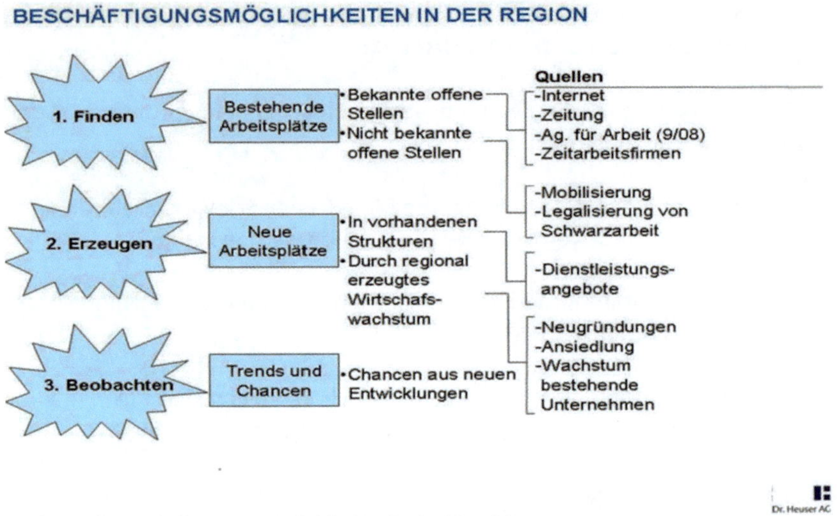

Suche nach Beschäftigungsmöglichkeiten in drei Bereichen

Bestehende Arbeitsplätze finden

Der erste Bereich („Finden“) ist darauf fokussiert, Beschäftigungsmöglichkeiten innerhalb der bestehenden Arbeitsplatzstrukturen zu lokalisieren. Dies sind einerseits bekannte offene Stellen, die über die entsprechenden Medien veröffentlicht werden; andererseits sind es Stellen, die aus welchen Gründen auch immer nicht ausgeschrieben werden. Die Beschäftigungspotenziale aus diesem Bereich lassen sich kurzfristig erschließen und stehen heute bereits im Fokus der Vermittlungsagenturen.

Die Methodik im Bereich „Finden“ besteht darin, zunächst die in einer Region ansässigen Branchen zu identifizieren. Auf Basis der in der amtlichen Statistik gebräuchlichen WZ-Kodes (statistische Klassifikation der Wirtschaftszweige) werden die Branchen bis auf eine potenzielle Tätigkeitsebene (1–5stellig) detailliert.

Mit Hilfe von Daten aus dem statistischen Bundesamt und den statistischen Landesämtern lassen sich in einem zweiten Schritt Wachstumssegmente innerhalb der Beschäftigungsstruktur einer Branche ermitteln. Dazu werden die in dieser Branche regional tätigen Unternehmen und die Anzahl der sozialversicherungspflichtigen Beschäftigten betrachtet. Eine zusätzliche Analyse dieser Daten im Zeitablauf zeigt die Wachstumsprognose der jeweiligen Branchen an, wobei nach wachsend, stagnierend und rückläufig unterschieden wird. Hieraus lassen sich regionale und branchenbezogene Schwerpunkte der Beschäftigung und der Beschäftigungsveränderung ablesen und ein Ranking der Branchen nach Beschäftigung vornehmen.

Zum Beispiel nahm die Zahl der sozialversicherungspflichtigen Beschäftigten in dem für das Saarland wichtigsten Wirtschaftszweige „Herstellung von Kraftwagen und Kraftwagenteilen" von knapp 16 000 im ersten Halbjahr 2010 auf gut 19 000 Beschäftigte im ersten Halbjahr 2012 zu.[4]

In diesen Strukturen werden im nächsten Schritt Informationen über die regional ansässigen Unternehmen verankert, die aus verschiedenen Quellen zusammen getragen werden (IHK, HWK, Wirtschaftsförderung, Amt für Gewerbeanmeldung etc.). Bei der Zusammenstellung der Unternehmen werden vorrangig die Branchen mit wachsenden bzw. gleichbleibenden Zukunftsaussichten berücksichtigt. Hieraus resultiert eine Liste der vorhandenen Unternehmen im Einzugsgebiet, die Informationen über die Branche, den Geschäftszweck, den Umsatz und die Mitarbeiterzahlen der Unternehmen enthält.

Die auf den statistischen Daten beruhende Liste wird ergänzt durch empirisch vor Ort bei den Unternehmen erhobene Informationen. Zur Informationsgewinnung werden in einer Direktansprache mit den jeweiligen Entscheidungsträgern Interviews über vorhandene und zukünftige Beschäftigungspotenziale und benötigte Mitarbeiterqualifikationen durchgeführt. Für die Unternehmen sind im Vorfeld der Ansprache bereits Angebote auszuarbeiten, um für sie die Attraktivität einer zusätzlichen Beschäftigung zu erhöhen. Ziel ist es, Art und Umfang der Beschäftigungsnachfrage seitens der lokalen Unternehmen, des Handels, der Dienstleister und der Handwerksbetriebe genau abzubilden und Beschäftigungs- und Weiterbildungschancen für die MINIPRENEURE zu identifizieren.

Die Liste der regional ansässigen Unternehmen und ihrer Beschäftigungsnachfrage wird anschließend für die Teilnehmerinnen und Teilnehmer individuell eingegrenzt und priorisiert. Ausschlaggebend sind dabei die persönlichen Kompetenzprofile aus der TALENTDIAGNOSTIK, die örtliche Nähe und der im MINIPRENEURE Netzwerk vorhandene Zugang zu den Entscheidern der Unternehmen.

Das Ergebnis der TALENTDIAGNOSTIK führt folglich im Matching mit dem BESCHÄFTIGUNGSRADAR zu einer aktuellen Empfehlung für die jeweilige Teilnehmerin bzw. den jeweiligen Teilnehmer.

---

4 Statistisches Amt Saarland (2012).

Arbeitsplätze erzeugen

Beschäftigt sich der erste Bereich mit dem vorhandenen Arbeitsangebot, so sollen im zweiten Bereich („Erzeugen") neue Arbeitsplätze, ggf. auch durch den Aus- und Aufbau neuer Strukturen gefunden werden. Projekte zur Erzeugung zusätzlichen Wachstums sind bereits erfolgreich in verschiedenen Regionen umgesetzt worden. Der Aufbau der MINIPRENEURE-SOCIAL FRANCHISE Organisation wird ein weiteres spezifisches Beispiel dafür sein, wie eine Infrastruktur geschaffen werden kann, in der neue Arbeitsplätze entstehen.

Trends und Chancen beobachten

Der dritte Bereich („Beobachten") bezieht sich auf die Nutzung von Beschäftigungschancen aus neuen Trends, Lifestyle-Modellen und Innovationen aus der Gruppe der MINIPRENEURE.

Zur Identifikation neuer Produkt und Dienstleistungsinnovationen nutzen wir die Methodik der Trendanalyse. Aus der Beobachtung der sich abzeichnenden Mega-Trends leiten wir neue Lebensmodelle und daraus resultierende Konsumentenbedürfnisse her. Unter Berücksichtigung dieser Bedürfnisstrukturen entwickeln wir umsetzbare Ideen für neue Produkte und Dienstleistungen.

Aus diesen Überlegungen heraus wurden mit der Trendforscherin Corinna Mühlhausen[5] insgesamt 131 innovative Dienstleistungsideen mit Zukunftspotenzial zusammengetragen, die von MINIPRENEUREN ausgeübt und angeboten werden können.

Um Synergieeffekte auszunutzen, werden diese Geschäftsideen in sieben Jobfamilien zusammengefasst, mit denen sieben Zukunftsmärkte bedient werden können. Das Miteinander der MINIPRENEURE in den Jobfamilien geschieht auf Basis des Grundprinzips der Kooperation und des Wettbewerbs. Wir gehen davon aus, dass sich die Aufmerksamkeit steigern lässt, wenn sich mehrere MINIPRENEURE mit ähnlichen Angeboten zusammenschließen. Zudem motiviert es den einzelnen MINIPRENEUR, wenn er sich nicht alleine um Aufträge und Abwicklung kümmern muss.

In einem Büro mit Ladenfront entsteht das „Hauptquartier" einer MINIPRENEURE-Jobfamilie. Hier bieten die Mini-Selbstständigen ihre Dienstleistung an und treffen sich mit Mitgliedern ihrer Jobfamilie zur Übergabe eines neu begonnenen Jobs oder zur Planung eines gemeinsamen Engagements. Das lo-

5 *Mühlhausen, C.* (2010); *Corinna Mühlhausen* ist freie Trendforscherin und Journalistin, www.trendcoach.de.

kale MINIPRENEURE-STARTERZENTRUM ist Aushängeschild und Informationsplattform für die Angebote der beteiligten MINIPRENEURE, es ist Veranstaltungsraum und Treffpunkt für Gespräche mit Kunden und Kollegen.

Zusätzlich vernetzen sich die Minipreneure in jobrelevanten Communities auf einer gemeinsamen digitalen Plattform. Über einen Onlineshop lassen sich die von ihnen angebotenen Dienstleistungen direkt im Internet buchen.

Die sieben Jobfamilien

Familien-Dienste

Paare mit Kindern benötigen zu unzähligen Gelegenheiten Unterstützung im Alltag: Ganz grundsätzlich, wenn beide Elternteile berufstätig sind; in Krankheitsfällen von Eltern, Kindern oder nahen Verwandten; wenn zusätzlich zur Kinderbetreuung noch die Pflege organisiert werden muss; zu besonderen Gelegenheiten wie etwa Kindergeburtstagen. Das Leben von Vollzeit-Berufstätigen ohne Kinder ist zumeist nicht weniger komplex: Eine Rund-um-die-Uhr-Verfügbarkeit lässt die Grenzen zwischen Arbeitszeit und Freizeit verschwimmen. Gesucht wird eine neue selbstbestimmte Eigenzeit – die MINIPRENEURE-Zentrale hilft dabei.

Die MINIPRENEURE-Zentrale „Familien Dienste" koordiniert die stunden- oder tageweise Unterstützung von Familien, die regelmäßige oder einmalige Betreuung von Kindern aber auch die konkrete Unterstützung von Berufstätigen in ihrem Alltag. Sie fungiert als konkrete Anlaufstelle und als Ideenbörse für besondere Anlässe. Es gibt einen Counter, der zu den Geschäftszeiten von wechselnden MINIPRENEUREN besetzt ist, eine Telefonhotline und Raum für Treffen, Kurse, Informationsveranstaltungen. Die Jobfamilie „Eigenzeit: Support für Familien und Berufstätige" erleichtert den individuellen Alltag.

Beispiel: Dienstleistung „Kinder-Taxi/Kinder-Freizeit-Begleiter"

„Generation Rücksitz" wurden die heutigen Kinder in der Presse bereits betitelt. Immer mehr Eltern versuchen ihre Kinder durch allerhand Freizeitangebote zu fördern. Der Transport auf dem Rücksitz des Autos („Mama-Taxi") hat zu diesem Etikett geführt. Gerade für Eltern mit mehreren Kindern kann es zur Herausforderung werden, den Nachwuchs zwischen Sport, Musik und naturwissenschaftlichen Erfahrungskursen zu kutschieren. Der Kinder-Freizeit-Begleiter hilft.

Er bringt die Kinder wahlweise mit dem Auto oder begleitet sie mit Fahrrad oder einfach zu Fuß. Und hat auf dem Rückweg sogar noch Zeit, eine Pusteblume zu pflücken oder Kastanien zu sammeln.

Nachhilfe

Das Lernen verändert sich. Wir leben in einer Wissensgesellschaft und nicht zuletzt die technischen Möglichkeiten tragen dazu bei, dass wir uns alle von der Idee einer Vorratsspeicherung von Wissen verabschieden müssen. Heutzutage kann man sich nie als ausgelernt bezeichnen. Nicht nur Schüler, Auszubildende oder Studenten müssen weiterlernen; auch jeder Arbeitnehmer hat die Pflicht sich fortzubilden, und jede Privatperson kann immer noch Neues in jedem Alter dazulernen.

Das MINIPRENEURE ZENTRUM „Nachhilfe“ definiert genau dies neu: Nachhilfe ist nicht nur ein Milliardenmarkt im Schulbereich, sondern das Synonym für das „lebenslange Lernen“. Zu dieser Berufsfamilie gehören Spezialisten, die anderen etwas aus einem bestimmten Bereich erklären können. Hier gibt es Nachhilfe für Alt und Jung in Form von Kursen, Workshops oder Diskussionsrunden. Und hier steht zu den Geschäftszeiten ein wechselnder Koordinator für alle Jobfamilien-Mitglieder bereit, der Interessenten Flyer überreicht, erste Anfragen beantwortet, Anmeldungen entgegennimmt oder Termine persönlich oder am Telefon vermittelt.

Beispiel: Dienstleistung „Internet Coach für Senioren“

Der Internet-Coach für Senioren kennt sich gut im Internet aus und hat viel Geduld, seine Kenntnisse weiter zu geben. Es gibt bereits eine verblüffend hohe Zahl von Internet-Nutzern unter den über 60-Jährigen. Bei den 50+ ist bereits jeder zweite regelmäßig online. Zusätzlich ist die Zahl derer groß, die zwar neugierig sind, aber niemanden haben, der ihnen beim oft mühsamen und Angst besetzen Weg ins Internet geduldig zur Seite steht. Hier kann der Internet-Coach als verständnisvoller Partner den gesamten Weg begleiten. Angefangen von der Beratung beim Kauf der geeigneten Hardware und der Entscheidung für das beste Verbindungs-Abonnement, übers Konfigurieren bis hin zu Einweisung und Training bei der Nutzung. Zusätzlich bietet er eine „Notfallnummer“, die Kunden anrufen können, wenn mal etwas nicht klappt. Das Geschäftsmodell könnte so funktionieren, dass er für Beratung und das Nutzertraining einen Fixpreis verrechnet und danach eine geringe monatliche Pauschale erhebt für die Bereitschaft, bei Problemen zu helfen.

Zuhause betreut

Wer alt wird, möchte jung bleiben. Er möchte seine Selbstständigkeit und Würde bewahren. Das Leben in den eigenen vier Wänden bedeutet ein hohes Maß an Lebensqualität. Genau um dieses Bedürfnis kümmert man sich im MINIPRENEURE ZENTRUM „Zuhause betreut".

Eine gleichnamige Untersuchung aus dem Jahr 2011 zeigt, dass die Bedürfnisse der Menschen in einem Deutschland, in dem die Alten die Mehrheit stellen und Jugendlichkeit zur Ausnahme wird, mehr und mehr erkannt werden. Stadtplaner und Architekten, Spezialisten der Zuwendungsindustrie und Medizin-Technik-Fachleute aber auch Verantwortliche in Pharmaunternehmen erkennen das Potenzial und die Notwendigkeit des Lebensabends im eigenen Zuhause. Daraus lässt sich eine Vielzahl an Veränderungen und Implikationen für die Märkte ableiten.

Eine neue Generation Älterer arbeitet mit einem hohen Selbstbewusstsein und Selbstgestaltungswillen daran, ein Leben lang in den eigenen vier Wänden wohnen bleiben zu können. Ein Katalysator für alle Branchen, die mit dem „Zuhause betreut" assoziiert werden: Die Pharmaindustrie und Pflegebranche, die Architektur und Stadtplanung, die Medizin-Technik und Pro Aging-Branche. Doch neben diesen großen Anbietern werden auch MINIPRENEURE-Dienstleister von diesem Bedürfnis profitieren. Wer den Menschen hilft, ihren Traum vom „Zuhause betreut" zu verwirklichen, wird sich am Markt fest etablieren können. Selbstverständlich werden darüber hinaus auch Kunden bedient, die sich schon im mittleren Lebensalter Unterstützung im Alltag wünschen.

Beispiel: Dienstleistung „Kümmerer"

In speziellen Altensiedlungen aber auch im Bereich des Betreuten Wohnens wird eine Dienstleistung künftig immer wichtiger werden: die des Kümmerers. Er ist erste Anlaufstelle für alle Probleme, die kleinen und die großen. Er macht kleine Besorgungen oder organisiert weitere Hilfskräfte im Bereich Pflege oder Haushalt. Der Kümmerer kann somit auch als Schnittstelle verschiedener MINIPRENEURE im Bereich Seniorendienstleistungen fungieren. Im Idealfall verfügt der Kümmerer über eine Sonder-Telefon-Nummer, die die Bewohner eines Quartiers oder einer Einrichtung in allen Problemfällen anrufen können. Dafür zahlen alle Beteiligten eine kleine monatliche Servicepauschale. Hat der Kümmerer dann anschließend mit einem Patienten mehr zu tun, wird gesondert abgerechnet.

Gesundheit + Wohlgefühl

Fast 80 Prozent der Deutschen meinen ihr persönliches Wohlgefühl bzw. Wohlbefinden, wenn sie Gesundheit sagen. Rund ein Fünftel der Bundesbürger setzen gar schon Gesundheit und Schönheit gleich. Selbstständige Tätigkeiten rund um den 2. Gesundheitsmarkt, der im Gegensatz zum 1. Gesundheitsmarkt von den Selbstzahlern im Gesundheitswesen lebt, gehören zu den Boombereichen von Firmengründern. Ein gesundheitsbewusster Lebensstil wird zum Anliegen breiter Bevölkerungsschichten,[6] – ein Trend, an dem MINIPRENEURE partizipieren können. Gesundheit, Schönheit und anhaltende Jugend werden zentrale Werte in unserer alternden Leistungsgesellschaft. An Gesundheit knüpft sich heutzutage Erfolg im Privat- wie im Arbeitsleben. Lifestyle, Schönheit und Gesundheit verschmelzen zu einem wachsenden Healthstyle-Markt. Dabei trennt sich der Gesundheitsmarkt vom Krankheitsmarkt. Die MINIPRENEURE-Zentrale „Gesundheit + Wohlbefinden" hilft Menschen, einen gesunden, ja gesundheitsbewussten Lifestyle zu pflegen. Außerdem können Angebote entwickelt und vorgehalten werden, die Menschen mit Gesundheitsrisiken, angeschlagener und beschädigter Gesundheit zugutekommen.

Beispiel: Dienstleistung „Gesundheitsberater"

Der Arzt hat wenig Zeit, beim Apotheker hören die anderen Kunden zu: Der Gesundheitsberater erläutert die Notwendigkeit bestimmter Vorsorgeuntersuchungen, informiert über die Zusammenhänge des körperlichen, geistigen, seelischen und sozialen Wohlbefindens und gibt Tipps zum Thema Ernährung, Bewegung, Stressprävention und -ausgleich. Je nach Alter und Geschlecht der Kunden geht er auf die individuellen Lebensumstände ein und steht mit Rat und Tat zur Seite. Denkbar ist die Erweiterung dieser Dienstleistung um einen Arzt-Begleitservice: Der Gesundheitsberater fährt die Kunden nicht nur hin, sondern bleibt auf deren ausdrücklichen Wunsch hin auch bei der Konsultation dabei. So kann die

6 Solche Entwicklungen müssen durchaus auch kulturkritisch gesehen werden. Vgl. *Petzold, H. G., Orth, I., Sieper, J.* (2013).

Beratung anschließend zielgerichteter stattfinden, offen gebliebene Fragen geklärt werden.

Natur + Garten

Das Ökologiebewusstsein wächst, international wie auch in Deutschland. Die Sehnsucht nach Outdoor-Erlebnissen steigt. Ob es der Wunsch nach einem eigenen Garten ist, ein Lauftreff im Grünen oder ein Wochenende zum „Waldbaden“: Immer mehr Menschen versuchen, einen Teil ihrer Freizeit unter freiem Himmel zu verbringen. Die MINIPRENEURE-Zentrale „Natur + Garten“ ist die richtige Anlaufstelle für alle diese Bedürfnisse.

Auch diese Zentrale ist zu den Geschäftszeiten mit mindestens einem MINIPRENEUR besetzt, der sich mit allen Angeboten der Jobfamilien-Mitglieder bestens auskennt. Er weiß, wer touristische Touren durch die Nachbarschaft oder Umgebung organisiert, welche Angebote der „Kuschelzoo-Direktor“ macht, wer als Dogwalker einspringen kann oder was sich hinter dem „Kinderzimmer im Grünen“ verbirgt. „Call-a-Pony“-Anbieter finden hier genauso ein Zuhause wie Eis-Radler oder Grill-Walker.

Auch alle Dienstleistungen rund um den Garten, Blumen oder Kräuter lassen sich unter diesem Dach zusammenfassen. Neue Aufträge für den „Full Service Kräutergarten“ von einem Restaurantbetreiber gehen hier also genauso ein wie Anfragen an den „Starken Kleingärtner“.

Beispiel: Dienstleistung „Der Starke Kleingärtner“

Ein solcher Mr. Green übernimmt die anstrengenden oder schwierigen Gartenarbeiten: Heckenschneiden, Rasenmähen, Pflanzen, Baumfällen. Auf Wunsch kommt der starke Kleingärtner regelmäßig zu einem Abonnement-Preis in den Garten oder kurzfristig zu einem individuellen Termin. Dazu ist nicht einmal die Anwesenheit des Gartenbesitzers obligat: Mr. Green kommt regelmäßig zum Beispiel alle 14 Tage zum Rasenmähen. Im Herbst und Frühjahr zusätzlich für Laub- und Schnittarbeiten.

Kleinunternehmer-Dienste

Unterstützung von Existenzgründungen betrifft nicht nur die MINIPRENEURE, sie kann darüber hinaus selbst zu einer Geschäftsidee für MINIPRENEURE werden, die zur Berufsfamilie der „Kleinunternehmer Dienste " gehören. Ein nicht unerheblicher Teil der neugegründeten Firmen sind Kleinunternehmen, Ein- oder Zwei-Mann-Firmen, die mit einer guten Idee und viel Engagement ihr Glück versuchen. Und dabei sind sie durchaus selbst auf Unterstützung angewiesen – in ihrem Job und im Privatleben.

In der MINIPRENEURE-Zentrale der Jobfamilie „Kleinunternehmer Dienste" bekommen sie umfangreiche Hilfe. Die Zentrale ist zu den Geschäftszeiten von wechselnden MINIPRENEUREN besetzt, die als Ansprechpartner über alle Angebote Bescheid wissen und Termine koordinieren. Unter einem Dach finden sich hier ein Büromaterial-Service, ein freier Texter- und Grafik-Service sowie ein freier Recherche-Dienst; daneben aber auch ein Anbieter von Auszubildenden-Nachhilfe, ein Büro-Renovierer, ein Ergonomie-Berater sowie ein Bio-Büro-Box-Lieferant. Kleinunternehmen, kleinen Bürogemeinschaften und Einzel-Selbstständigen wird hier kompetent unter die Arme gegriffen. Regelmäßig kann in dieser MINIPRENEURE-Zentrale zudem ein Talentcafé seine Pforten öffnen: Bei Kaffee und Kuchen gibt es Gründerberatung für MINIPRENEURE und andere Klein-Selbstständige mit wechselnden Coaches, Vorträgen und Diskussionsrunden.

Beispiel: Dienstleistung „Blog und Twitter Ghostwriter"

Die Erfahrungen der letzten Jahre haben gezeigt, dass das Internet immer dann am erfolgreichsten ist, wenn damit ein persönlicher Kontakt hergestellt werden kann. Die neuen Online-Kommunikationsformen sind schnell, persönlich und intensiv – leider auch sehr zeitintensiv. Wer Spaß an neuen Medien und ein Talent zum Schreiben hat, kann Dienstleistungen als Ghost Writer und Editor in diesem Bereich anbieten. Immer mehr Unternehmensverantwortliche unterhalten schließlich einen Blog oder sind auf Twitter aktiv. Ein enger Kontakt zum Absender ist unabdingbar, um aufschreiben zu können, was diesen bewegt. Geschrieben wird nach konkreten Vorgaben: Diese können in einem regelmäßigen Gespräch (persönlich oder am Telefon) oder in Stichworten per Mail übermittelt werden. Der Ghost Writer bzw. Editor stellt die Texte zur Verfügung, die dann in einem Blog oder via Twitter verbreitet werden.

Handgemacht

85 Prozent der Deutschen verschenken lieber kreative, außergewöhnliche Produkte als teure Präsente. Ihnen kann geholfen werden: In der MINIPRENEURE-Zentrale „Handgemacht" werden die Ergebnisse von Nähern, Filzern, Strickern, Schmuck-Gestaltern angeboten. Hier treffen sich die Jobfamilie-Mitglieder, um gemeinsam zu arbeiten, aber auch um Pakete für den Versand zu packen, Preise auszuzeichnen, Rechnungen zu schreiben, Auftragsarbeiten entgegenzunehmen. Die Zentrale muss zu den Geschäftszeiten besetzt sein, die MINIPRENEURE wechseln sich dabei ab.

Zur Berufsfamilie „Handgemacht" gehört auch ein Dienstleister aus der Kategorie „Stricken und Klicken", ein technikaffiner MINIPRENEUR, der den Handarbeitenden dabei hilft, ihre Produkte ins Internet zu stellen.[7] Der Stricken- und Klicken-Programmierer hilft beim e-Commercen.

Auch Kunden, die einen Third Hand Couturier suchen, sind in der MINIPRENEURE-Zentrale „Handgemacht" richtig. Hier finden sie einen Mode- und nähaffinen Dienstleister, mit dem sie absprechen können, wie sich aus alter Second Hand Kleidung neue Mode schneidern lässt. Zusätzlich veranstaltet die Jobfamilie „Handgemacht" in ihrer MINIPRENEURE-Zentrale Events und Workshops zum gemeinsamen Handarbeiten mit Kunden. Hier finden Nähkurse am Vormittag, Bastelnachmittage und sogar Craft-Nights statt. Der Handarbeits-Trend wird in den USA als „Crafting" bezeichnet. Craft-Nights sind Handarbeits-Parties am Abend mit Musik, Tanz und kreativem Arbeiten, die von einem MINIPRENEURE-Partyveranstalter im Team ausgerichtet werden. Eine zusätzliche MINIPRENEURE-Bürokraft könnte beim Rechnungswesen für die Jobfamilien-Mitglieder eingesetzt werden.

Beispiel: Home Manufacturer

Wer heute durch die Einkaufsstraßen geht, ist mit einem Effekt der Globalisierung konfrontiert: überall mehr desselben. Die Geschäfte und ihre Auslagen gleichen sich. Der Bedarf nach Produkten, die einzigartig sind, sich von der Masse unterscheiden und die eigene Individualität unterstreichen und die persönliche

7 Auf der Social Commerce-Plattform Dawanda zum Beispiel sind inzwischen 85 000 Hersteller von Handgemachtem registriert, das Angebot umfasst eine Million Produkte, täglich kommen 6 500 neue hinzu. Alle drei Minuten wird von hier eine Tasche verkauft, alle zwei Minuten ein Schmuckstück. Die Plattform hat insgesamt 850 000 Mitglieder.

Identität prägnant machen, steigt kontinuierlich. Handgestrickte Pullover, selbst entworfene und handgenähte Taschen, handgewebtes Leinen oder handbedruckte Stoffe, selbstgestalteter Schmuck, selbstgestaltete Karten – gerade für handwerkliche Produkte haben sich in letzter Zeit auch deutschsprachige Plattformen im Internet etabliert.

Analyse des regionalen Marktes

Neue Dienstleistungsideen sollen nicht nur innovativ sein. Sie müssen zugleich auch lokal relevant und realisierbar sein. Denn so spannende Ideen für spezifische Zielgruppen wie z. B. der „Internet-Coach für Senioren" brauchen ein bestimmtes zugängliches Publikum, um echte Erfolgschancen zu haben.

Ob eine neue Idee im lokalen Umfeld eines zukünftigen MINIPRENEURS realisierbar und erfolgversprechend ist, kann mit dem Instrument der Sinus Milieus festgestellt werden. Die von der Sinus Sociovision GmbH entwickelten Sinus Milieus haben sich seit den 1990er Jahren als bewährtes Modell in der Marktforschung etabliert. In den Sinus Milieus werden Menschen mit ähnlichen Wertorientierungen, Lebensauffassungen, Einstellungen und Kaufverhalten in zehn soziale Milieus gruppiert. Die einzelnen Milieus sind steckbriefartig portraitiert. In diesen Milieus entwickeln sich spezifische Bedarfe an Dienstleistungen, die in anderen Milieus wiederum, auf Grund andersartiger Ausprägung von Lebensführung und Alltagsbewältigung, so nicht oder in geringerem Umfang bestehen.

Je höher ein Milieu in dieser „Kartoffelgrafik" angesiedelt ist, desto gehobener sind Bildung, Einkommen und Berufsgruppe. Je weiter es sich nach rechts erstreckt, desto moderner im soziokulturellen Sinne ist die Grundorientierung.[8]

Ein Experten-Rating des Sinus Instituts prüfte für MINIPRENEURE die 131 neuen Dienstleistungsideen auf ihre Eignung für die verschiedenen Sinus Milieus und kennzeichnete deren milieuspezifischen Affinitäten. Für den „Internet Coach für Senioren" zeigte sich beispielsweise eine hohe Affinität im adaptiv-pragmatischen und im hedonistischen Milieu.

Diese eindeutige Milieuzuordnung ist für jede Dienstleistung in einem *„Fact Sheet"* erfasst. Das Fact Sheet beinhaltet zusätzlich eine Kurzbeschreibung der Dienstleistung, ein Tätigkeitsprofil sowie ein Anforderungsprofil, das der zukünftige MINIPRENEUR zur Ausübung dieser Tätigkeit erfüllen sollte.

8 Microm (2010), Beschreibung der microm Geo Milieus, http://www.micromonline.de/Ressourcen/PDF/Broschueren/Infoblatt_microm_Geo_Milieus_2010.pdf.

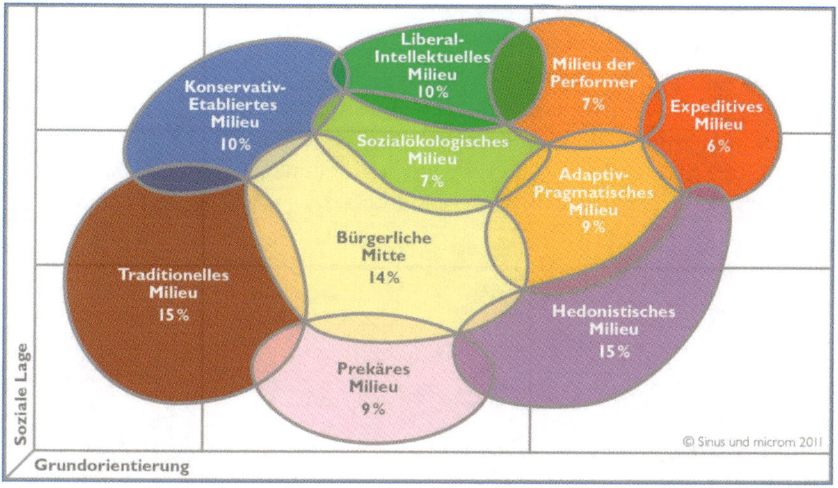

Sinus Milieus

Da nicht alle Teilnehmer die gleichen Mobilitätsvoraussetzungen mitbringen, definiert jeder MINIPRENEUR einen persönlichen Aktionsradius, innerhalb dessen er beabsichtigt, seine Dienstleistungen anzubieten.

Diese Daten müssen nun mit den in der Talentdiagnose festgestellten und im POLYLOG validierten Kompetenzen, Performanzen und Präferenzen der Teilnehmerinnen und Teilnehmer und den in ihrem lokalen Umfeld milieuspezifisch auftretenden Dienstleistungsbedarfen zusammengeführt werden.

Die mit Hilfe der Sinus Milieus identifizierten potenziellen Kunden müssen folglich lokal verortet werden, was mit Hilfe der microm Geo Milieus gelingt. Die Anwendung von Geoinformationssystemen war lange Zeit nur Großunternehmen vorbehalten, da der Einsatz dieser speziellen Software mit hohen Kosten verbunden ist und die Daten nur in großen Paketen erhältlich sind. Das MINIPRENEURE-Projekt macht dieses Instrument auch Existenzgründern und Kleinunternehmern aus dem Dienstleistungssektor zugänglich. Da diese ihren Absatzmarkt wegen der räumlichen Nähe zu ihren Kunden in erster Linie lokal oder regional definieren, kann ihnen eine auf den Geo Milieus basierende Marktanalyse solide Hinweise zur Realisierbarkeit ihrer Geschäftsideen liefern.

Das Ziel der Marktanalyse ist es, die konkreten regionalen und lokalen Bedarfe der neuen Dienstleistungen zu ermitteln und deren Marktvolumen zu quantifizieren. Aus dem vorhandenen Marktvolumen können die teilnehmenden Personen Erkenntnisse zur Tragfähigkeit ihrer Geschäftsideen gewinnen und eine strategische Entscheidung über die Aufnahme einer Geschäftstätigkeit treffen.

Die für die Marktanalyse notwendige Datenerhebung erfolgt mittels Vor-Ort-Interviews von potenziellen Kunden in privaten Haushalten.

Die Beteiligten erhalten für ihr lokales Umfeld thematische Landkarten, auf denen die für ihre Dienstleistungsangebote relevanten Sinus Milieus und Lebensphasen (z. B. „Ältere Paare“ und „Alleinstehende Senioren“) visualisiert sind. Für das MINIPRENEURE-Projektes wählen wir als räumliche Bezugsebene die Hausebene, um eine möglichst feinräumige Marktanalyse vornehmen zu können.

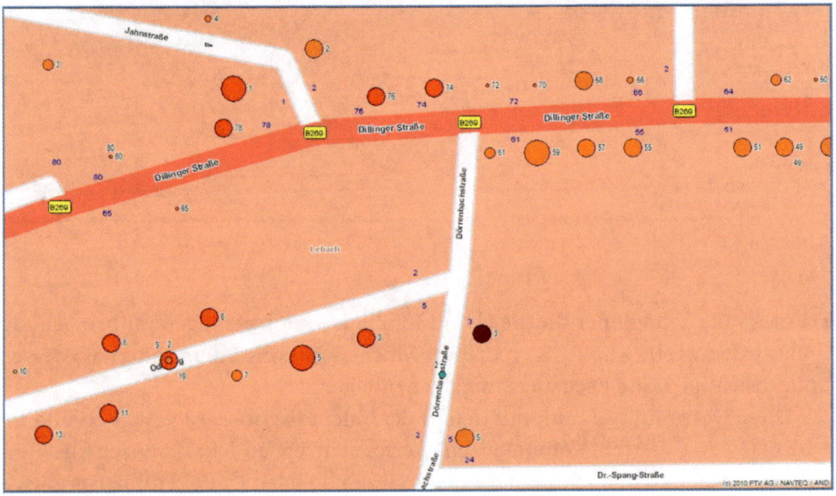

Geo Milieus

Diese Karten bilden die Grundlage für die Marktforschungsaktivitäten der Teilnehmer. Sie ermöglichen die zielgenaue Lokalisierung von Häusern, Straßenabschnitten und Wohngebieten, in denen mit hoher Wahrscheinlichkeit potenzielle Kunden wohnen. Jeder Kreis symbolisiert ein privates Ein- oder Mehrfamilienhaus. Für die Detailplanung, welche Häuser für die persönlichen Befragungen aufgesucht werden sollen, sind Größe und Farbgebung der Kreise ausschlaggebend. Es gilt: Je dunkler ein Kreis ist, desto höher ist die Wahrscheinlichkeit, das gewünschte Zielmilieu anzutreffen. Je größer ein Kreis ist, desto höher ist die Wahrscheinlichkeit, die gesuchte Lebensphase vorzufinden.

Damit die Teilnehmerinnen und Teilnehmer die persönlichen Kundenbefragungen eigenverantwortlich durchführen können, erhalten sie zunächst eine Schulung in der geplanten Interviewtechnik. Sie eignen sich die notwendigen Interviewkompetenzen an und trainieren die Befragungssituation in Rollenspielen.

In der Pilotphase führen anschließend zwei MINIPRENEURE im Tandem Probeinterviews in ausgewählten Haushalten durch, wobei sie von einem Coach begleitet werden. Die Betreuung im Vorfeld der Feldphase ist unerlässlich, da die Teilnehmerinnen und Teilnehmer selbst für die Qualität der erhobenen Daten Verantwortung tragen.

Anschließend erfolgt die eigentliche Feldphase der Kundenbefragung in privaten Haushalten. Um die Teilnahmebereitschaft der identifizierten Zielkunden an den Interviews positiv zu beeinflussen, erfolgen im Vorfeld vertrauensbildende Maßnahmen. Hierzu dient die schriftliche Vorab-Ankündigung der Befragung mit Faltblättern zur Projektbeschreibung, die an die relevanten Haushalte verteilt werden. Zusätzlich können die Gemeinden über die Zielsetzung sowie Art und Umfang der Befragung öffentlich informieren, z. B. durch Ankündigung im örtlichen Gemeindeblatt oder durch ein Schreiben des Bürgermeisters. Um aussagekräftige Ergebnisse zu erhalten, sind für jede Dienstleistungsidee mindestens 20 Einzelinterviews nötig.

Das Interview selbst erfolgt mit einer „Card Sorting"-Technik, wobei für jede Dienstleistung eine Karte mit einer kurzen Inhaltsbeschreibung vorliegt. Diese Karten werden von den Interviewteilnehmern in die Kategorien „Interesse" und „kein Interesse" sortiert. Die ausführliche Befragung erfolgt anschließend anhand eines Interviewleitfadens für die Geschäftsideen, an denen der potenzielle Kunde Interesse bekundet hat. Die gewählte Methodik hat den Vorteil, aussagekräftige Ergebnisse schnell und ohne hohen Erklärungsaufwand zu generieren. Die Dauer des kompletten Interviewvorgangs bewegt sich zwischen 30 und 45 Minuten.

Die in den Interviews erhobenen Daten werden auf einer Internetplattform gesammelt und aggregiert. Mit Hilfe dieser Datenbasis können die Teilnehmer gezielt noch nicht gehobene Marktpotentiale in ihrer Kommune ermitteln.

Quantifizierung der Marktvolumina

Die aus den Kundeninterviews gewonnenen Daten nutzen die Teilnehmerinnen und Teilnehmer, um das Marktvolumen für ihre Dienstleistungen zu quantifizieren. Auf Basis der Interviewdaten wird zunächst die Zahl der Haushalte aus den relevanten Milieus ermittelt, die im lokalen Umfeld des MINIPRENEURS Interesse an einer Dienstleistung haben. Die Anzahl wird multipliziert mit den durchschnittlichen monatlichen Ausgaben, die die potenziellen Kunden für diese Dienstleistung veranschlagen. Hieraus ergibt sich das Marktvolumen.

Anhand der qualitativen Aussagen in den Interviews lassen sich zusätzlich Erkenntnisse zur maßgeschneiderten Ausgestaltung der Dienstleistungen für verschiedene Zielgruppen gewinnen. Die Berücksichtigung der individuellen Kundenwünsche innerhalb der MINIPRENEURE-Angebotspalette trägt dazu bei, die Kaufwahrscheinlichkeit zu erhöhen.

Nach der Marktanalyse verfügen die MINIPRENEURE über ein detailliertes mehrdimensionales Bild ihres Marktes. Sie wissen, wo sich ihre Kunden befinden, welche konkreten Bedarfe und Zahlungsbereitschaften es gibt, und was sie ihnen anbieten können.

Aufgrund der großen Nähe zu ihren Kunden können die Minipreneure schnell auf neue Trends und daraus resultierende Nachfragen reagieren und ihr Dienstleistungsspektrum entsprechend erweitern.

Patenschaften für Beschäftigung

Mit der Erstellung des lokalen BESCHÄFTIGUNGSRADARs geht weiterhin die Gewinnung von Beschäftigungspatenschaften für die angehenden MINIPRENEURE einher. Patenschaften dieser Art kommen aus folgenden Bereichen:

- **Bundes-, Landes- und Kommunalparlamentarier**
- **Journalisten**
- **Vertreter der Wirtschaft und Arbeitgeber**
- **Unternehmer und Manager**
- **Mitarbeiter der Agenturen für Arbeit und der Jobcenter**
- **Funktionsträger der Gewerkschaften**
- **Vereine, Arbeitsloseninitiativen**
- **Künstler**
- **Wohlfahrtseinrichtungen**
- **Wissenschaftler**
- **Lehrer**
- **Geistliche**

Ein lokales Netzwerk dieser Paten gibt Hinweise und trägt die Chancen zusammen, aus denen wertschöpfende und marktfähige Beschäftigung entstehen kann.

IV. Das Umsetzungskonzept – Social Franchising*

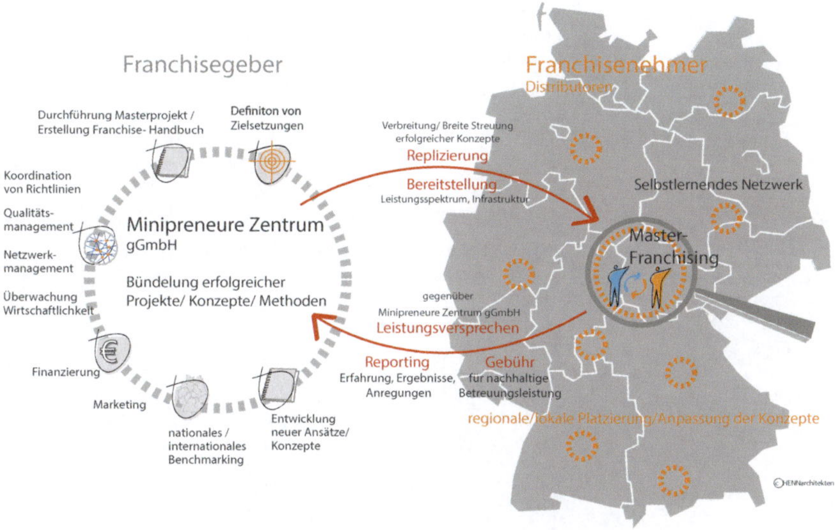

- Übertragung und Anwendung von Strukturen des kommerziellen Franchising im Non-Profit-Bereich
- Replizierbarkeit und Nachhaltigkeit durch vernetzte Infrastruktur und Vernetzung von Minipreneuren

* Erstellt auf Grundlage der Beiträge von Peter Hartz (2010), Peter Hartz und Hilarion G. Petzold (2010).

Social Franchising – Idee und Konzept

Die vielschichtigen Aktivitäten der Beratung, des Coachings, der Begleitung und Betreuung, wie sie im MINIPRENEURE-Prozess vorgesehen sind, erfordern eine ausgereifte und vernetzte Infrastruktur. Dabei geht es nicht nur um die Pflege und Weiterentwicklung der eingesetzten Instrumente und um die Bereitstellung von Fachkräften und Unterstützern. Wollen wir nachhaltige Wirkungen in entsprechendem Umfange erzielen, so ist eine funktionierende Organisation unausweichlich.

Ein innovatives und Erfolg versprechendes Modell zur breiten Konzeptumsetzung stellt das SOCIAL FRANCHISING dar. ES verbindet die Zielsetzung eines Gemeinwohlvorhabens mit Regeln und Instrumenten des kommerziellen Franchising. Erfolgreiche Methoden zur Bewältigung sozialer Aufgabenstellungen werden systematisiert, gebündelt und anschließend im Wege der Vervielfältigungsmöglichkeiten eines Franchisesystems breit gestreut.

Das kommerzielle Franchising nahm seinen Ursprung bereits im 19. Jahrhundert. Die ersten bekannten und noch existierenden Beispiele finden sich in den USA. Coca Cola ist ein solches „Ur-Franchisesystem“ und noch heute die weltweit wertvollste Marke. Tatsächlich finden sich unter den ersten 10 der Best Global Brands zwei Franchising-Geschäftsmodelle[1]. Die bahnbrechende Weiterentwicklung zum heutigen Franchising bestand darin, die Angebotsorientierung um das Wissen der Geschäftsführung zu erweitern[2]. Ein Franchisenehmer, der heute in ein Franchisingkonzept einsteigt, kann deshalb auch ein schlüsselfertiges Ge-

1 Neben Coca Cola ist McDonalds das zweite Franchise-Unternehmen. Es belegt im Ranking von Interbrand den 7. Platz. Vgl. die Liste der 100 wertvollsten Marken, hrsg. von der Interbrand, New York City. http://www.interbrand.com/de/best-global-brands

2 Vgl. Deutscher Franchiseverband e. V. http://www.franchiseverband.com.

schäftskonzept erwarten, das ihm über den gesamten Lebenszyklus seines Produktes oder seiner Dienstleistung bei der erfolgreichen Vermarktung behilflich ist.

Die Erfolgsquote eines Franchisekonzeptes ist deutlich höher als die einer individuellen Unternehmensgründung. Die aktuellen Zahlen (2011) sprechen für sich. So erwirtschafteten in Deutschland 990 Franchisekonzepte mit beinahe 67 000 Franchisenehmern und 496 300 Mitarbeitern einen Jahresumsatz in Höhe von 60,4 Mrd. Euro, Tendenz steigend[3]. Die Franchiseangebote finden sich dabei in allen Branchen und reichen vom TUI-Reisebüro, McDonald's, Schülerhilfe und Musikschule Fröhlich bis hin zu Reno Schuhen, Europcar Autovermietung, OBI Baumärkten und Mobilcom-Debitel, um nur einige der 20 Top-Franchisegeber[4] zu nennen.

Das Potenzial der Techniken des kommerziellen Franchising für Vorhaben zur Erreichung von Gemeinwohlzwecken hat der Bundesverband Deutscher Stiftungen in Kooperation mit der Deutschen Bundesstiftung Umwelt, der Fritz Thyssen Stiftung, der Vodafone Stiftung, der ZEIT Stiftung, der norwegischen Stiftung Fritt Ord, der italienischen Compagnia di San Paolo und unter Mitwirkung ausgewiesener Experten[5] in einem informativen Handbuch[6] aufgezeigt.

Wissen zur Lösung gesellschaftlicher Probleme ist oftmals vorhanden[7], aber es kann häufig wegen mangelnden Umsetzungsvermögens nicht genutzt werden. Viele Akteure im Non-Profit-Sektor initiieren erfolgreiche (Pilot-)Projekte auf lokaler und regionaler Ebene, doch gelingt eher selten die ebenso erfolgreiche Verbreitung des Projektes – das sogenannte Scaling up. Geld, Zeit und Energie werden stattdessen in immer neue Programme investiert, das Rad gleichsam neu erfunden, während bewährte Initiativen auf der Strecke bleiben – angesichts der im staatlichen wie im gemeinnützigen Sektor gleichermaßen beschränkten Ressourcen ein beklagenswerter Zustand.[8]

Der Einsatz kommerzieller Instrumente und Organisationsformen hat sich in vergleichbaren Zusammenhängen des Non-Profit-Bereiches bewährt. So ver-

---

3 Deutscher Franchise Verband e. V.

4 Vgl. http://www.franchiseportal.de/statistiken/top-20-gesamtzahl-betriebe.htm.

5 Mitglieder: *Prof. Dr. Dr. Ann-Kristin Achleitner,* KfW-Stiftungslehrstuhl für Entrepreneurial Finance an der Technischen Universität München, *Prof. Dr. Dieter Ahlert,* Institutsdirektor des Internationalen Centrums für Franchising und Cooperation (F&C) an der Universität Münster, *Dr. Martin Ahlert,* Geschäftsführer des F&C, *Dr. Andreas Heinecke* von Dialog im Dunkeln, Hamburg und *Dr. Volker Then,* Direktor des Centrum für Soziale Investitionen und Innovationen (CSI) an der Universität Heidelberg.

6 Bundesverband Deutscher Stiftungen in Zusammenarbeit mit Internationales Centrum für Franchising und Cooperation (F&C) (2008).

7 *Van Oudenhoven, N., Wazir, R.* (1998).

8 Vgl. Bundesverband Deutscher Stiftungen (2008), 9.

folgt beispielsweise auch der Social Entrepreneur[9] wie sein Pendant im kommerziellen Bereich einen größtmöglichen „Gewinn". Der Erfolg seiner Unternehmung misst sich jedoch am gesellschaftlichen Nutzen, den er erzielt. Ihm geht es darum, mit innovativen Ansätzen möglichst breite nachhaltige Lösungen für soziale Probleme zu finden. Im Gegensatz zu anderen gemeinwohlorientierten Bürgern und Organisationen setzt er jedoch zur Zielerreichung aus dem kommerziellen Bereich bekannte und erfolgreiche Instrumentarien ein. Die Anfang der 1980er Jahre entstandene Social Entrepreneur-Bewegung ist mittlerweile weltweit eingeführt und anerkannt[10].

Ganz in diesem Sinne agieren auch die Partner eines SOCIAL FRANCHISING, wenn sie ihre unternehmerisch-pragmatische Vision der gestaltenden Mitwirkung an gesellschaftlichen Aufgaben verwirklichen. Auch sie sind Social Entrepreneure.

Scaling up und Replizierbarkeit[11] gelten als die wesentlichen Elemente des Franchise-Konzeptes. Unter Scaling up wird „die geographische Verbreitung von innovativen Lösungsansätzen des gemeinnützigen Sektors zur Verbesserung des sozialen Nutzens"[12] verstanden. Mit Replizierbarkeit bezeichnet man die Möglichkeit der vielfachen Übertragung erfolgreicher Projekte auf andere Orte mit dem Ziel, die gleichen Ergebnisse wie mit dem Ursprungsprogramm zu erreichen[13]. Erfolgreich sind demzufolge vor allem Projekte, die die Anzahl der Begünstigten erhöhen und gleichzeitig die Kosten und Risiken bei der Initiierung von Projekten mindern.

Wird die Replizierbarkeit über ein Franchisesystem gewährleistet[14], kommt zu den bereits genannten Vorteilen hinzu, dass ein Projekt einerseits den spezifischen lokalen Bedingungen angepasst werden kann und anderseits im Wege eines Franchisevertrages ein gewisser Grad an zentraler Kontrolle und damit gleich bleibendem Qualitätsniveau garantiert wird. Darüber hinaus werden im Rückfluss die lokalen Erfahrungen an zentraler Stelle ausgewertet und im Sinne eines selbst lernenden Systems in das bestehende SOCIAL FRANCHISING-System eingearbeitet.

---

9 Die Organisation „Ashoka" unterstützt weltweit Social Entrepreneurs, http://germany.Ashoka.org/.

10 Vgl. die Internetseite der Schwab Foundation, http://www.schwabfound.org/sf/SocialEntrepreneurs/index.htm.

11 *Bradach, J.* (2003).

12 *Dees, G. J., Battle-Anderson, B.* (2003).

13 Vgl. dazu auch die Website des Ashoka-Netzwerkes: http://germany.ashoka.org.

14 *Van Oudenhoven, N., Wazir, R.* (1998).

Beispiele guter Praxis

Theoretisch ist SOCIAL FRANCHISING für jedes Projekt vorstellbar. Es werden immer neue Fälle bekannt, die die Richtigkeit dieser Annahme unterstreichen. Sie finden sich unter anderem in den Bereichen Umweltschutz, Armutsbekämpfung oder Ausländerintegration. Einige erfolgreiche Beispiele[15] stehen exemplarisch für die Spanne möglicher SOCIAL FRANCHISING-Projekte:

Das START Programm, von der Gemeinnützigen Hertie Stiftung ins Leben gerufen, vergibt Stipendien an begabte und engagierte Schüler und Schülerinnen mit Migrationshintergrund. Das Projekt verfolgt das Ziel, mehr Zuwanderer zum Abitur zu führen. Über 100 Partner, darunter Stiftungen, Unternehmen, Clubs und Einzelpersonen förderten seit 2002 über 1400 Stipendiatinnen und Stipendiaten in 14 Bundesländern und Teilen Österreichs[16]. Die START-Stiftung gGmbH, die 2007 als Tochtergesellschaft der Hertie Stiftung gegründet wurde, übernimmt die Rolle des Franchisegebers und gibt das Konzept und die Standards vor.

Aflatoun vermittelt im Child Social and Financial Education (CSFE) Programm an Kinder zwischen 6 und 14 Jahren Kenntnisse und Fertigkeiten zum Umgang mit Geld. Sie lernen, wie man Geld ansparen und damit vernünftig haushalten kann. So soll der Teufelskreis von Armut in strukturschwachen Ländern unterbrochen werden. *Aflatoun* arbeitet mit Partnerorganisationen in mittlerweile über 70 Ländern[17], die das Programm auf nationaler Ebene durchführen.

Das *Youtht to Youth*-Projekt (Y2Y) ist eine Initiative der Deutschen Stiftung Weltbevölkerung (DSW). Sie verfolgt das Ziel, Jugendliche in Entwicklungsländern über Sexualität, Verhütung, HIV/AIDS etc. aufzuklären. DSW bildet junge Menschen aus, die in selbstorganisierten Jugendklubs ihr Wissen an Gleichaltrige weitergeben. Das Projekt läuft in Äthiopien, Kenia, Tansania und Uganda. Es wird vor Ort von intermediären Franchisegebern geleitet.

Wellcome unterstützt bundesweit mit 200 Teams junge Mütter, die nach der Geburt ihres Kindes keine Unterstützung von Familie, Nachbarn oder Freunden erwarten können. Ehrenamtliche Mitarbeiterinnen entlasten die Mütter für einige Wochen durch Kinderbetreuung, Einkäufe, Begleitung zum Kinderarzt usw. Auf diese Weise kann Krisen vorgebeugt und die positive emotionale Bindung der Mutter zu ihrem Neugeborenen gefördert werden. Die gemeinnützige *wellcome* gGmbH fungiert als Social Franchisegeberin. Franchisenehmer sind Einrichtungen der freien Jugendhilfe.[18]

15 *Meuter, J.* (2008).
16 Start Stiftung (2012).
17 Vgl. http://www.aflatoun.org/people/partnerorganizations.
18 Vgl. http://www.wellcome-online.de/.

Die genannten Beispiele geben einen Einblick in die Bandbreite der möglichen Zielsetzungen von SOCIAL FRANCHISING. Auch wenn es sich um eine relativ neue Erscheinung handelt, hat das SOCIAL FRANCHISING bereits national wie international seinen Weg gefunden und kann die ersten erfolgreichen Projekte vorweisen.

Vorteile und zentrale Elemente des Social Franchising

Das Konzept MINIPRENEURE im Wege eines Franchisesystems umsetzen zu wollen, erscheint nur auf den ersten Blick gewagt und ungewöhnlich[19]. Die Aufgabenstellungen und Lösungsvorschläge betreffen weitgehend den „Dritten Sektor"[20] mit ausgeprägter Notwendigkeit zur lokalen Adaption. Für den Einsatz des SOCIAL FRANCHISING spricht eine Reihe von guten und gewichtigen Argumenten.

Durch SOCIAL FRANCHISING lassen sich die verfügbaren Ressourcen dank der engen Vernetzung effizienter und effektiver einsetzen. Bereits an anderem Ort erprobte Modelle und Maßnahmen können unter Anpassung an die lokalen Gegebenheiten systematisch und schneller repliziert werden.

Das Franchisekonzept und die daraus entstehende Vernetzung sind darauf ausgelegt, neue Erkenntnisse und Entwicklungen unter Verringerung von Zeit- und Finanzaufwand allen Franchisenehmern zugänglich zu machen.

SOCIAL FRANCHISING gewährt die Möglichkeit, sich weitgehend eigenständig den lokalen Besonderheiten anzupassen, ohne auf Infrastruktur, Erfahrungen und Leistungsspektrum der gesamten Organisation verzichten zu müssen.

Durch die Gemeinnützigkeit kann das SOCIAL FRANCHISING-System finanzielle und andere Mittel akquirieren (Fundraising), zu denen sonst kein Zugang bestünde. Der Einsatz beschränkter finanzieller und personeller Ressourcen im Non Profit-Sektor wird letztendlich gebündelt und führt zu besserer Qualität und einer größeren Erfolgsrate der angebotenen Leistungen.

Die wesentlichen Elemente des SOCIAL FRANCHISING sind weitgehend mit denen des kommerziellen Franchising identisch oder diesen sehr ähnlich[21]: Ein Masterprojekt und dessen Wiederholung an anderen Standorten; ein Handbuch, das die Abläufe und Arbeitsvorgänge beschreibt; ein Markenname für das gesamte Programm; ein Vertrag, der die Beziehung und die Aufteilung der Verantwortung

19 Vgl. STRIVE, 1984 in Haarlem (NY) gegründete Non-Profit-Organisation, um Erwerbslose in Arbeit zu bringen. www.strivenewyork.org.

20 *Zimmer, A.* (2001); Definition bei *Schubert, K., Klein, M.* (2011).

21 Die Möglichkeiten des SOCIAL FRANCHISING und der Vergleich zwischen kommerziellem Franchising und SOCIAL FRANCHISING finden sich ausführlich im Übersichtswerk zu Franchising und Kooperation von *Ahlert, D., Ahlert, M.* (2010).

zwischen Franchisegeber und Franchisenehmer regelt; standardisierte Produkte und Schulungen und schließlich systematische, standardisierte Beurteilungsmethoden und Maßnahmen zur Qualitätskontrolle.

Minipreneure – Social Franchising

Der Franchisegeber

Die weitere Entwicklung und Ausarbeitung des Konzeptes MINIPRENEURE zur operativen Einsatzfähigkeit mit den dafür erforderlichen Beschreibungen ist Aufgabe der gemeinnützigen MINIPRENEURE ZENTRUM gGmbH (kurz Mp genannt). Sie übernimmt die Rolle des Franchisegebers.

Die Leistungen der Mp sind übergreifender Natur und dienen dazu, den Erfolg des Systems insgesamt sicherzustellen. Im Wesentlichen zeichnet die Mp im Rahmen ihrer Möglichkeiten und des zur Verfügung stehenden Budgets für folgende Aufgaben verantwortlich.

- **Die Mp überwacht die Leistung und den sozialen Nutzen des Systems. Dazu definiert sie die mittel- und langfristigen Zielsetzungen und überwacht sie konstant.**

- **Die Mp stellt ein erprobtes Franchise-Handbuch bereit.**

- **Die Mp koordiniert die Richtlinien für das Zusammenwirken der wesentlichen Akteure des Systems: Franchisegeber, Franchisenehmer, Förderer und Leistungsempfänger. Ständiger Austausch von Know How und kontinuierliche Verbesserung der angebotenen Leistungen sind sicherzustellen.**

- **Die Mp ist für die Einführung und Überwachung eines Qualitätsmanagementsystems verantwortlich. In diesem Zusammenhang werden Richtlinien und Standards erarbeitet und kontinuierlich aktualisiert.**

- **Die Mp überwacht in Zusammenarbeit mit den Akteuren die Wirtschaftlichkeit des Systems.**
- **Die Mp ist im Rahmen ihrer Mittel gehalten, das nationale und internationale Umfeld zu beobachten und die Franchisenehmer über relevante Entwicklungen zu informieren.**
- **Die Mp ist für die Koordination des Marketings und der notwendigen Kommunikationsmaßnahmen verantwortlich.**
- **Die Mp überwacht das Netzwerkmanagement.**
- **Die Mp führt Schulungen und kontinuierliche Weiterbildungen durch.**

Diese Aufgaben nimmt die Mp entweder unmittelbar selbst oder durch Einschaltung qualifizierter Dritter wahr.

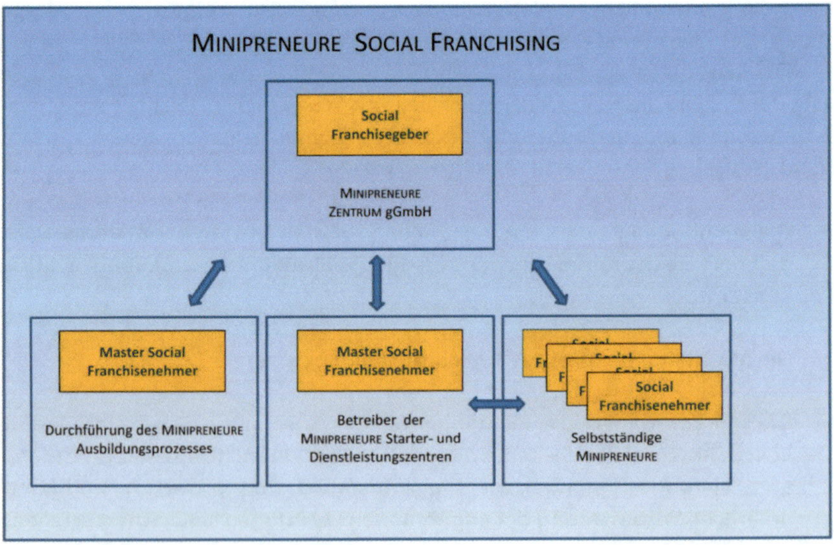

MINIPRENEURE SOCIAL FRANCHISING

Die Franchisenehmer

Im Gegenzug für die Bereitstellung des Konzeptes haben die Franchisenehmer dafür Sorge zu tragen, dass die Leistungsversprechen gegenüber den Ausbildungsteilnehmerinnen und -teilnehmern und MINIPRENEUREN nach den Vorgaben des Konzeptes systemkonform und mit bestmöglicher Qualität lokal umgesetzt werden.

Die Erfahrungen, Ergebnisse und Anregungen aus der örtlichen Konzeptumsetzung werden dem Franchisegeber und Systemregisseur wie auch allen anderen Franchisenehmern im Wege eines regelmäßigen Reportings zugänglich gemacht. Dies ist eine zwingende Voraussetzung, um das selbstlernende System und den Projektplan stetig verbessern zu können.

Master Social Franchisenehmer

Master Social Franchisenehmer fungieren als Distributoren der Mp-Leistungen vor Ort. Sie führen den MINIPRENEURE-Weiterbildungsprozess mit den Elementen BASISPROZESS, GESUNDHEITSCOACHING, TALENTDIAGNOSTIK, POLYLOG und BESCHÄFTIGUNGSRADAR durch und/oder betreiben als Dienstleister oder Arbeitgeber für die einzelnen MINIPRENEURE regionale STARTER- UND DIENSTLEISTUNGSZENTREN.

Die Master Franchisenehmer organisieren den Kontakt zu regionalen Förderern und kümmern sich um das Fundraising. Sie akquirieren die Ausbildungsteilnehmerinnen und -teilnehmer und MINIPRENEURE.

Selbstständige Minipreneure als Franchisenehmer

Selbstständige MINIPRENEURE, die in den STARTER- UND DIENSTLEISTUNGSZENTREN der verschiedenen Jobfamilien oder als einzelne Unternehmer eine oder mehrere Dienstleistungen anbieten, fungieren ebenfalls als Social Franchisenehmer.

Sie erhalten ein „schlüsselfertiges" Geschäftskonzept und sind in das Qualitäts- und Netzwerkmanagement eingebunden. Sie haben die Kontrolle über alle geschäftlichen Aktivitäten und sind gegenüber Kunden, Kollegen und Franchisepartnern für die Qualität ihrer Dienstleistungen verantwortlich.

Schließen sich mehrere MINIPRENEURE in einer oder in mehreren Jobfamilien zusammen, um ein eigenes Starter- oder Dienstleistungszentrum selbstständig zu betreiben, und gründen sie gemeinsam eine rechtsfähige Organisation (z. B. Verein, Genossenschaft, GmbH), werden sie damit zum Master Social Franchisenehmer.

Finanzierung des Social Franchising-Modells

Zur Sicherstellung der Grundfinanzierung und erforderlichen Strukturen und für die Konzepterprobung im Saarland leistete die SHS Foundation (Stiftung „Saarländer helfen Saarländern") eine Anschubfinanzierung für die MINIPRENEURE ZENTRUM gGmbH.

Damit Geld-, Sach- und Leistungsspenden im Wege des Fundraising generiert werden können, geht das Konzept weiterhin von einer gemeinnützigen Organisation als Social Franchisegeberin aus.

Weitere Einnahmen werden durch Beiträge der Social Franchisenehmer erzielt. Sie entrichten Beiträge an die MINIPRENEURE ZENTRUM gGmbH für die Inanspruchnahme von Betreuungsleistungen sowie umsatzbezogen im Erfolgsfall ihrer Tätigkeit. Selbstständige MINIPRENEURE im ALG II-Bezug leisten für die Dauer ihrer Bedürftigkeit lediglich einen symbolischen Beitrag.

Finanzierung der Master Social Franchisenehmer

Master Social Franchisenehmer können zur Finanzierung ihrer Tätigkeiten sowohl private als auch öffentliche Förderer und Kunden in Betracht ziehen.

Die Sozialgesetzbücher (SGB I–SGB XII) sehen verschiedene Instrumente vor, die die Eingliederung der Kunden der öffentlichen Träger (Arbeitsagentur, Jobcenter, Rentenversicherungsträger, ...) in den allgemeinen Arbeitsmarkt aktiv befördern sollen. Diese Instrumente stehen den Trägern zur Verfügung, um ihren Aufgaben im Bereich der aktiven Arbeitsmarktpolitik nachzukommen. Mit der operativen Umsetzung werden dann zumeist private Dienstleister beauftragt, die nach der Akkreditierungs- und Zulassungsverordnung Arbeitsförderung (AZAV)[1] zertifiert sein müssen. Arbeitsmarktdienstleister können sich als Master-Franchisenehmer des MINIPRENEURE-Weiterbildungskonzeptes bedienen.

Formale Ansatzpunkte können folgende Rechtsgrundlagen bzw. Instrumente der Arbeitsförderung sein:

1 Bundesgesetzblatt (2012).

Maßnahmen zur beruflichen Eingliederung und Aktivierung nach § 45 SGB III

Diese Maßnahmen können entweder im Vergabeverfahren von den öffentlichen Stellen ausgeschrieben oder über den neuen Aktivierungs- und Vermittlungsgutschein[2] finanziert werden. Die Leistungsberechtigten erhalten im letzteren Fall von der Agentur für Arbeit oder dem Jobcenter einen Gutschein, auf dem das Maßnahmeziel und der Maßnahmeinhalt festgelegt sind. Sie können diesen bei zertifizierten Unternehmen einlösen. Die Ausstellung eines solchen Gutscheins liegt im Ermessen des jeweiligen Sachbearbeiters.

Mit Maßnahmen zur beruflichen Eingliederung und Aktivierung können nach § 45 SGB III verschiedenen Ziele verfolgt werden:

- **Heranführung an den Ausbildungs- und Arbeitsmarkt**
- **Feststellung, Verringerung oder Beseitigung von Vermittlungshemmnissen**
- **Vermittlung in eine versicherungspflichtige Beschäftigung**
- **Heranführung an eine selbstständige Tätigkeit**
- **Stabilisierung einer Beschäftigungsaufnahme**

Die MINIPRENEURE-Prozesse können so eingesetzt und angepasst werden, dass sie diesen Zielen entsprechen.

Leistungen zur Teilhabe am Arbeitsleben nach §§ 33–43 SGB IX

Behinderte oder von Behinderung bedrohte Menschen haben einen rechtlichen Anspruch auf Leistungen zur Teilhabe am Arbeitsleben. Unter diesem Begriff werden verschiedene Leistungen zusammengefasst, die Erwerbsfähigkeit entsprechend der individuellen Leistungsfähigkeit zu erhalten, zu verbessern, herzustellen oder wiederherzustellen und die Teilhabe am Arbeitsleben möglichst auf Dauer zu sichern.

2 Vgl. § 45 SGB III (4).

Maßnahmen zur Aktivierung im Sinne von § 45 SGB III

Desweiteren stellt die öffentliche Hand verschiedene Instrumente zur Verfügung, die Arbeitgebern zusätzliche Anreize zur Beschäftigung bestimmter Kundengruppen geben sollen. Sie können von Master Social Franchisenehmern als zusätzliche finanzielle Ressourcen genutzt werden, sobald sie beabsichtigen, sozialversicherungspflichtige Beschäftigungsverhältnisse zu begründen.

Förderung von Arbeitsverhältnissen nach § 16e SGB II

Arbeitgeber können auf Antrag für die Beschäftigung von erwerbsfähigen Leistungsberechtigten, die bestimmte Kriterien (wie z. B. Langzeitarbeitslosigkeit) erfüllen, durch Zuschüsse zum Arbeitsentgelt gefördert werden, wenn zwischen dem Arbeitgeber und der erwerbsfähigen leistungsberechtigten Person ein Arbeitsverhältnis begründet wird.[3] Dieser Zuschuss beträgt bis zu 75 % des berücksichtigungsfähigen Arbeitsentgelts und kann durch regionale Förderprogramme auf bis zu 100 % aufgestockt werden.

Eingliederungszuschüsse nach §§ 88 ff. und § 31 (EGZ für Ältere) SGB III

Auch durch das Instrument der Eingliederungszuschüsse (EGZ) können Arbeitgeber für die Einstellung von förderungsbedürftigen Arbeitnehmern und Arbeitnehmerinnen in Form von Zuschüssen zu den Arbeitsentgelten gefördert werden. „Die Zuschüsse dienen dem Ausgleich von erwarteten Minderleistungen, die bspw. auf Grund einer langen Dauer der Arbeitslosigkeit, einer Behinderung, einer geringen Qualifikation oder des Alters bestehen können. Allein die Arbeitslosigkeit des Arbeitnehmers stellt keinen hinreichenden Grund für die Bewilligung einer Förderung dar. Entscheidend ist das Vorliegen von Vermittlungshemmnissen, die einen konkreten Wettbewerbsnachteil für den Betroffenen bedeuten."[4]

Private Förderer und Kunden

Master Social Franchisenehmer besitzen mit den MINIPRENEURE-Weiterbildungskonzept und den Konzepten zum Aufbau und Betreiben von MINIPRENEURE STARTER- UND DIENSTLEISTUNGSZENTREN gute und ausgereifte Instrumente, um auf dem freien Markt erfolgreich zu sein. Durch ein Modell der Mischfinanzierung aus privaten und öffentlichen Quellen kann das Social Entre-

3 Vgl. § 16e SGB II.
4 http://de.wikipedia.org/wiki/Eingliederungszuschuss

preneurship auf eine finanziell gesunde Basis gestellt werden. Auch können dadurch einseitige Abhängigkeiten vermieden werden.

In diesem Zusammenhang sind ebenfalls Zeit-, Sach- oder Geldspenden der oben erwähnten „Paten für Beschäftigung“ in Betracht zu ziehen. Unternehmen und Privatpersonen haben die Möglichkeit, die sozialen Projekte der Master-Franchisenehmer durch Ihr Engagement zu fördern und damit ihre Bereitschaft unter Beweis zu stellen, gesellschaftliche Verantwortung zu übernehmen.

Daneben haben die Master Social Franchisenehmer die Möglichkeit, ihre Kompetenz und das spezifische Know-How, das in den MINIPRENEURE-Prozessen steckt, als Berater am Markt anzubieten.

Kunden für den MINIPRENEURE-Weiterbildungsprozess können zum Beispiel Personalabteilungen von privaten und öffentlichen Unternehmen sein. Talentmanagement und Talentdiagnostik sind Zukunftsthemen für alle Arten von Unternehmen, denn Menschen neigen dazu, genau in denjenigen Bereichen die größte Leistungsfähigkeit und Leistungsbereitschaft zu zeigen, in denen ihr Talent liegt. Mit der MINIPRENEURE-TALENTDIAGNOSTIK werden Talente identifiziert und konkrete Einsatzmöglichkeiten ermittelt. Im Zusammenhang damit stellt auch das GESUNDHEITSCOACHING Ansätze bereit, die der nachhaltigen Leistungsfähigkeit von Mitarbeitern und Unternehmern dienen.

Mit dem Teilprozess „Arbeitsplätze erzeugen“ des BESCHÄFTIGUNGSRADARS werden zudem Aufgaben der Unternehmensentwicklung berührt. Dieser Teilprozess ist interessant für Unternehmen mit Expansionsplänen zur Erschließung neuer Märkte.

Der Teilprozess „Trends- und Chancen“ des BESCHÄFTIGUNGSRADARS wiederum ist für Produktentwicklung und Marketing von Interesse. Kleinere Unternehmen verfügen nicht über Ressourcen für professionelle Markt- und Trendforschung. Durch das MINIPRENEURE SOCIAL FRANCHISING und das damit einhergehende Ressourcen-Pooling können sie Zugang zu den entsprechenden Daten und Methoden erhalten.

Mit den MINIPRENEURE STARTER- UND DIENSTLEISTUNGSZENTREN schließlich stellen die Master-Franchisenehmer eine komplette Vertriebsstruktur für Klein- und Kleinstunternehmen zur Verfügung. Diese erhalten eine Online- und Offlineplattform, um ihre Dienstleistungen am Markt anzubieten, und zugleich vielfältige Kooperationsmöglichkeiten und günstige Konditionen für die Inanspruchnahme von B2B-Dienstleistungen. Die MINIPRENEURE STARTER-ZENTREN richten sich mit Ihren Dienstleistungen in den 7 Jobfamilien sowohl an private Haushalte als auch an Kleinunternehmen. Die Master Social Franchisenehmer treten gegenüber diesen Kundengruppen entweder selbst als Auftragnehmer auf oder vermitteln Kunden weiter an die in ihren Zentren angesiedelten selbstständigen MINIPRENEURE.

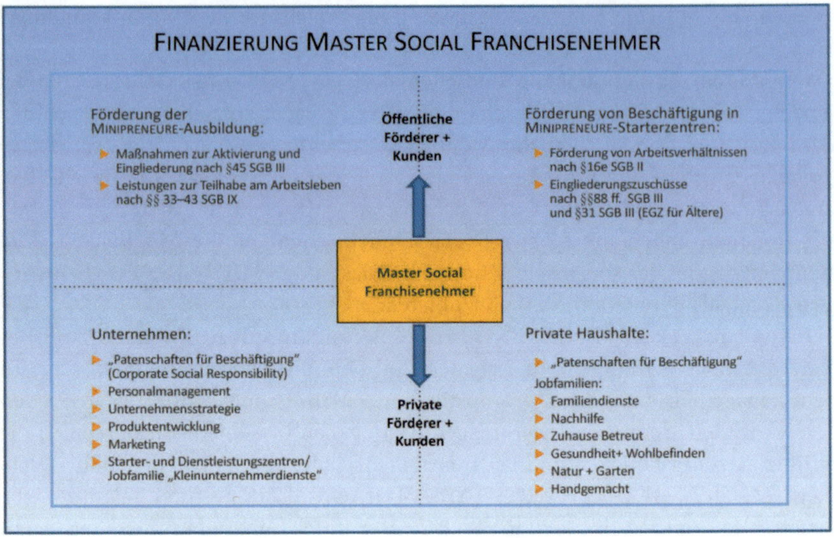

Finanzierung Master Social Franchisenehmer

Neben den genannten sind weitere Finanzierungsquellen denkbar, aus denen sich die Master Social Franchisenehmer ihr Geschäftsmodell individuell zusammenstellen können.

Finanzierung der selbstständigen Minipreneure als Social Franchisenehmer

Private Kunden

„Ein bisschen ist uns nicht zu wenig"– unter diesem Motto werden aus Arbeitsuchenden MINIPRENEURE – Mini-Selbstständige also, die auf Stundenbasis und auf eigene Rechnung die Tätigkeiten ausführen, die ihren Fähigkeiten, Neigungen und Vorkenntnissen am besten entsprechen. Sie arbeiten in Bereichen mit hohem Potenzial für die Zukunft. Ihre Dienstleistung wird auf dem Markt von privaten Haushalten und Unternehmen nachgefragt. Zunächst vielleicht nur ein- oder zweimal in der Woche, nur für ein paar Stunden. Doch besteht die Chance, dass aus dem Teilzeit-MINIPRENEUR im Laufe der Zeit ein erfolgreicher Vollzeit-Selbstständiger wird. Bis dahin stellt der Staat Instrumente bereit, die den MINIPRENEUREN helfen, ihre Existenz zu sichern.

Arbeitslosengeld II als Leistung zur Sicherung des Lebensunterhaltes nach §§ 19 ff SGB II

Während ihrer Teilnahme am MINIPRENEURE-Weiterbildungsprozess erhalten Menschen, die im Sinne des SGB II hilfebedürftig[5] sind, zur Sicherung ihres Lebensunterhaltes die Leistung Arbeitslosengeld II. Oberstes Ziel des MINIPRENEURE-Weiterbildungsprozesses ist die Beendigung der Hilfebedürftigkeit. In manchen Fällen ist die Beendigung der Hilfebedürftigkeit allerdings im ersten Schritt nicht sehr realistisch. Neben Gründen, die in der Person liegen (z. B. gesundheitliche Einschränkungen), sind weitere Faktoren maßgeblich: Hilfebedürftig kann eine Person auch deswegen sein, weil sie in einer Bedarfsgemeinschaft mit anderen Menschen lebt, die ihrerseits keine oder nur geringe Einnahmen erzielen. Lebt in einem Haushalt, dessen Mitglieder zusammen eine Bedarfsgemeinschaft bilden, etwa nur eine erwerbstätige Person mit mehreren nicht erwerbsfähigen Kindern zusammen, so muss diese mehr Geld verdienen, um nicht mehr als hilfebedürftig zu gelten, als jemand der nur für sich alleine zu sorgen hat.

5 Definition der Hilfebedürftigkeit nach § 9 SGB II:
(1) Hilfebedürftig ist, wer seinen Lebensunterhalt nicht oder nicht ausreichend aus dem zu berücksichtigenden Einkommen oder Vermögen sichern kann und die erforderliche Hilfe nicht von anderen, insbesondere von Angehörigen oder von Trägern anderer Sozialleistungen, erhält.
(2) Bei Personen, die in einer Bedarfsgemeinschaft leben, sind auch das Einkommen und Vermögen des Partners zu berücksichtigen. Bei unverheirateten Kindern, die mit ihren Eltern oder einem Elternteil in einer Bedarfsgemeinschaft leben und die ihren Lebensunterhalt nicht aus eigenem Einkommen oder Vermögen sichern können, sind auch das Einkommen und Vermögen der Eltern oder des Elternteils und dessen in Bedarfsgemeinschaft lebender Partnerin oder lebenden Partners zu berücksichtigen. Ist in einer Bedarfsgemeinschaft nicht der gesamte Bedarf aus eigenen Kräften und Mitteln gedeckt, gilt jede Person der Bedarfsgemeinschaft im Verhältnis des eigenen Bedarfs zum Gesamtbedarf als hilfebedürftig, dabei bleiben die Bedarfe nach § 28 außer Betracht. In den Fällen des § 7 Absatz 2 Satz 3 ist Einkommen und Vermögen, soweit es die nach Satz 3 zu berücksichtigenden Bedarfe übersteigt, im Verhältnis mehrerer Leistungsberechtigter zueinander zu gleichen Teilen zu berücksichtigen.
(3) Absatz 2 Satz 2 findet keine Anwendung auf ein Kind, das schwanger ist oder sein Kind bis zur Vollendung des sechsten Lebensjahres betreut.
(4) Hilfebedürftig ist auch derjenige, dem der sofortige Verbrauch oder die sofortige Verwertung von zu berücksichtigendem Vermögen nicht möglich ist oder für den dies eine besondere Härte bedeuten würde.
(5) Leben Hilfebedürftige in Haushaltsgemeinschaft mit Verwandten oder Verschwägerten, so wird vermutet, dass sie von ihnen Leistungen erhalten, soweit dies nach deren Einkommen und Vermögen erwartet werden kann.
[Online-Ressource]http://dejure.org/gesetze/SGB_II/9.html [aufgerufen am 15. 02. 2013].

Das Einstiegsgeld nach § 16b SGB II

Der Weg aus der Arbeitslosigkeit in die Selbstständigkeit bei den Beziehern des Arbeitslosengeldes II muss durch ein stabiles Geländer gesichert werden. Der Gesetzgeber hat in der Grundsicherung für Arbeitslose mit dem Einstiegsgeld (ESG) nach § 16b SGB II[6] ein Instrument zur Förderung der Aufnahme einer sozialversicherungspflichtigen oder selbstständigen Erwerbstätigkeit geschaffen. Durch die Einstiegsgeld-Verordnung vom 29. Juli 2009[7] hat das Bundesministerium für Arbeit und Sozialordnung Eckpunkte für eine bundeseinheitliche Vergabepraxis erlassen.

Das Einstiegsgeld wird zusätzlich zum Arbeitslosengeld II für längstens 24 Monate gewährt. Es wird auch dann erbracht, wenn durch die Aufnahme einer Erwerbstätigkeit die Hilfebedürftigkeit und damit die Zahlung des Arbeitslosengeldes II entfällt. Steuerlich wird das Einstiegsgeld nicht zum steuerpflichtigen Einkommen hinzugerechnet, ist also steuerfrei.

Dieser sinnvolle Anreiz ist als Ermessensentscheidung gestaltet. Ein Anspruch besteht demnach nicht und die individuelle Ausgestaltung liegt im Ermessen der zuständigen Behörde.

Bei der einzelfallbezogenen Bemessung des Einstiegsgeldes werden dem Grundbetrag (maximal 50 % der individuellen Regelleistung nach § 20 SGB II) Ergänzungsbeiträge hinzugefügt, welche die Dauer der Arbeitslosigkeit berücksichtigen. Ergänzungsleistungen (20 % von derzeit 382,00 Euro) sind vorgesehen bei einer vorherigen Arbeitslosigkeit von mindestens zwei Jahren oder bei einer vorherigen Arbeitslosigkeit von sechs Monaten, wenn besondere, in der Person des Hilfebedürftigen liegende Hemmnisse für die Eingliederung in Arbeit vorliegen. Das Einstiegsgeld wird außerdem mit steigender Größe der Bedarfsgemeinschaft erhöht, und zwar mit jeweils 10 % der vollen Regelleistung (derzeit 10 % von 382,00 Euro) für jede weitere Person der Bedarfsgemeinschaft. Als Höchstgrenze für das Einstiegsgeld gilt die Höchstgrenze des Betrages der Regelleistung (derzeit 382,00 Euro). Daneben besteht für die Träger der Grundsicherung die Möglichkeit, statt der einzelfallbezogenen Bemessung des Einstiegsgeldes eine pauschalierte Bemessung in Höhe von 75 % der Regelleistung (derzeit 75 % von 382,00 Euro) für besondere, vom Träger festgelegte Personengruppen vorzunehmen.

6 § 16b SGB II – Einstiegsgeld.
7 Bundesministerium für Arbeit und Sozialordnung (2009).

V. Perspektiven für eine alternde Gesellschaft*

* Erstellt auf Grundlage der Beiträge von Peter Hartz (2012) und Johanna Sieper, Hilarion G. Petzold (2013).

„Longinos" – aktive Menschen bis ins hohe Alter

Die Menschen werden älter. Dank der Fortschritte der Medizin, der sozialen Sicherungssysteme und als Folge der Friedens- und Stabilitätspolitik in Europa dürfen wir heute erwarten, wesentlich älter zu werden als jede der Generationen vor uns. Die durchschnittliche Lebenserwartung in Deutschland ist für Männer auf 77 Jahre und für Frauen auf 82 Jahre gestiegen[1]. Wir werden aber nicht nur älter, sondern bleiben auch länger fit und gesund. Diese gewonnenen Jahre dürfen wir als ein großes Geschenk betrachten. Aber wie nutzen wir die zusätzlichen Lebensjahre?

Die Generation der in den fünfziger und sechziger Jahren geborenen „Babyboomer", die heute zwischen 50 und 60 Jahre alt sind, umfasst nahezu doppelt so viele Menschen wie die Generation der heute unter Zwanzigjährigen. Die geringen Sterblichkeitsraten und die sinkenden Geburtenraten werden dazu führen, dass die Bevölkerung in Deutschland bis 2035 von 82 Millionen auf ca. 77 Millionen zurückgehen wird[2].

Dramatischer als dieser absolute Bevölkerungsrückgang ist allerdings die fortschreitende Alterung der Gesellschaft. Ein Maß hierfür ist der Altersquotient, der sich aus der Anzahl der erwerbsfähigen Menschen im Alter zwischen 20 und 64 Jahren im Verhältnis zu den über 65-jährigen ergibt[3]. Mit dem Eintritt der geburtenstarken Jahrgänge in die Rente wird sich zwischen 2010 und 2040 die demografische „Alterslast" von etwa 33 Älteren pro 100 Menschen im erwerbsfähigen Alter auf 58 bis 61 Ältere nahezu verdoppeln. Diese Quote wird im günstigsten

---

1 Statistisches Bundesamt (2012).

2 Statistisches Bundesamt (2009).

3 Die Altersspanne, in der ein Mensch als erwerbsfähig gilt, wird in manchen Publikationen auch auf 15–65 Jahren festgelegt. Das Statistische Bundesamt definiert hingegen in seinen Publikationen und Tabellen (vgl. http://www.destatis.de) das Alter zwischen 20 und 65 Jahren als das „erwerbsfähige Alter".

Fall stabil bleiben oder sich in Abhängigkeit von der Geburtenrate weiter verschlechtern.[4]

Welche Bedeutung haben diese Zahlen für uns? Die Folgen für das Rentensystem und die Sozialsysteme sind in der öffentlichen Diskussion und beschäftigen die Politik ebenso wie die betroffenen Menschen. Die schrittweise Anhebung des Renteneintrittsalters auf 67 Jahre ist beschlossene Sache, was die oben beschriebene Entwicklung abschwächt aber keineswegs ausgleicht[5]. Herauszuheben ist die Bedeutung für den gesamtwirtschaftlichen Prozess der Herstellung und des Konsums von Gütern und Dienstleistungen. Denn einer etwa gleichbleibenden Anzahl von Konsumenten wird nur noch eine auf die Hälfte reduzierte Anzahl von Menschen im erwerbsfähigen Alter gemäß der geltenden Definition, also der 20 bis 65-jährigen, gegenüber stehen. Die Angehörigen dieser Altersgruppe müssten also pro Kopf mindestens die doppelte Wirtschaftsleistung generieren als die heutigen Erwerbstätigen, um das Wirtschaftswachstum zumindest auf dem heutigen Niveau zu halten.[6]

Ökonomen schlagen drei grundsätzliche Strategien vor, um dieser Herausforderung zu begegnen[7]: Die *erste Strategie* besteht im Rückgriff auf Ressourcen aus dem Ausland, insbesondere in den MINT-Berufen (Mathematiker, Ingenieure, Naturwissenschaftler, Techniker). Doch selbst bei einer Nettozuwanderung von 300 000 Personen im Jahr würde die Anzahl der erwerbsfähigen Personen weiter sinken. Die *zweite Strategie* besteht in einer Erhöhung der Produktivität der Arbeit in Deutschland durch Investitionen in Aus- und Weiterbildung sowie in die Förderung des lebenslangen Lernens. Eine *dritte Strategie* schließlich zielt auf die Erhöhung der Erwerbsquote, insbesondere durch die Erwerbsbeteiligung von Frauen und den Abbau von Langzeiterwerbslosigkeit. Das größte Potenzial kann allerdings darin gesehen werden, die Erwerbsbeteiligung der älteren Menschen zu fördern.

Das ungenutzte Arbeitskräftepotenzial der Menschen, die eine Arbeit suchen oder gerne mehr arbeiten würden, wird nach Angaben des Statistischen Bundesamtes mit 7,4 Millionen angesetzt[8]. Die Erwerbsquote der 55- bis 65-Jährigen liegt derzeit bei 59 %. Die Arbeitslosigkeit in dieser Altersgruppe ist überproportional

4 Vgl. *Börsch-Supan, A., Erlinghagen, M., Jürges, H., Hank, K., Wagner, G. G.* (2009); *Petzold H. G., Horn, E., Müller, L.* (2011).

5 In einer Prognose des IAB wurde berechnet, dass das Ewerbspersonenpotenzial durch die Heraufsetzung des Renteneinstiegsalters auf 67 Jahre bis zum Jahre 2050 um 800 000 bis 2,4 Millionen Menschen steigen wird: *Fuchs, J.* (2006).

6 *Börsch-Supan* et al. (2009), 17.

7 Ebenda, 10 ff.

8 Statistisches Bundesamt (2012).

hoch, ebenso die Erwerbsminderung auf Grund festgestellter gesundheitlicher Einschränkungen.

Vor diesem Hintergrund ist der Beitrag des MINIPRENEURE-Ansatzes zu würdigen. In volkswirtschaftlicher Hinsicht tragen die MINIPRENEURE-Aktivitäten dazu bei, die Erwerbsbeteiligung zu erhöhen. Langzeiterwerbslose, Ältere und Menschen in der sogenannten „Stillen Reserve" erhalten eine neue Perspektive auf Erwerbstätigkeit. Dabei ist nicht nur die quantitative Dimension von Bedeutung. Mit der Diversität von Belegschaften kommt auch ein Qualitätselement ins Spiel, das nicht gering zu schätzen ist, und in der Personalpolitik moderner Unternehmen eine immer größere Rolle spielt.

In gesellschaftlicher Perspektive sollte es gelingen, mit den Angeboten der MINIPRENEURE Nischen im Anforderungsfeld sozialer und haushaltsnaher Arbeit zu nutzen, die im Wege des demografischen Wandels von den nachbarschaftlichen und familiären Subsystemen in zunehmendem Maße nicht mehr ausgefüllt werden. Wertschöpfung in diesem Sektor kann mit dem Begriff der „sozialen Produktivität" bezeichnet werden. Es geht dabei um die Schöpfung ideeller Werte, um sozialen Zusammenhalt, Hilfe und emotionale Zuwendung[9]. Trotz aller Wertschätzung für die Einzig- und Andersartigkeit informell erbrachter Leistungen, die außerhalb des erwerbswirtschaftlichen Systems angesiedelt sind, erscheint es unumgänglich, dass mit der Veränderung der Altersstruktur unserer Gesellschaft solche Aufgaben in zunehmendem Maße auch in die Sphäre der Erwerbsarbeit eindringen. Vorteile ergeben sich daraus zum einem für Familien- und Freundeskreise, die belastende Arbeit abgeben können. Vorteile erwachsen auch denjenigen Menschen, die solcherart professionalisierte Dienstleistungen in Anspruch nehmen. Und schließlich haben diejenigen einen Nutzen, die in diesem Bereich ihr neues Betätigungsfeld finden. Hier entstehen Beschäftigungsmöglichkeiten für MINIPRENEURE.

In individueller Sicht eröffnet das MINIPRENEURE-Konzept insbesondere auch älteren Menschen die Chance, neue, positive Erfahrungen zu gewinnen. GEMEINSCHAFTS-, GRUPPEN- und PERSÖNLICHKEITSBILDUNG, TALENTDIAGNOSTIK, GESUNDHEITSCOACHING, POLYLOG und BESCHÄFTIGUNGSRADAR in ihrem systematischen Zusammenspiel machen es möglich, dass sich den beteiligten Personen eine Perspektive eröffnet, die ihren Interessen und Talenten entspricht. Dabei spielt es keine Rolle, wie lange man schon arbeitslos war, wie alt man ist und ob die ursprünglich erworbene Qualifikation noch à jour ist. Wichtig ist, dass Talente zur Entfaltung kommen. Gesundheit ist dabei von elementarer Bedeutung. Daher gilt es, dafür Sorge zu tragen und die Bedingungen so zu gestalten, dass die körperliche, psychische, soziale und ökologische

9 Vgl. *Börsch-Supan et al.* (2009), 12 ff.

Gesundheit, Vitalität und Frische möglichst lange erhalten bleibt bzw. eine neue zunehmende Gesundung eintreten kann.

Menschen, die dies wünschen, sollen wieder an eine Erwerbstätigkeit herangeführt werden und von ihrer Arbeit gut leben können. Das wird unter Umständen erst in kleinen Schritten möglich sein. Aber der kleine Erfolg ist immer besser als die Resignation, die aus der Erfahrung erwächst, in der Arbeits- und Erwerbsgesellschaft nicht mehr gefragt zu sein.

Unternehmen, die das Potenzial der Älteren erkannt haben, gestalten ihre Arbeitsbedingungen auf eine Weise, dass die Arbeit auch im fortgeschrittenen Alter möglich und für die Menschen attraktiv bleibt. Sie sorgen für alternsgerechte Bedingungen[10]. Dabei handelt es sich um Anforderungen, die auch für das MINIPRENEURE-Programm leitend sind:

- **Im Rahmen des Gesundheitscoaching werden Minipreneure in ihrer funktionalen Kapazität und Gesundheit gefördert. Sie lernen, ihre verfügbaren Ressourcen zu erkennen und zu pflegen und im Einklang mit ihrer sozialen und ökologischen Umgebung ihren Lebenszielen und Bedürfnissen entsprechend einzusetzen.**

- **Die professionelle Kompetenz und Performanz wird unabhängig vom Lebensalter durch regelmäßige Weiterbildung aufrechterhalten und weiter ausgebildet. Die Beschäftigungsfähigkeit wird aufrechterhalten.**

- **Die Führungsorganisation fördert die alternsgerechte Entwicklung und Entfaltung von Kompetenzen: Die Aufgaben werden in Absprache so gestaltet, dass Jeder die Möglichkeit erhält sich weiterzuentwickeln. Es werden gerade solche Kompetenzen und Performanzen eingesetzt und trainiert, die für die jeweiligen Altersgruppen ausbaufähig sind. Weiterhin kultivieren Minipreneure Wertschätzung, gegenseitige Anerkennung, Hilfe und Voneinander-Lernen.**

- **Eine bedürfnisgerechte Gestaltung der Arbeitszeit, der Zielvorgaben und der inhaltlichen Vorgaben[11] respektiert die Möglichkeiten und Grenzen in körperlicher, psychischer und mentaler Hinsicht. Arbeitsaufgaben sind so zu gestalten, dass sie in individueller, sozialer und ökologischer Hinsicht als sinnvoll und sinnstiftend erfahren werden können.**

---

10 Vgl. *Popp, R.* (2011), 19.
11 Vgl. auch *Lukas, J.* (2012), 99.

Diesen Erfordernissen nachzukommen ist ein wirtschaftliches und gesellschaftliches Gebot. Denn die Arbeitswelt muss sich mehr denn je für die Älteren öffnen. Dabei denken wir durchaus schon über die gesetzliche Altersgrenze hinaus.

In den letzten 30 Jahren haben wir ein „Lebensalter" dazu gewonnen. Die Biografien verändern sich dramatisch. Wir sprechen von der neuen Gesellschaftsgruppe der „Longinos und Longinas" – eine Bezeichnung aus der Identitätsforschung für Menschen mit einem sehr langen Leben ab 70 Jahren bis in die Hochaltrigkeit. Die Wahrheit des alten Spruches des Hippokrates *„Das Leben ist kurz, die Kunst ist lang"*, den auch Seneca zitiert *„Vita brevis, ars longa"*[12] hat sich verändert, denn die Zahl der rüstigen und fitten Menschen in dieser Gruppe der Alten und Hochaltrigen nimmt zu. Es ist eine neue Bevölkerungsgruppe von zunehmender Vitalität, weil durch ein gesteigertes, modernes Gesundheitsbewusstsein Menschen sich langzeitig auf gesunde, altersgerechte und geroprophylaktische Lebensstile vorbereitet haben oder zunehmend vorbereiten.[13] Für sie kann heute gelten: *„Das Leben ist lang* und *die Kunst ist lang"*. Sie könnten ihre erworbenen Fähigkeiten, Fertigkeit, Künste bis ins hohe Alter ausüben, und viele wollen das auch. Sie wollen keine Pensionistenmentalität pflegen, sondern einen eigenen, aktiven Lebensstil entwickeln bzw. ihren lebenslangen, aktiven Lebensstil, ihre erfolgreiche Lebenspraxis und ihre persönliche „Lebenskunst" fortsetzen und über die gesetzliche Rentenaltersgrenze hinaus arbeiten. Von ihrer Gesundheit, Lebenskraft und Kreativität her bejahen sie ein „hohes Alter in Tätigkeit" und schöpferischer Aktivität: deshalb der Begriff „Longinos und Longinas", der für langzeitig aktive Menschen steht, die diesen Bereich des Lebens wieder in ihre eigene, freie Verfügungssouveränität nehmen und sich auf dem Hintergrund ihrer langen Lebens-, Menschen- und Arbeitserfahrung in befriedigender und sinnstiftender Weise – in ihren bisherigen oder in neuen Arbeitsfeldern – weiter verwirklichen, und dabei auch etwas hinzuverdienen.

Viele müssen nicht mehr seufzen: *„Ach Gott! Die Kunst ist lang, / und kurz ist unser Leben"* (*Goethe, Faust* I, v. 558–559). „Longinos und Longinas" suchen Wertschätzung, Würde und Respekt, Sinn, Selbstverwirklichung und Gestaltungsräume für ihre Kreativität und „persönliche Lebenskunst"[14]. Sie nehmen an Weiterbildungen teil, an künstlerischen Seminaren für Malen, Poesie, Theater, Pup-

12 *Hippokrates,* Aphorismen 1.1; *Seneca „De brevitate vitae", „Über die Kürze des Lebens"* 1,1. Der Ausspruch des Arztes *Hippokrates* besagt: Wie lange braucht es, um die ärztliche Kunst (oder irgendeine andere Kunstfertigkeit/Expertise) zu erlangen, und wie kurz ist die Lebenszeit, sie dann zu praktizieren. Das ändert sich derzeit. Vgl. *Petzold, H. G.* (2012a)536; *Petzold, H. G., Horn,E., Müller, L.* (2011).

13 Vgl. etwa zu Sport und körperlicher Aktivität im hohen Alter *Hollman, W., Strüder, H.,K., Diel, J.* (2011); *Vincent, K. R.* et al. (2002).

14 *Petzold, H. G.* (1999q), *Schmid* (2001).

penspiel, an Stadtgarten- und Guerilla-Gardening Projekten usw.[15]; sie studieren an der „Seniorenuniversität" bzw. den „Universités du Troisième Âge"[16], sind also topfit und verstehen sich nicht als Billigkräfte, die anderen die Arbeit streitig machen. Sie können mit ihren Erfahrungsschätzen die Arbeitswelt bereichern und eine Kultur des Respekts, der Wertschätzung und der Sinnhaftigkeit fördern.

Die faktische Zwangsverrentung ist für viele Berufe heute nicht mehr zeitgemäß. Sie stellt einen rabiaten Eingriff in die persönliche Freiheit und Selbstbestimmung dieser Menschen dar. Lasse man den „mündigen Bürger", Frau oder Mann, doch selbst entscheiden, wie lange sie oder er arbeiten will. Einem individuell zunehmenden Bedürfnis nach Freizeit und Ruhe kann durch einen fließenden und individuell gestalteten Übergang in den Ruhestand Rechnung getragen werden.

Die Herausforderungen des demografischen Wandels können letztlich nur bewältigt werden, wenn man es versteht, die Menschen als Akteure der gesellschaftlichen Veränderungen mitzunehmen. Dies betrifft insbesondere die älteren Menschen. Sie nicht in der Erwerbslosigkeit, Arbeitsunfähigkeit, Erwerbsminderung oder im „Ruhe"-Stand abzustellen, ist das Gebot der Stunde.

15 *Petzold, H. G.* (1982h): Puppenspiel in der therapeutischen und geragogischen Arbeit mit alten Menschen. *Integrative Therapie* 1/2, 74–122. *Petzold, H. G.* (2004a): Mit alten Menschen arbeiten. Bd. I: Konzepte und Methoden sozialgerontologischer Praxis. Bd. II: Psychotherapie – Lebenshilfe – Integrationsarbeit. 2005, München: Pfeiffer, Klett-Cotta. Zum Guerilla-Gardening *Petzold, H. G., Orth-Petzold, S., Orth, I.* (2013).

16 Vgl. *Böhme, G.* (2004): Zur Theorie einer Universität des 3. Lebensalters. Forschung als Herausforderung (Teil I). *Kritische Vierteljahresschrift für Gesetzgebung und Rechtswissenschaft*. 87. Jg., 2004; *Chamahian A.* (2006): De l'Université du Troisième Âge de Toulouse aux Universités Tous Âges: retour sur le mouvement de constitution des UTA en France, Communication au 2e Congrès de l'Association Française de Sociologie (5 au 8 septembre 2006) http://perso.numericable.fr/~sitedurtf7/downloads/CG/cgtxtreschamahian.pdf.

VI. Euro-Patriates* – Konzept gegen die Jugendarbeitslosigkeit in Europa**

* EURO-PATRIATE: Jugendliche Arbeitslose werden im Rahmen einer von der Europäischen Kommission finanzierten und koordinierten Maßnahme zur Ausbildung und Beschäftigung temporär in ein europäisches Mitgliedsland entsandt. Sie bleiben ihrer Heimat und Kultur verbunden und sie sind oder werden dadurch zugleich für eine ***interkulturelle Vielfalt*** offen, die ihnen Europa erschließt und die sie schätzen und genießen lernen. Das führt sie mehr und mehr auch zu einer „***transkulturellen***" Qualität, nämlich **Europäer** zu sein.

** Erstellt auf der Grundlage der Beiträge von Peter Hartz und Hilarion G. Petzold (2013).

Chancen für die Jugend – Chancen für Europa

Erfolg oder Scheitern Europas wird einmal daran gemessen werden, ob wir der Jugend eine Zukunft in diesem Europa bieten konnten, so dass sie eine sichere Identifikation mit der Gemeinschaft der europäischen Staaten und Völker haben und „gerne Europäer" sind. Gegenwärtig sehen die Szenarien düster aus. Die Arbeitslosigkeit junger Menschen hat in Europa und insbesondere in den südlichen Ländern ein desaströses Ausmaß erreicht. Die Tendenz ist steigend und die Stimmung der Jugendlichen Europa gegenüber ist oft eingetrübt.[1] Das wiegt besonders schwer, wenn man sich vergegenwärtigt, dass die Jugendzeit eigentlich als ein hoffnungsvoller Aufbruch in ein chancenreiches Leben erlebt werden sollte. Gelingt es uns, der Jugend in Europa reelle Chancen zu geben, in Europa gute Arbeit zu finden und zu leisten, europäisch zu denken und zu fühlen, hat Europa reelle Chancen für ein gutes und nachhaltiges Zusammenwachsen.

Jugend ohne Arbeit – Perspektive der Entwicklungspsychologie und Neurobiologie

Die Ergebnisse der Entwicklungspsychologie des Jugendalters[2] zeigen, dass mit Beginn des puberalen Wachstumsschubs neben den körperlichen auch massive seelische, geistige und soziale Veränderungen beginnen[3]. Das hat für das

1 Lag der Anteil der Jugendarbeitslosigkeit in den 27 Ländern der europäischen Union im März 2007 noch bei 16,6 %, waren es 6 Jahre später schon 23,5 %. Dieser Durchschnitt verdeckt jedoch die dramatische Situation in Griechenland (62,5 %), Spanien (56,4 %), Portugal (42,5 %) und Italien (40,5 %). http://epp.eurostat.ec.europa.eu/statistics_explained/index.php/Unemployment_statistics# Youth_unemployment_trends [aufgerufen am 28. 06. 2013].

2 *Fend, H.* (2004); *Göppel, R.* (2005); *Hurrelmann, K., Qenzel, G.* (2012); *Petzold, H. G., Feuchtner, C., König, G.* (2009); *Steinberg, L.* (2008).

3 *Streek-Fischer, A.* (2004); *Choudhury, S.; Blakemore, S.-J.; Charman, T.* (2006); *Smetana, J., Villalobos, M.* (2009), *Lerner, R. Steinberg, L.* (2009).

Thema der Jugendarbeitslosigkeit erhebliche Relevanz, deshalb sei hier ein kompakter Überblick gegeben. In der sozialen Dimension verwandeln sich bei den Jugendlichen ihre Nahraumbeziehungen, ihr Beziehungs- und Bindungsverhalten (Affiliationen), ihre sozialen Netzwerke. Eine Verselbständigung und damit Entfernung von den elterlichen Versorgungsstrukturen beginnt, damit ein „Heranwachsender" sich im Jugendalter auf ein eigenständiges Leben als junger Erwachsener vorbereiten kann. Stattdessen sehen sich viele Jugendliche gezwungen – Mangels Arbeit und Verdienst – im „Mama-Hotel" zu verbleiben. Frust und Passivierung können die Folge sein. In Pubeszenz und Adoleszenz[4] schalten sich in den Jugendlichen evolutionsbiologisch ausgebildete, genetisch disponierte „Programme" der Verselbständigung, der intensivierten explorativen Neugierde und Erkundung (Neugierdeantrieb) auf, die zugleich verbunden sind mit Programmen selbstwirksamer Aktivierung und einem Gestaltungswillen (Poiesis-Antrieb) – deshalb auch der Wunsch nach Reisen, Abenteuern, eigenen Projekten.

Evolutions- und paläobiologische Untersuchungen zeigen, dass eine längere Adoleszenzphase, wie wir sie heute kennen, sich erst relativ spät in der Evolution der Menschen entwickelt hat, wohl erst bei den Neandertalern. In dieser Frühzeit wurden die Menschen nach einer kurzen Jugendphase als Jungjäger, Jungkrieger und Jungmütter vollwertige Mitglieder ihrer Gemeinschaften[5]. Heute zeigt sich unsere evolutionäre Geschichte in einer Aufschaltung von Programmen, die eine besondere neurozerebrale Entwicklung des adoleszenten Gehirns einleiten. Mit dem puberalen Wachstumsschub beginnt nämlich eine dramatische Entwicklung des Stirnhirns (präfrontaler Cortex), das für komplexe kognitive Leistungen und die persönliche Selbstführung verantwortlich ist[6]. Bildgebende Verfahren in longitudinalen Studien – so die bahnbrechenden Untersuchungen von *J. N. Giedd* und Mitarbeitern (1999) – haben gezeigt, dass in dieser Entwicklungsphase eine Reorganisation wichtiger zerebraler Strukturen stattfindet[7], verbunden mit einem massiven neuronalen Wachstum, wodurch neue Leistungen möglich werden. Hier wird auch eine für Jugendliche große Chance geboten, dass nämlich Schäden und Probleme, die durch Belastungen in der Kindheit entstanden sind, kompensiert werden können.

4 *Heuves, W.* (2010); *Plant, T. M., Lee, P. A.* (1995).

5 Die Entwicklung des Menschen über die Lebensspanne (*Hollmann, W.* et al. (2011, Abb. 1, S. 101), in evolutionsbiologischer bzw. paläoanthropologischer Betrachtung ist relativ neu, zeigt aber überraschende und interessante Ergebnisse, vgl. *Mayell, H.* (2001); *Graves, R. R.* et al. (2010), *Petzold, H. G.* (2007d); *Haweley, P. H.* (2011).

6 *Kornhuber, H. H., Deeke, L.* (2008).

7 *Blakemore, S.-Y.* (2012); *Casey, B. J.* et al. (2008); *Giedd, J. N.* et al. (1999); *Gogtay, N.* et al. (2004).

Nicht alles ist also kausal der Frühphase der kindlichen Entwicklung zuzuordnen, wie dies in der traditionellen Psychoanalyse vertreten wird. Wenn entsprechende *jugendadäquate* Investitionen in diese Entwicklungsphase von Seiten der sozialen Umwelt und der Schul- und Bildungssysteme gemacht werden, sind hier wichtige Korrekturen und Neuorientierungen möglich. Maßnahmen müssen dem adoleszenten Expansionsstreben, dem Hunger nach Erlebnislernen, spannendem Neuen, aber auch der Suche nach Sinn, Werten, Gerechtigkeit und Weisheit – auch das findet man bei Jugendlichen[8] – entsprechen, und da mangelt es sehr an guten jugendpädagogischen Konzepten, die den Ergebnissen der Psychologie und Neurobiologie des Jugendalters Rechnung tragen. Diese Disziplinen zeigen nämlich, dass beachtliche Willensleistungen, eine erweiterte Zeitperspektive, das Erkennen multipler Kausalitäten und komplexer Wertebezüge, ein Geschichtsbewusstsein *(sense of history),* ein differenzierter Selbstbezug und ein subtiler, wechselseitig-empathischer Fremdbezug *(extended theory of mind)* sowie bewusste Identitätsarbeit etc.[9]) möglich sind. Das wird durch die besonderen Leistungen Jugendlicher im Sport, in der Wissenschaft („Jugend forscht"), in der Kunst („Jugend musiziert") dokumentiert. „Untersuchungen zur Intelligenz, Wahrnehmung und Gedächtnis zeigen, dass Teens in vielfacher Hinsicht Erwachsenen überlegen sind"[10], stellt *Robert Epstein* (2007, 61) aufgrund seiner breit angelegten Forschungen und Dokumentationen fest – er gibt Beispiele für Jugendliche in den späten Teens, die in den USA in Bürgermeisterposten gewählt wurden und sie erfolgreich managten.

Junge Menschen sind in dieser „sensiblen Phase" der Pubeszenz und Adoleszenz zu wachsend komplexen und dabei auch zu hochkompetenten Leistungen fähig, wenn man ihnen dafür den Raum und die Möglichkeiten bietet. Diese höchst beachtlichen Potentiale und Fähigkeiten werden oftmals durch die infantilisierende Rede von den „unreifen und unbesonnenen Jugendlichen" verdeckt und überlagert („Jugend kennt keine Tugend!"), wobei nicht gesehen wird, dass ein Großteil dieser Probleme von der Gesellschaft selbst produziert wird, einer Gesellschaft, die das Jugendalter nicht versteht, ja missversteht[11] und Jugendlichen nicht die für sie angemessenen, ja notwendigen Erfahrungs- und Handlungsfelder bereitstellt.

---

8 Vgl. *Dittmann-Koli, F.* (1995); *Dittmann-Kohli, F., Westerhoff, G.* (2005); *Pasupathi, M., Staudinger, U. M., Bates, P. B.* (2001).

9 *Hurrelmann, K.* (2012); *Petzold, H. G.* (2012a).

10 „Studies of intelligence, perception and memory show that teens are in many ways superior to adults" (*R. Epstein* 2007, vgl. ders. 2010).

11 Dazu grundlegend Epstein, R. (2008, 2010) weiterhin *Lerner, R., Steinberg, L.* (2009); *Petzold, H. G., Feuchtner, C., König, G.* (2009).

Das zeigt derzeit wieder einmal der katastrophale Umgang mit der Jugendarbeitslosigkeit in Europa. Nur mit jugendgerechten „fördernden Umwelten" nämlich vermögen sich die neuen Fähigkeiten des Gehirns zu entwickeln[12] und können durch die bei Adoleszenten besonders effektiven Prozesse „komplexen Lernens" auf der kognitiven, emotionalen, volitionalen (willensbestimmten) und sozialen Ebene[13] produktiv und in stabilen Bahnungen ausgebaut werden.

„Sensible Phasen" sind aber auch „vulnerable Phasen", d. h. Phasen von besonderer Verletzlichkeit. Erhalten die Jugendlichen und die neuen Fähigkeiten ihrer Gehirne, bei denen es besonders um die kognitiven, emotionalen und volitionalen (die Willenkräfte betreffenden) Prozesse der Informationsverarbeitung geht, keine Anregungen und Aktionsfelder, dann hat das fatale Folgen, denn mit der Aufschaltung genetischer Programme werden auch Umweltantworten erforderlich, damit sie zur Wirkung kommen können. Werden gar die neuen zerebralen Potenziale nicht genutzt und bilden sich die neuen Bereiche nicht in stabilen zerebralen Funktionseinheiten aus, so wird ggf. die „nutzungsabhängige Neuroplastizität"[14] durch „Nicht-Nutzung" bestimmt. Es bilden sich dann einerseits recht stabile **dysfunktionale** Muster aus: etwa eine nur kurzfristige Belastungsfähigkeit, denn die Regulationskompetenz für einen „vollen Achtstundentag" wird nicht „gelernt". Oder es entwickelt sich nur ein kurz befristetes kognitives, motivationales und volitionales Durchhaltevermögen *(persistence),* denn es bestehen keine Übungs- und Habitualisierungsbereiche, wie sie sich in längerfristigen Arbeitskontexten und Projekten ausbilden können. Gravierend ist weiterhin, dass keine Möglichkeiten entstehen, die eigenen „Talente" zu entdecken, zu entfalten und Kreativität im beruflichen Kontext zu entwickeln.

Nun ja, könnte man sagen: Sie finden dann eben später, als junge Erwachsene doch noch „irgendwann" eine Arbeit. Aber das ist eine falsche Sichtweise, eine gefährlich-ignorante Beruhigung, denn die Umweltantwort, d. h. die Realisierungschancen für die zerebralen Potenziale müssen während der „sensiblen Phasen" angeboten werden; nicht erst, wenn sie vorbei sind, denn dann sind die optimalen Bedingungen vergeben, wenngleich eine gewisse lebenslange Neuroplastizität gewährleistet bleibt[15].

Es ist ähnlich wie beim Erlernen von Fremdsprachen in der Kindheit in „sprachsensiblen Phasen", wo die Sprache gleichsam mühelos aufgesogen wird

12 Didaktisch gut aufgebaute, aktuelle und informative Übersichten zur Hirnentwicklung in der Adoleszenz für Lehrer und Lehrerinnen, Eltern und Jugendliche finden sich bei *NIH* (2011) und *OAPP* (2012)

13 *Blakemore, S.-Y, Firth, U. (2012); Sieper, J., Petzold, H. G.* (2002)

14 *Chalupa, L. M., Berardi, N., Caleo, M., Galli-Resta, L., Pizzorusso, T.* (2011); *Hüther, G.* (2007a).

15 *Chalupa, L. M., Berardi, N., Caleo, M., Galli-Resta, L., Pizzorusso, T.* (2011).

aufgrund von Programmen, die in der Pubeszenz „abgeschaltet" werden, so dass anderes, mühsameres Lernen notwendig wird. Schlimmer noch: In den fortschreitenden Entwicklungsprozessen der Adoleszenz erfolgt eine Rückbildung der nicht genutzten neuronalen Potenziale, die der zerebrale Wachstumsprozess bereit gestellt hatte. Wie Wild- und Wasserschösslinge oder Altholz bei einem Obstbaum ausgeschnitten werden (eng. *pruning*), weil Natur nicht verschwenderisch ist und Energie nicht durch unnütze Leitungen fließen lässt, finden im adoleszenten Gehirn solche auch in den Neurowissenschaften als *„pruning"* bezeichneten Prozesse des „Ausputzens" statt. Das Einziehen nicht genutzter Bahnen stärkt die Myelinisation (Markreifung) in genutzten Bereichen, die dann effektiver und schneller arbeiten können[16]. Damit wird auch effektive Risikoabschätzung, komplexe soziale Wahrnehmung, Steuerung und Selbstregulation unter „real life conditions" gelernt, wobei ältere Jugendliche und auf Jugendlichenarbeit spezialisierte Erwachsene eine wichtige – z.T. durch Spiegelneuronen unterstützte[17] – Modellfunktion haben. Das Zusammenspiel von anregenden und hemmenden Neurotransmittern in komplexen, sozialen Prozessen muss in eben solchen, gut strukturierten Situationen gelernt werden. Das geht nicht, wenn man mit hohem Antrieb, aber ohne Arbeit, ohne Performanzräume „herumhängt". Die Transmittersysteme (das dopaminerge, serotonerge und situativ immer wieder auch das adrenerge System, etwa in Gewaltgeschehen) müssen situationsabhängige Regulationsprozesse durchlaufen, die für die Fähigkeiten der Selbststeuerung eine lebensbestimmende Bedeutung gewinnen. Die hier gelernten Muster der kognitiv-präfrontalen und limbisch-emotionalen Steuerung bestimmen nicht nur die „Nachadoleszenz" *(Hurrelmann)*, sondern das gesamte spätere Erwachsenenleben! Gibt es deshalb keine Übungssituationen, dann suchen sich Jugendliche – sie sind ja „findig" – für ihre Antriebe andere „Spielräume". Die liegen heute oft im „Cyberspace", der zwar ein spannender, aber kein „sicherer Raum" ist[18]. In ihm erfahren sie Nutzen aber auch Belastungen, bis ihre „Medienkompetenz", und die gilt es zu fördern, hinreichend ausgebildet ist[19].

Jugendliche wollen, ja müssen ihre neuen Fähigkeiten ausprobieren, auf Möglichkeiten und Grenzen hin austesten, um adäquate Risikoeinschätzung und besonnene Urteilsbildung zu erlernen[20]. Das geht nicht im „Trocken-

---

16 *Giedd, J.N. et al.* (1999); *Gogaty, N., Gied, J.N.* et al. (2004); *Segalowitz S.J., Davies P.L.* (2004).

17 *Rizzolatti, G.* (2008); *Stamenov, M., Gallese V.* (2002).

18 Vgl. *Livingstione, S.* et al. (2012); *Treumann, K.P.* et al. (2012); *Wagner* et al. (2012).

19 *Anderson, J., Rainie, L.* (2012); *Beißwenger* (2001); *Maass, A., Lohaus, A., Wolf, O.* (2010); *Merchant, G.* (2001); *Rideout, V. Foehr, U. & Roberts, D.* (2010).

20 *Albert D., Steinberg L.* (2011).

schwimmen". Die Jugendzeit ist die Zeit der „möglichen Selbstentwürfe" *(possible selves),* intensivierter Selbst- und Identitätsentwicklung[21]. Die Möglichkeiten „der Welt" stehen offen – so sollte es sein. Man sollte zeigen können, was man kann – auch den Mädchen, die man beeindrucken will! All das begründet das adoleszenspezifische Risikoverhalten. Es ist funktional sinnvoll, aber es macht Kontexte erforderlich, die kalkulierbare Risiken, „safe risks" bieten. Jugendprojekte, besonders europäische, können solche Kontexte bieten. Geschieht nichts, entstehen Leerräume, läuft das Risikoverhalten Gefahr, zu entgleisen und kann unter schlechten Bedingungen zu dysfunktionalem Risikoverhalten, in Gewalt, in deviante Einzel- und Gruppenaktivitäten führen[22]. Deshalb ist es unbedingt notwendig, sich auch mit den Phänomenen spätmoderner Jugendkultur, ihren „life style communities" und ihrer Mediennutzung zu befassen und zwar auf *europäischer Ebene,* damit Vergleiche möglich sind, wie sie das EU Kids Online Project (2012) der „London School of Economics and Political Science"[23] durchgeführt hat. Für die Vielzahl der Probleme, Fragen und Chancen der „neuen Jugendlichen", der „Millennials" oder „Digital Natives[24]" und ihrer Jugendkulturen ist vergleichende jugendsoziologische Forschung gefragt[25], denn die Lebensstile haben natürlich auch Auswirkungen auf die nutzungsabhängige *Plastiziät des Gehirns*[26]. Und deshalb müssen wir dafür sorgen, dass Lebensstile ausgebildet werden können, die persönliche Kreativität, ökologisches Bewusstsein und ein engagiertes europäisch-demokratisches und weltbürgerliches Engagement als wichtige Komponenten einschließen.

Bei den erwähnten neurobiologischen Prozessen des Rück- oder Abbaus *(pruning)* gehen nicht oder schlecht genutzte Bereiche verloren und zwar gerade die, die zu den höheren Funktionen (den präfrontalen bzw. orbitofrontalen) gehören. Damit kann leider auch die Verstärkung genutzter, aber dysfunktionaler Prozesse Hand in Hand gehen. Es geschieht auf diese Weise eine ungute Verflechtung von zerebralen Entwicklungsprozessen und negativen lebensweltlichen bzw. sozialen Situationen. Werden Jugendkrawalle dann fälschlich mit mangelnder zerebraler Reife erklärt, erfolgt eine stigmatisierende Fehlzuschreibung: „Wir weisen die Schuld an Jugendkrawallen den unreifen Gehirnen

21 *Harter, S.* (1999); *Marcia, J.* (1980); *Markus, H., Nurius, P.* (1986).

22 *Miller D., Byrnes J.* (1997); *Oyserman, D., Markus, H.* (1990); *Heitmeyer, W.* (1994); *Wagner, U.* et al. (2012); Eine genderspezifische Sicht ist hier unverzichtbar, *Popp, U.* (2002).

23 EU Kids Online Project (2012) The London School of Economics and Political Science, http://www.lse.ac.uk/media@lse/research/EUKidsOnline/EU%20Kids%20II%20(2009-11)/EUKidsOnlineIIReports/Final%20report.pdf. – *Sonck, N., Kuiper, E., de Haan, J.* (2012).

24 *Howe, N.; Strauss, W.* (2000, 2008); *Klaffke, M.* (2012); *Windisch, E., Medman, N.* (2008).

25 *Rice, F.* (1996); *Janssen, J., Dechesne, M., Van Knippenberg, A.* (1999).

26 *Chalupa, L. M.* et al. (2011)

zu. Aber haben die Gehirne die Krawalle verursacht oder die Krawalle die Gehirne geformt?"[27] fragt *Robert Epstein* zu Recht[28]. Beides ist verschränkt.

Weil neurozerebrale Entwicklungsprozesse **und** benachteiligende Sozialisationsbedingungen zu Lasten von Jugendlichen und jungen Erwachsenen gehen, deren weiterer Lebensweg prekär wird, ist die Politik und die Bürgergesellschaft, sind auch die Unternehmen und Verbände in ganz grundsätzlicher Weise gefordert, bei diesem **„europäischen Problem"** umfassend und schnell aktiv zu werden. Bei vielen jungen Menschen kann es nämlich zu einer lebenslangen Negativkarriere kommen, mit schlimmen Folgen für das persönliche Leben und mit immensen Folgekosten für die Gesellschaft.

Die Zeitfenster sind nicht lange offen und die Konsequenzen und Spätfolgen – verpasst man die optimalen sensiblen Phasen – werden uns in jedem europäischen Land durch die auch künftig noch wachsenden Migrationsbewegungen von belasteten und gescheiterten EU-Bürgern treffen, die natürlich Hilfen und Unterstützung erwarten.

Daraus erwächst eine Herausforderung, der wir uns nicht entziehen dürfen. Angesichts der Problemlage sind die von der Politik auf nationaler und europäischer Ebene nach langem Zögern zur Verfügung gestellten, letztlich mageren Summen für Maßnahmen völlig unzureichend und damit verantwortungslos. Wir müssen deshalb auf ganz breiter Front diesen Entwicklungen aktiv und mutig entgegentreten und in solidarischer Weise alle verfügbaren Ressourcen für „unsere" Jugendlichen mobilisieren. Unser Ziel soll lauten: Jeder Jugendliche in Europa erhält eine Perspektive bei definierten Zumutbarkeitskriterien.

Vor dem dargestellten Hintergrund haben wir ausgehend von der Konzeption und den Erfahrungen des MINIPRENEURE-Projektes mit EURO-PATRIATE einen Ansatz entwickelt, mit Hilfe dessen den arbeitslosen Jugendlichen in Europa eine Perspektive eröffnet werden kann, und zwar gleichermaßen für Auszubildende, Berufseinsteiger und Arbeitsuchende, für Akademiker, Facharbeiter wie für gering Qualifizierte.[29]

Zunächst ist zu klären, welche berufliche Entwicklungsperspektive für den einzelnen jungen Menschen in Frage kommt. Mit Hilfe der Talentdiagnostik können sie in die Lage gesetzt werden, systematisch und methodisch ihre Kompetenz und Performanz, also Wissen und Fähigkeiten, Fertigkeiten und Können sowie

27 „We blame teen turmoil on immature brains. But did the brains cause the turmoil, or did the turmoil shape the brains? " (*R. Epstein* 2007, 57).

28 *Robert Epstein* (2007, 57), vgl. idem (2008).

29 Erstmalig wurde das Konzept von *Peter Hartz* auf einer Veranstaltung des französischen Think Tank „En Temps réel" am 29. Mai 2013 in Paris vorgestellt.

ihre beruflichen Interessen zu klären und zu benennen. Die Ergebnisse dienen als Grundlage für einen persönlichen Entwicklungsplan. Auf seiner Basis können der Zielberuf und die Zieltätigkeit eingegrenzt werden, in der eine Ausbildung bzw. eine Beschäftigung anzustreben ist.

Gerade auch für schwer vermittelbare und gering qualifizierte jugendliche Arbeitslose ist die Talentdiagnostik ein wirksames Instrument. Sie fokussiert nicht auf Schwächen und Vermittlungshemmnisse, sondern auf Stärken, Potenziale und Chancen, also darauf, was der einzelne kann und was in ihm an Entwicklungsmöglichkeiten steckt. Sie stellt die Talente in den Mittelpunkt.

Durch die Kombination multiprofessioneller Perspektiven, verschiedener eignungsdiagnostischer Ansätze und Methoden und die gemeinschaftliche Ergebnisinterpretation und Entscheidungsfindung werden mit der Talentdiagnostik neue und zusätzliche Beschäftigungsoptionen aufgezeigt. Sie vollzieht sich in einem mehrstufigen Prozess mit den Komponenten Lebenspanorama, Talenttest, Gesundheitscoaching und POLYLOG.

Als nächstes steht die Frage an, wie Ausbildungs- und Beschäftigungsmöglichkeiten für die arbeitslosen jungen Menschen erschlossen oder neu geschaffen werden können. Es gibt hervorragende Ausbildungsbetriebe, die ihre Kapazitäten nicht nützen können. Diese und notwendige neue Kapazitäten können durch ein neues Finanzierungsmodell erschlossen und gegebenenfalls geschaffen werden. Vorgeschlagen wird ein Instrument der Ausbildungsfinanzierung auf der Grundlage eines neuen Wertpapiers. Mit dem „Ausbildungszeit-Wertpapier“[30] wird zweierlei bewirkt: Die Finanzierung zusätzlicher Ausbildungskapazitäten sowie – auf Grund seiner zweck- und personengebundenen Form – die Garantie eines Ausbildungsplatzes. Das Ausbildungszeit-Wertpapier soll von einem nationalen oder europäischen Fond ausgegeben und gehandelt werden. Dieser wird gespeist aus öffentlichen und privaten Mitteln.

Mit Hilfe des Beschäftigungsradars wird vorhandenes und neues Beschäftigungspotenzial identifiziert, definiert und lokalisiert. Die gewonnenen Informationen werden in einer Weise aufbereitet, dass daraus sowohl die Teilnehmerinnen und Teilnehmer selbst als auch Auftrag gebende Unternehmen, Behörden und Trägergesellschaften exakte Hinweise auf konkretes Beschäftigungspotenzial entnehmen können.

Ein weiteres Instrument, dessen Einsatz die Bereitstellung von Arbeitsplätzen für die jungen Arbeitslosen fördern soll, stellt der „Job-Floater“ dar.[31] Er zielt vor allem auf kleine und mittlere Unternehmen, deren mangelnde Eigenkapitaldecke

30 Vgl. *Hartz u. a.* (2002), 110 ff.
31 Ebenda, 265 ff.

oft als Beschäftigungsbarriere wirkt. Stellt ein Unternehmen einen Arbeitslosen nach Ablauf der Probezeit dauerhaft ein, erhält das Unternehmen die Option auf ein Finanzierungspaket in Form eines Darlehens. Mit dem Konzept des Job-Floaters wird die Finanzierung von Arbeitslosigkeit durch die Finanzierung von Arbeit ersetzt.

Die vielschichtigen Aktivitäten, wie sie in diesem Konzept vorgesehen sind, erfordern eine ausgereifte und vernetzte Infrastruktur. Dabei geht es nicht nur um die Pflege und Weiterentwicklung der eingesetzten Instrumente und um die Bereitstellung von Fachkräften und Unterstützern, sondern auch um die Begleitung und Betreuung der jungen Menschen im Integrationsprozess. Eine funktionierende Organisation ist erforderlich. „Social Franchising" verbindet die Zielsetzung eines Gemeinwohlvorhabens mit Regeln und Instrumenten des kommerziellen Franchising.

Eine Allianz der europäischen Multiplikatoren, populärer Sympathieträger und Persönlichkeiten mit Vorbildcharakter kann die Initiative unterstützen und sich engagieren: Vom Politiker über die Künstler und Sportler, die Manager, Techniker, Wissenschaftler und Geistlichen, die Journalisten, – alle Multiplikatoren, die der Zukunft unserer Jugend in Europa nicht gleichgültig gegenüberstehen.

Wenn heute viele Jugendliche sich als „Generation Altersarmut" oder „Generation Praktikum" oder „Generation Zeitvertrag" oder „Generation ohne Lobby" oder als „verlorene Generation" verstehen, werden bedrückende, identitätsdeformierende Selbstattributionen[32] durch die Lebensumstände programmiert. Dem kann das hier vorgeschlagene, konzertierte europäische Jugendprogramm gegen die Arbeitslosigkeit gegensteuern und es könnte sogar zur Initialzündung für eine dringend benötigte neue *Begeisterungswelle für Europa* werden, ein Europa, das sich des Reichtums seiner kulturellen Vielfalt bewusst ist, aber über die *Multikulturalität* hinaus zu einer wirklichen *Interkulturalität* vordringt. Das muss durch Menschen erfolgen, die sich in den vielfältigen europäischen Kulturräumen zu Hause fühlen, dadurch dass sie ihr kulturelles Herkommen mit anderen teilen. Darin liegen Möglichkeiten, auch eine *Transkulturalität* im Sinne einer übergreifenden „europäischen Identität" zu entwickeln.

Unter einer solchen Perspektive kann das derzeitige bedrohliche Szenario massenhafter Jugendarbeitslosigkeit in Europa als eine **echte Chance** begriffen werden, die es zu nutzen gilt. Durch die **Euro-Patriates,** Jugendliche und junge Erwachsene, die außerhalb ihres europäischen Heimatlandes andere Länder in Europa in ihrer Kultur- und Arbeitswelt erfahren, wo sie durch Erwerb weiterer Sprachen für eine „POLYLOG-Kultur" in Europa in **europäischen** Projekten

32 *Hurrelmann, K.* (2012); *Petzold, H. G.* (2012a)

interkultureller und **transkultureller** europäischer Bildungsarbeit[33] ausgerüstet werden, kann das *ein* Beitrag sein, das Europa der Zukunft voranzubringen – und viele Beiträge und viel Engagement von vielen Seiten werden dazu notwendig sein.

Wir alle haben es in der Hand. Die politischen Kräfte – sie sind zu überzeugen. Die nötigen Ressourcen – sie sind in Europa vorhanden. Wir legen dazu Ideen vor und hoffen, dass andere Ideen und Impulse hinzukommen, nicht zuletzt von den Jugendlichen und jungen Erwachsenen, denn es ist Mitdenken und Mitarbeit von vielen engagierten Menschen erforderlich.

33 Vgl. folgende Differenzierung: „**Monokulturalität**" (Ich bin als Deutscher, Engländerin, Franzose in „meiner" Kultur zu Hause, von den anderen Kulturen weiß ich wenig); „**Multikulturalität**" (Ich lebe als Italienerin, Französin, Kroate, Österreicherin, Schweizer neben den anderen, ohne tieferes Verständnis der anderen Kulturen); „**Interkulturalität**" (Ich stehe als Holländer, Slowenin, Franzose, Spanierin *mit* den Menschen der anderen Kulturen in lebendigem Austausch, im **Polylog**, lerne Neues über die Besonderheiten der anderen und erkenne Gemeinsamkeiten, so dass ein vitales Miteinander und Interesse aneinander entsteht); „**Transkulturalität**" (Im interkulturellen Austausch und Erleben miteinander führen die gemeinsamen Erfahrungen zu Überschreitungen hin zu neuen Qualitäten einer „Verbundenheit in der Verschiedenheit", zu „Transqualitäten", etwa die, als Engländerin, Ire, Franzose, Portugiesin, Pole, Luxemburger … auch und zugleich **gerne Europäer bzw. Europäerin** zu sein" (vgl. *Petzold, H. G.* 2003m/2007s).

Literaturverzeichnis

Abdul-Hussain, S. (2011): Genderkompetente Supervision. Wiesbaden: VS Verlag.

Abdul-Hussain, S., Baig, S. (2009): Diversity in Supervision, Coaching und Beratung. Wien: facultas.wuv.

Agarwal, B., Humphries, J., Robeyns, I. (2005): Amartya Sen's work and ideas. A gender perspective, London: Routledge.

Ahlert, D., Ahlert, M. (2010): Handbuch Franchising und Cooperation: Das Management kooperativer Unternehmensnetzwerke. Frankfurt/Main: Deutscher Fachverlag.

Albert D., Steinberg L. (2011): Judgment and Decision Making in Adolescence, *Journal of Research on Adolescence* 1, 211–224.

Albrecht, A. (2007): Zukunftsperspektiven: Arbeitslosigkeit – Subjekt- und Realanalyse; *Forum Wissenschaft*, 1, 61–63.

Anderson, J., Rainie, L. (2012): Millennials will benefit and suffer due to their hyperconnected lives. Pew Research Center's Internet & American Life Project. pew.internet.org

Antonovsky, A. (1997): Salutogenese. Zur Entmystifizierung der Gesundheit. Erweiterte deutsche Ausgabe von *A. Franke*. Tübingen: DGVT.

Arendt, H. (1986): Der Niedergang des Nationalstaates und das Ende der Menschenrechte. In: *H. Arendt*: Elemente und Ursprünge totalitärer Herrschaft. Antisemitismus, Imperialismus, totale Herrschaft. München: Piper: Zürich, 559–625.

Bandura, A. (1976): Lernen am Modell. Ansätze zu einer sozial-kognitiven Lerntheorie. Stuttgart: Ernst Klett Verlag.

Beißwenger, M. (2001): Chat-Kommunikation. Sprache, Interaktion, Sozialität & Identität in synchroner computervermittelter Kommunikation. Perspektiven auf ein interdisziplinäres Forschungsfeld. Stuttgart: Ibidem-Verlag.

Bengel, J., Strittmatter, R., Willmann, H. (2001): Was erhält Menschen gesund? Antonovskys Modell der Salutogenese – Diskussionsstand und Stellenwert. Eine Expertise. Köln: Bundeszentrale für gesundheitliche Aufklärung (BZgA).

Bescherer, P., Röbensack, S., Schierborn, S. (2009): Die „Überzähligen" – Ausschluss aus dem Erwerbssystem, räumliche und soziale Ausgrenzung. Zur Einführung. In: *R. Castel, K. Dörre*. Prekarität, Abstieg, Ausgrenzung – Die soziale Frage zu Beginn des 21. Jahrhunderts. Frankfurt/Main: Campus.

Beste, J., Bethmann, A., Trappmann, M. (2010): Arbeitsmotivation und Konzessionsbereitschaft. ALG-II-Bezug ist nur selten ein Ruhekissen. *IAB-Kurzbericht – Aktuelle Analysen und Kommentare aus dem Institut für Arbeitsmarkt- und Berufsforschung*, 15/2010.

BKK- Bundesverband (2008): Gesundheitsbericht 2008.

Blakemore, S.-Y. (2012): The mysterious workings of the adolescent brain. http://archive.org/details/SarahJayneBlakemore_2012G.

Blakemore, S.-Y., Frith, U. (2012): The Learning Brain: Lessons for Education. New York: Wiley-Blackwell.

Blaxter, M. (1990): Health and Lifestyles. London: Routledge.

Börsch-Supan, A., Erlinghagen, M., Jürges, H., Hank, K., Wagner, G. G. (2009): Produktivitätsentwicklung, Wettbewerbsfähigkeit und Humanvermögen in alternden Gesellschaften. In: *J. Kocka, U. M. Staudinger* (Hrsg.): Altern in Deutschland, Bd. 4 Produktivität in alternden Gesellschaften. Deutsche Akademie der Naturforscher: Halle/Saale, Stuttgart: Wissenschaftliche Verlagsgesellschaft.

Bourdieu, P. (1997): Das Elend der Welt. Zeugnisse und Diagnosen alltäglichen Leidens an der Gesellschaft. Konstanz: UVK.

Bradach, J. (2003): Going to scale. The Challenge of Replicating Social Programs. In: *Stanford Social Innovation Review* 1, 19–25.

Brockhaus: Die Enzyklopädie in 24 Bänden (1996–1999), 20. Auflage. Bibliografisches Institut & F. A.Brockhaus AG: Mannheim.

Bundesagentur für Arbeit (2009): Umfassende Arbeitsmarktstatistik: Arbeitslosigkeit und Unterbeschäftigung. Methodenbericht, Nürnberg.

Bundesagentur für Arbeit (2011): Sockel- und Langzeitarbeitslosigkeit, Broschüre der Arbeitsmarktberichterstattung. Bundesagentur für Arbeit: Nürnberg. http://statistik.arbeitsagentur.de/Statistischer-Content/Arbeitsmarktberichte/Berichte-Broschueren/Arbeitsmarkt/Generische-Publikationen/Sockel-und-Langzeitarbeitslosigkeit-2011.pdf

Bundesagentur für Arbeit (2012a): Analytikreport der Statistik. Arbeitslosigkeit nach Rechtskreisen in Deutschland, März 2012.

Bundesagentur für Arbeit (2012b): Arbeitsmarktberichterstattung: Der Arbeitsmarkt in Deutschland, Strukturen der Arbeitslosigkeit, Nürnberg Mai 2012.

Bundesagentur für Arbeit (2012c): HEGA 11/2012 -02 – Flächeneinführung der internen ganzheitlichen Integrationsberatung (Inga) in den AA der Welle 2, Nürnberg 2012. http://www.arbeitsagentur.de/nn_165870/zentraler-Content/HEGA-Internet/A03-Berufsberatung/Dokument/HEGA-11-2012-VA-Flaecheneinfuehrung-Inga-AA-Welle-2.html [aufgerufen am 21. 03. 2013]

Bundesagentur für Arbeit (2013a): Amtliche Nachrichten der Bundesagentur für Arbeit. ANBA Januar 2013.

Bundesagentur für Arbeit (2013b): Analytikreport der Statistik. Arbeitslosigkeit nach Rechtskreisen im Vergleich – Februar 2013.

Bundesgesetzblatt (2012): Verordnung über die Voraussetzungen und das Verfahren zur Akkreditierung von fachkundigen Stellen und zur Zulassung von Trägern und Maßnahmen der Arbeitsförderung nach dem Dritten Buch, Sozialgesetzbuch (Akkreditierungs-und Zulassungsverordnung Arbeitsförderung – AZAV), *Bundesgesetzblatt*, Teil I, Nr. 15, Bonn, 5. April 2012. [Online-Ressource] http://www.bmas.de/SharedDocs/Downloads/DE/Thema-Arbeitsmarkt/akkreditierung_arbeits foerderung_verordnung.pdf?__blob=publicationFile [aufgerufen am 15. 02. 2013]

Bundesministerium für Arbeit und Sozialordnung (2009): Verordnung zur Bemessung von Einstiegsgeld (Einstiegsgeld-Verordnung – ESGV) vom 29. Juli 2009 (BGBl. I S. 2342).

Bundesverband Deutscher Stiftungen in Zusammenarbeit mit Internationales Centrum für Franchising und Cooperation (F&C) (2008): Social Franchising – Eine Methode zur systematischen Vervielfältigung gemeinnütziger Projekte, Berlin; [Online Ressource] http://issuu.com/bundesverband/docs/socialfranchising?mode=window&backgroundColor=%23222222 [aufgerufen am 12. 02. 2013].

Bundeszentrale für politische Bildung (2012). Die soziale Situation in Deutschland [Online-Ressource] http://www.bpb.de/nachschlagen/zahlen-und-fakten/soziale-situation-in-deutschland/61785/armutsgefaehrdung [aufgerufen am 26. 11. 12].

Casey B. J., Getz S., Galvan A. (2008): The adolescent brain. *Developmental Review* 1, 62–77.

Chalupa, L. M., Berardi, N., Caleo, M., Galli-Resta, L., Pizzorusso, T. (2011): Cerebral plasticity: new perspectives. Cambridge, MA: MIT Press.

Choudhury, S.; Blakemore, S.-J.; Charman, T. (2006): Social cognitive development during adolescence. *Social Cognitive and Affective Neuroscience* 3, 165–74.

Dees, G. J., Battle-Anderson, B. (2003): Sector-bending: blurring the lines between nonprofit and forprofit. *Society*, May/June 2003, 16–27.

Deutscher Bundestag (2012): Gesundheitsförderung bei Arbeitslosen. Antwort der Bundesregierung auf die Kleine Anfrage der Abgeordneten Maria Klein-Schmeink, Brigitte Pothmer, Markus Kurth, weiterer Abgeordneter und der Fraktion BÜNDNIS 90/DIE GRÜNEN – Drucksache 17/9491, vom 04. 06. 2012, Drucksache 17/9860.

Dilts, R. (1993): Die Veränderung von Glaubenssystemen. Paderborn: Junfermann.

Dittmann-Kohli, F. (1995): Das persönliche Sinnsystem, Göttingen: Hogrefe.

Dittmann-Kohli, F., Westerhoff, G. (2005): Persönliche Sinngebung über die Lebensspanne. In: *Petzold, Orth* (2005a) 157–190.

Einsiedler, E. (2012): Perspektive Qualität. Diskussionspapier, Nürnberg im Oktober 2012. http://www. nachdenkseiten.de/upload/pdf/121213_bundesagentur_analyse.pdf [aufgerufen am 01. 03. 13].

Epstein, R. (2007): Myth The of Teen Brain. *SCIENTIFIC AMERICAN* April/May 2007, 57–63. http://drrobertepstein.com/pdf/Epstein-THE_MYTH_OF_THE_TEEN_BRAIN-Scientific_American_Mind-4-07.pdf.

Epstein, R. (2008): The Case Against Adolescence: Rediscovering the Adult in Every Teen. Fresno, CA: Quill Driver.

Epstein, R. (2010): TEEN 2.0: Saving Our Children and Families from the Torment of Adolescence, Fresno, CA: Quill Driver.

Erpenbeck, J., v. Rosenstiel, L. (2009): Geleitwort. In: *S. Steinweg* (Hrsg.). Systematisches Talent Management (V–IX). Stuttgart: Schäffer-Poeschel.

Faltermaier, T., Mayring, Ph., Saup, W., Strehmel, P. (1992): Entwicklungspsychologie des Erwachsenenalters. Stuttgart: Kohlhammer.

Fend, H.(2003): Entwicklungspsychologie des Jugendalters: Ein Lehrbuch für pädagogische und psychologische Berufe. 3. Aufl. Wiesbaden: Springer VS Verlag

Filipp, S. H., Staudinger, U. M. (2005): Entwicklungspsychologie des mittleren und höheren Erwachsenenalters. Hogrefe: Göttingen.

Flade, A. (2010): Natur psychologisch betrachtet. Bern: Huber.

Flammer, A. (1990): Erfahrung der eigenen Wirksamkeit. Einführung in die Psychologie der Kontrollmeinung. Bern: Huber.

Frintrup, A., Kämper, M., Mussel, P. (2007): Auswahl von Auszubildenden – multiple Bewerbungschancen durch Berufsprofiling. *Wirtschaftspsychologie aktuell,* 2, 52–55.

Frintrup, A. (2008): Talent- Eignungsdiagnostik durch Berufsprofiling. Expertise für das Projekt MINIPRENEURE. Unveröffentlichtes Manuskript, Stuttgart.

Fuchs, J. (2006): Neue Herausforderung für die Beschäftigungspolitik. *IAB-Kurzbericht,* Nr. 16, Nürnberg.

Gibson, J. J. (1979): The ecological approach to visual perception, Boston: Houghton Mifflin; dtsch. (1982): Der ökologische Ansatz in der visuellen Wahrnehmung, München: Urban & Schwarzenberg.

Gibson, J. (1982): The concept of affordance in development: The renaissance of funciontalism, in: *Collins, N. A.,* The concept of development, Hillsdale: Erlbaum.

Goffman, E. (1967): Stigma. Über Techniken zur Bewältigung beschädigter Identität, Frankfurt/Main: Suhrkamp.

Gogtay N., Giedd J. N., Lusk L., Hayashi K. M., Greenstein D., Vaituzis A. C., Thompson P. M. (2004): Dynamic mapping of human cortical development during childhood through early adulthood. *Proceedings of the National Academy of Sciences of the United States of America* 21, 8174–8179.

Göppel, R. (2005): Das Jugendalter: Entwicklungsaufgaben – Entwicklungskrisen – Bewältigungsformen, Stuttgart: Kohlhammer.

Göttling, S. (2006): Am Rande der Arbeitsgesellschaft – Psychologische Analyse der Arbeit langzeiterwerbsloser Menschen. Dissertation, Universität Leipzig.

Göttling, S., Merkel, D., Mohr, G., (2011): Die Arbeit der Erwerbslosen: Eine arbeitspsychologische Analyse. In: *Mühlpfordt, S., Mohr, G., Richter, P.* (Hrsg.), Erwerbslosigkeit: Handlungsansätze zur Gesundheitsförderung. Lengerich: Pabst.

Göttling, S. (2012): MINIPRENEURE: Chancen für Menschen, die ihr Leben neu gestalten wollen – ein Ansatz zur Bewältigung von Langzeiterwerbslosigkeit und demographischem Wandel. Unveröffentlichtes Manuskript, Berlin.

Graves, R. R., Lupo, A. C., McCarthy, R. C., Wescott, D. J., Cunningham, D. L. (2010): Just how strapping was KNM-WT 15000? *Journal of Human Evolution,* 5, 542–554.

Günther, A. und Kaul, C. (2005): Coaching bei Volkswagen. In: *Packebusch, L., Rülicke, S.* (Hrsg.), Zukunft des Human Resource Management. Lengerich: Pabst.

Habermas, J. (1996): Inklusion – Einbeziehen oder Einschließen? Zum Verhältnis von Nation, Rechtsstaat und Demokratie, in: ders. Die Einbeziehung des Anderen. Studien zur politischen Theorie. Frankfurt/Main: Suhrkamp, 154–184.

Harter, S. (1999): The construction of the self. New York: Guilford Press.

Hartmann, M., Riede, T. (2005): Erwerbslosigkeit nach dem Labour-Force-Konzept – Arbeitslosigkeit nach dem Sozialgesetzbuch: Gemeinsamkeiten und Unterschiede. Statistisches Bundesamt. Wirtschaft und Statistik 4/2005.

Hartz, P. (1994): Jeder Arbeitsplatz hat ein Gesicht. Die Volkswagen-Lösung. Frankfurt/Main: Campus.

Hartz, P. (1996): Das atmende Unternehmen. Frankfurt/Main: Campus.

Hartz, P. (2001): Job Revolution. Wie wir neue Arbeitsplätze gewinnen können. Frankfurt/Main: Frankfurter Allgemeine Buch.

Hartz, P. u. a. (2002): Moderne Dienstleistungen am Arbeitsmarkt. Vorschläge der Kommission zum Abbau der Arbeitslosigkeit und zur Umstrukturierung der Bundesanstalt für Arbeit. Bundesministerium für Arbeit und Sozialordnung, Berlin.

Hartz, P., Petzold, H. G. (2010): Chancen für arbeitslose Frauen und Männer, die ihr Leben neu gestalten wollen. *Zeitschr. für Medizinische Psychologie* 2, 47–67.

Hass, W., Petzold, H. G. (1999/2011): Die Bedeutung der Forschung über soziale Netzwerke, Netzwerktherapie und soziale Unterstützung für die Psychotherapie – diagnostische und therapeutische Perspektiven. In: *Petzold, H. G., Märtens, M.* (1999a) (Hrsg.): Wege zu effektiven Psychotherapien. Psychotherapieforschung und Praxis.: Modelle, Konzepte, Settings. Opladen: Leske + Budrich, S. 193–272. Bei: http://www.fpi-publikation.de/artikel/textarchiv-h-g-petzold-et-al-/hass-w-petzold-h-g-1999-neueinst-2011-die-bedeutung-der-forschung-ueber-soziale-netzwerke.html.

Hawley, P. H. (2011): The Evolution of Adolescence and the Adolescence of Evolution: The Coming of Age of Humans and the Theory about the forces that made them. *Journal of Research on Adolescence,* 1, 307–316.

Heitmeyer, W. (1994): Gewalt: Schattenseiten der Individualisierung von Jugendlichen aus unterschiedlichen Milieus. München: Betz/Juventa.

Heuser, T. (2010): MINIPRENEURE Beschäftigungsradar. Unveröffentlichte Expertise für das Projekt MINIPRENEURE, Dortmund.

Heuves, W. (2010): Pubertät. Entwicklungen und Probleme. Hilfen für Erwachsene. Frankfurt: Brandes & Apsel.

Hinsch, R., Pfingsten, U. (2007): Das Gruppentraining sozialer Kompetenzen (GSK). Grundlagen, Durchführung, Materialien. 5. Auflage. Weinheim: PVU.

Höfer, R. (2010): Salutogenese und Kohärenz. *Gemeindepsychologie* 2-2010.

Hollederer, A. (2009): Gesundheit und Krankheit von Arbeitslosen sowie Chancen und Grenzen arbeitsmarktintegrativer Gesundheitsförderung. In: *A. Hollederer* (Hrsg.). Gesundheit von Arbeitslosen fördern! Ein Handbuch für Wissenschaft und Praxis. Frankfurt/Main: Fachhochschulverlag: 12–38.

Hollmann, W., Strüder, H. K., Diel, J. (2011): Hochaltrigkeit und körperliche Aktivität, in: *Petzold, Horn, Müller* (2011) 101–126.

Howe, N., Strauss, W. (2000): Millennials Rising: The Next Great Generation. New York: Knopf Doubleday Publishing Group.

Howe, N.; Strauss, W. (2008). Millennials Go to College: Strategies for a New Generation on Campus (2nd ed.). Great Falls: LifeCourse Associates.

Hurrelmann, K. (2012): Kindheit, Jugend und Gesellschaft, in: *Petzold, H. P.* (2012a) 57–75.

Hurrelmann, K., Quenzel, G. (2012): Lebensphase Jugend: Eine Einführung in die sozialwissenschaftliche Jugendforschung. 11., vollst. überarbeitete Aufl., Weinheim, München: Beltz, Juventa.

Hüther, G. (2007a): Bedienungsanleitung für ein menschliches Gehirn. Göttingen: Vandenhoeck & Ruprecht.

Hüther, G. (2007b): Die Biologie der Angst. Göttingen: Vandenhoeck & Ruprecht.

Hüther, G. (2008): Der AhA-Effekt – Arbeitslose helfen Arbeitslosen. Unveröffentlichte Expertise für das Projekt MINIPRENEURE, Göttingen.

Hüther, G., Petzold, H. G. (2012): Auf der Suche nach einem neurowissenschaftlich begründeten Menschenbild. In. *Petzold, H. G.* (2012f): Die Menschenbilder in der Psychotherapie. Interdisziplinäre Perspektiven und die Modelle der Therapieschulen. Wien: Krammer, 207–242.

Hurrelmann, K. (1995): Einführung in die Sozialisationstheorie. Neuaufl. 2006. Weinheim: Beltz.

Hurrelmann, K. (2012): Sozialisation. Das Modell der produktiven Realitätsverarbeitung. Weinheim: Beltz.

Jahoda, M., Lazarsfeld, P.F., Zeisel, H. (1933): Die Arbeitslosen von Marienthal. Ein soziographischer Versuch über die Wirkungen langandauernder Arbeitslosigkeit. Leipzig: Hirzel; (1975): Frankfurt: Suhrkamp.

Janssen, J., Dechesne, M., Van Knippenberg, A. (1999): The Psychological Importance of Youth Culture: A Terror Management Approach. *Youth & Society*, 2, 152–167.

Jantzen, W. (2008): Kulturhistorische Psychologie heute – Methodologische Erkundungen zu L.S. Vygotskij. Berlin: Lehmanns Media.

Jonas, P. (1998/2012): Arbeitslosigkeit aus der Sicht der Integrativen Therapie/Gestalttherapie. *POLYLOGE Materialien aus der Europäischen Akademie für psychosoziale GesundheitEine Internetzeitschrift für „Integrative Therapie*, Ausgabe 24/2012, http://www.fpi-publikation.de/polyloge/alle-ausgaben/24-2012-jonas-peter-arbeitslosigkeit-aus-der-sicht-der-integrativen-therapie-gestalttherapie.html

Jones, L. (1988): The relationship between unemployment and divorce. *Journal of Divorce*, 12, 99–112.

Kaindlstorfer, Günther (2009): Die Arbeitslosen von Marienthal, Die Sozialstudie von 1933, ORF 2009, und auf 3sat. http://www.3sat.de/page/?source=/deleted.html

Kallhoff, A. (2001): Martha C. Nussbaum. Ethics and political philosophy. Münster: LIT.

Kaul, C. (2005): Gesundheit, Fitness und Lebensbalance als Thema zwischen Personalentwicklung und betriebsärztlichem Dienst bei Volkswagen. In: *Lauterbach, M.*, 217–226.

Kaul, C., Vater, A., Schütz, A. (2007): Selbstüberschätzung und Gefühle der Unzulänglichkeit im Management – Narzisstische Verhaltensmuster und Ansätze für das Coaching anhand eines Fallbeispiels. *Wirtschaftspsychologie*, 3, 22–32.

Kaul, C. (2011): Wissen! Können! Tun! Modell für ein gesundheitsbezogenes Empowerment von Langzeitarbeitslosen im Programm MINIPRENEURE. Expertise für das Projekt MINIPRENEURE. Unveröffentlichtes Manuskript, Hannover.

Keicher, I. (2010): Neue Beschäftigungspotentiale aus innovativen, trendbasierten MINIPRENEUR-Ideen. Unveröffentlichte Expertise für das Projekt MINIPRENEURE, Zürich.

Keicher, I. (2011):Handbuch Beschäftigungsradar, Version 1., Unveröffentlichte Expertise für das Projekt MINIPRENEURE, Zürich.

Klaffke, M. (2012): Generationen Diversity – Ansätze für das Personalmanagement von Millenials. In: Charta der Vielfalt. Jung – Alt – Bunt. Diversity und der demographische Wandel. Online dossier. www.charta-der-vielfalt.de.

Knuth, M. (2013): SAMFT-Jahrestagung „10 Jahre Hartz-Reformen – Was bleibt?" am 21./22. Februar 2013. Einführung. Berlin.

Kornhuber, H.H., Deeke, L. (2008); Wille und Gehirn, in: *Petzold, Sieper* (2008a) 77–176.

Körner, Th., Meinken, H., Puch, K. (2013): Wer sind die ausschließlich geringfügig Beschäftigten? Eine Analyse nach sozialer Lebenslage. Statistisches Bundesamt, Wirtschaft und Statistik, Januar 2013, Wiesbaden.

Kolip, P. (2003): Frauen und Männer. In: *Schwartz, F., Bandura, B., Busse R.* et al. (Hrsg.). Das Public Health Buch. Gesundheit und Gesundheitswesen. München, Jena: Urban & Fischer.

Kroll, L.E., Lampert, T. (2011): Unemployment, Social Support and Health Problems – Results of the GEDA-Study in Germany, 2009. *Deutsches Ärzteblatt Int.* 2011, 108 (4), 47–52 DOI: 10.3238/arztebl.2011.0047.

Lauterbach, M. (2005): Gesundheitscoaching – Strategien für Fitness und Lebensbalancen im Beruf. Heidelberg: Carl Auer.

Leitner, A. (2010): Handbuch der Integrativen Therapie. Wien: Springer.

Leitner, A., Sieper, J. (2008): Unterwegs zu einer integrativen Psychosomatik. Das biopsychosoziale Modell des Integrativen Ansatzes. *Integrative Therapie* 3, 199–242.

Levinas, E. (1983): Die Spur des anderen. Freiburg: Alber.

Levinas, E. (1989): Humanismus des anderen Menschen. Hamburg: Meiner.

Lewin, K. (1963): Feldtheorie in den Sozialwissenschaften. Bern: Huber Verlag.

Lukas, J. (2012): Personalpolitische Handlungsalternativen mit älteren Arbeitnehmern in Unternehmen vor dem Hintergrund der demographischen Entwicklung. Wiesbaden: Springer Gabler.

Lukesch, B., Petzold, H. G. (2011): Lernen und Lehren in der Supervision – ein komplexes, kokreatives Geschehen. www.FPI-Publikationen.de/materialien.htm *Supervision: Theorie – Praxis – Forschung. Eine interdisziplinäre Internet-Zeitschrift* – 5/2011 http://www.fpi-publikation.de/downloads/download-supervision/download-05-2011-lukesch-b-petzold-h-g.html.

Lurija, A.R. (1992): Das Gehirn in Aktion. Einführung in die Neuropsychologie [1973]. Reinbek: Rowohlt. 6. Aufl. 2001.

Lurija, A.R. (2008): Die Stellung der Psychologie unter den Sozial- und Biowissenschaften. In: *Petzold, H.G., Michailowa, N.* (2008a): Alexander Lurija – Neurowissenschaft und Psychotherapie. Integrative und biopsychosoziale Modelle. Wien: Krammer. S. 27–35.

Maass, A., Lohaus, A. & Wolf, O. (2010): Stress and media in adolescent boys – Psychophysiological effects of violent and non-violent television programs and video games. *Journal of Children and Media, 4,* 18–38.

Marcel, G. (1967): Die Menschwürde und ihr existentieller Grund, Frankfurt/Main: Knecht.

Marcia, J. (1980): Identity in adolescence. In: *J. Adelson* (Hrsg.): Handbook of adolescent psychology, New York: Wiley, S. 159–187.

Markus, H., Nurius, P. (1986): Possible selves. *American Psychologist* 9, 954–969.

Marx, K. (1962): Das Kapital, Band 1. Marx Engels Werke, Band 23. Berlin: Dietz.

Mayell, H. (2001): Adolescence Came Late in Human Evolution, Study Shows. *National Geographic News,* 5.12.2001; http://news.nationalgeographic.com/news/2001/12/1205_humanteeth. html.

McKee-Ryan F. M., Song Z., Wanberg C. R., Kinicki A. J. (2005): Psychological and physical well-being during unemployment: A meta-analytic study. *Journal of Applied Psychology,* 90, 53–76.

Merchant, G. (2001): Teenagers in cyberspace: an investigation of language use and language change in internet chatrooms. *Journal of Research in Reading* 3, 293–306.

Meuter, J. (2008): Social Franchising. Berlin Institut für Bevölkerung und Entwicklung. [Online Ressource] http://www.berlin-institut.org/index.php?id=321&type=98 [aufgerufen am 12.02.2013].

Microm (2010):Beschreibung der microm Geo Milieus, http://www.micromonline.de/Ressourcen/PDF/Broschueren/Infoblatt_microm_Geo_Milieus_2010.pdf.

Miller D., Byrnes J. (1997): The role of contextual and personal factors in children's risk taking, *Developmental Psychology* 5, 814–823.

Mohr, G. (2010): Erwerbslosigkeit. In: *Kleinbeck, U., Schmidt, K.-H.* (Hrsg.), Enzyklopädie der Psychologie. Band Arbeitspsychologie (471–520). Göttingen: Hogrefe.

Möller J., Walwei, U. (2013): Die Agenda 2010 war ein unerwarteter Erfolg. *DIE ZEIT online*, 14.03.2013.
Moscovici, S. (2001): Social Representations. Explorations in Social Psychology. New York: New York: University Press.
Moscovici, S. (2002): De la Nature. Pour penser l'écologie, Paris: Métailié.
Mühlhausen, C. (2010): Beschäftigungsradar: Trends und Chancen. Unveröffentlichte Expertise für das Projekt MINIPRENEURE, Hamburg.
Müller, L., Petzold, H. G. (2003): Resilienz und protektive Faktoren im Alter und ihre Bedeutung für den Social Support und die Psychotherapie bei älteren Menschen. Bei www.FPI-Publikationen.de/materialien.htm. *POLYLOGE: Materialien aus der Europäischen Akademie für psychosoziale Gesundheit* – 08/2003 http://www.fpi-publikation.de/downloads/download-polyloge/download-08-2003-mueller-l-petzold-h-g.html und in: *Petzold, H. G.* (2004): Mit alten Menschen arbeiten. Stuttgart: Pfeiffer/Klett-Cotta, 108–154.
Müller, R. (2008): Marienthal. Das Dorf – Die Arbeitslosen – Die Studie. Innsbruck: Studienverlag Innsbruck.
Mussel, P., von der Bruck, H., Schuler, H. (2009): Altersbedingte Veränderung differentieller Merkmale. Bedeutsamkeit für den beruflichen Wiedereinstieg älterer Erwerbspersonen, *Zeitschrift für Personalpsychologie*, 3, 117–128.
Nitsche, I., Richter, P. (2003): Tätigkeiten außerhalb der Erwerbsarbeit. Evaluation des TAURIS-Projektes. München: LIT.
Noelle, E. (2003): Der Arbeitslose als Pechvogel. Die geplanten Einschränkungen wirken schon jetzt. Die „Ich-AG" als Mittel gegen Depression. *Frankfurter Allgemeine Zeitung*, 17.09.2003.
Nussbaum, M. C. (1999): Gerechtigkeit oder das gute Leben. Frankfurt/Main: Suhrkamp.
Nussbaum, M. C., Sen, A. (1993): The Quality of Life. Oxford: Clarendon Press.
Office of the High Commisionar of Human Rights (2008): Human Rights, Health and Poverty Reduction Strategies, Health and Human Rights Publications Series, Issue No 5, December 2008. Geneva.
Orth, I. (2010): Weibliche Identität und Leiblichkeit – Prozesse „konvivialer" Veränderungund Entwicklung – Überlegungen für die Praxis. In: Petzold, Orth, Sieper (2010) 245–278.
Orth, I., Petzold, H. G. (1998a): Heilende Bewegung – die Perspektive der Integrativen Leib- und Bewegungstherapie. In: *Illi, U., Breithecker, D., Mundigler, S.* (Hrsg.). Bewegte Schule. Gesunde Schule. Zürich: Internationales Forum für Bewegung (IFB), S. 183–199.
Ostermann, D. (2010): Gesundheitscoaching – Integrative Modelle in Psychotherapie, Supervision und Beratung:Verlag für Sozialwissenschaften/Springer Fachmedien.
Oyserman D., Markus H. (1990): Possible selves and deliquency. *Journal of Personality and Social Psychology* 1, 112–125.
Pasupathi M., Staudinger U. M., Bates P. B. (2001): Seeds of wisdom: Adolescents' knowledge and judgment about difficult life problems, *Developmental Psychology* 3, 351–361.
Patton, W., Donohue, R. (2001): Effects on the family of a family member being long term unemployed. *Journal of Applied Health Behaviour*, 3, 31–39.
Paul K. I., Moser K. (2006): Incongruence as an explanation for the negative mental health effects of unemployment: Meta-analytic evidence. *Journal of Occupational and Organizational Psychology*, 79, 595–621.

Paul, K. I., Hassel, A., Moser, K. (2006): Die Auswirkungen von Arbeitslosigkeit auf die psychische Gesundheit – Befunde einer quantitativen Forschungsintegration. In: *Hollederer, A., Brand, H.* (Hrsg.), Arbeitslosigkeit, Gesundheit und Krankheit. Bern: Huber.

Pernice, R. (1996): Methodological issues in unemployment research: Quantitative and/or qualitative approaches? *Journal of Occupational and Organizantional Psychology,* 69, 339–349.

Petzold, H. G. (1968b): Arbeitspsychologische und soziologische Bemerkungen zum Gastarbeiterproblem in der BRD. *Zeitschrift f. Prakt. Psychol.* 7, 331–360. *Petzold,* Textarchiv 1968: http://www.fpi-publikation.de/artikel/textarchiv-h-g-petzold-et-al-/index.php

Petzold, H. G. (1973c): Kreativität & Konflikte. Psychologische Gruppenarbeit mit Erwachsenen, Paderborn: Junfermann.

Petzold, H. G. (1978c): Das Ko-respondenzmodell in der Integrativen Agogik. *Integrative Therapie* 1, 21–58; erw. in: 2003a, 93–140.

Petzold, H. G. (1988n): Integrative Bewegungs- und Leibtherapie. Ausgewählte Werke Bd. I,1 und I,2. Paderborn: Junfermann, 3. revid. und überarbeitete Auflage 1996a.

Petzold, H. G. (1991a): Integrative Therapie. Ausgewählte Werke, Band II,1. Klinische Philosophie, Paderborn: Junfermann. 2. Erw. Aufl. 2003.

Petzold, H. G. (1992a): Integrative Therapie. Ausgewählte Werke, Band II,2. Klinische Theorie. Paderborn: Junfermann. 2. Erw. Aufl. 2003.

Petzold, H. G. (1993a): Integrative Therapie. Ausgewählte Werke, Band II,2. Klinische Praxeologie. Paderborn: Junfermann. 2. Erw. Aufl. 2003.

Petzold, H. G. (1996f/2013): Krankheitsursachen im Erwachsenenleben – Perspektiven für Diagnostik, Therapie und Lebenshilfe aus integrativtherapeutischer Sicht. *Integrative Therapie* 2/3, 288–318 und *POLYLOGE* 10/2013. http://www.fpi-publikation.de/polyloge/alle-ausgaben/02-2013-petzold-h-g-1996f-krankheitsursachen-im-erwachsenenleben-perspektiven-fuer.html.

Petzold, H. G. (1999q): Das Selbst als Künstler und Kunstwerk – Rezeptive Kunsttherapie und die heilende Kraft „ästhetischer Erfahrung". Düsseldorf/Hückeswagen: FPI/EAG. Und in: *Kunst & Therapie* 1-2/1999, 105–145, *Integrative Therapie* 3/2004, 267–299; auch in: Düsseldorf/Hückeswagen. Bei www. FPI-Publikationen.de/materialien.htm – *POLYLOGE: Materialien aus der Europäische Akademie für psychosoziale Gesundheit* – 07/2001. http://www.fpi-publikation.de/polyloge/alle-ausgaben/update-2006-1999q-07-2001-petzold-h-g-das-selbst-als-kuenstler-und-als-kunstwerk.html.

Petzold, H. G. (2002c): POLYLOGE: die Dialogzentrierung in der Psychotherapie überschreiten. Perspektiven „Integrativer Therapie" und „klinischer Philosophie". Hommage an Mikhail Bakhtin. Düsseldorf/Hückeswagen. Bei www. FPI-Publikationen.de/materialien.htm – *POLYLOGE: Materialien aus der Europäischen Akademie für psychosoziale Gesundheit* – 04/2002, http://www.fpi-publikation. de/images/stories/downloads/polyloge/Petzold-Dialog-Polylog-Polyloge-04-2002.pdf.

Petzold, H. G. (2003a): Integrative Therapie. 3 Bde. überarb. und ergänzte Neuauflage von 1991a/1992a/1993a. Paderborn: Junfermann.

Petzold, H. G. (2003m/2007s): „Polyloge" in Europa – auf dem Wege zu einer „transversalen europäischen Kultur". Die „Europäische Akademie für psychosoziale Gesundheit und Kreativitätsförderung" – ein Ort der Gespräche und der Konvivialität zwischen Europäern – Düsseldorf/Hückeswagen. Bei www. FPI-Publikationen.de/materialien.htm – *POLYLOGE: Materialien aus der Europäischen Akademie für psychosoziale Gesundheit* – 12/2003; erw. in 2007s, auch in: *Sieper, Orth, Schuch (2007) 651–670.* http://

www.fpi-publikation.de/polyloge/alle-ausgaben/12-2003-2003m-petzold-h-g-polyloge-in-europa.html

Petzold, H. G. (2005v): Transversale Identität und Identitätsarbeit. Die Integrative Identitätstheorie als Grundlage für eine entwicklungspsychologisch und sozialisationstheoretisch begründete Persönlichkeitstheorie, *Integrative Therapie* 4, 374–397. Erw. in 2012a, 407–603.

Petzold, H. G. (2006p): Ökosophie, Ökophilie, Ökopsychosomatik Materialien zu ökologischem Stress- und Heilungspotential Bei www. FPI-Publikationen.de/materialien.htm – *POLYLOGE: Materialien aus der Europäischen Akademie für psychosoziale Gesundheit* – 16/2006 und *Integrative Therapie* 1 (2006) 62–99. http://www.fpi-publikation.de/downloads/download-polyloge/download-nr-16-2006-petzold-hilarion-g.html.

Petzold, H. G. (2007a): Integrative Supervision, Meta-Consulting und Organisationsentwicklung. ,2. erw. Aufl.VS Verlag für Sozialwissenschaften.

Petzold, H. G. (2007d): „Mit Jugendlichen auf dem WEG ...„Biopsychosoziale, entwicklungspsychologische und evolutionspsychologische Konzepte für „Integrative sozialpädagogische Modelleinrichtungen". Bei www. FPI-Publikationen.de/materialien.htm – *POLYLOGE: Materialien aus der Europäischen Akademie für Psychosoziale Gesundheit* – 09/2007. Ergänzt auch in *Integrative Therapie* 2, 2009 und *Petzold, H. G., Feuchner, C., König, G.* (2009): Für Kinder engagiert – mit Jugendlichen auf dem Weg. Wien: Krammer, S. 129–147. http://www.fpi-publikation.de/downloads/download-polyloge/download-nr-09-2007-petzold-h-g.html.

Petzold, H. G. (2007u): Das Projekt ‚EIN CAFÉ FÜR EUROPA' – ‚Un café pour Europe' Europa-Cafés als Orte konvivialer Gastlichkeit und interkultureller Polyloge in den Ländern Europas. Bei www.FPI-Publikationen.de/materialien.htm – *POLYLOGE: Materialien aus der Europäischen Akademie für Psychosoziale Gesundheit* – 20/2007 http://www.fpi-publikation.de/polyloge/alle-ausgaben/02-2007-petzold-h-g-hot-seat-ein-problematischer-begriff.html

Petzold, H. G. (2010): A-Trainer und integrativ-systemischer Sozialcoach (ATS-Coach) – ein Beratungsspezialist für Fragen des Arbeitslebens und für Probleme und Chancen moderner Lebensführung. Unveröffentlichte Expertise für das Projekt MINIPRENEURE, Hückeswagen.

Petzold, H. G. (2010f): „Sprache, Gemeinschaft, Leiblichkeit und Therapie". Materialien zu polylogischen Reflexionen, intertextuellen Collagierungen und melioristischer Kulturarbeit – Hermeneutica. Bei www.FPI-publikationen.de/materialien.htm – *POLYLOGE: Materialien aus der Europäischen Akademie für psychosoziale Gesundheit* – 7/2010. http://www.fpi-publikation.de/downloads/download-polyloge/download-nr-07-2010-petzold-h-g-2010f.html

Petzold, H. G. (2010g): Integrativ-systematische Arbeit mit Familien. Integrativ-systemische Entwicklungs- und Netzwerktherapie. Integrative Therapie, Schwerpunktheft 3/2010. Wien: Krammer Verlag.

Petzold, H. G. (2011): Polylog – Fahrplan 26–28. 9. 2011. Unveröffentlichte Expertise für das Projekt MINIPRENEURE, Hückeswagen.

Petzold, H. G. (2012a): Identität. Ein Kernthema moderner Psychotherapie – interdisziplinäre Perspektiven Wiesbaden: VS Verlag.

Petzold, H. G. (2012b): „Natürliche Resilienz" – Wieder aufstehen nach Schicksalsschlägen. In: *Bonanno, G.*, Die andere Seite der Trauer. Bielefeld: Edition Sirius; Aistheis,

S. 219–272. Bei: http://www.fpi-publikation.de/artikel/textarchiv-h-g-petzold-et-al-/petzold-hilarion-g-2012b-natuerliche-resilienz-und-bonannos-trauerforschung.html.

Petzold, H. G. (2012h): Komplexe Humantherapie III: Integrative Therapie in der „dritten Welle" – Innovation und Vertiefung durch „transversale Vernunft" und interdisziplinäre Konzepbildung. – Die „Vier WEGE" und die „14 Wirkfaktoren" als Prinzipien heilender, gesundheitsbewusster und entwicklungsfördernder Lebensführung heute [2013] *Integrative Therapie* 3-4. Wien: Krammer. Textarchiv *Hilarion Petzold* Jg. 2012. http://www.fpi-publikation.de/artikel/textarchiv-h-g-petzold-et-al-/index.php.

Petzold, H. G., Feuchtner, C., König, G. (2009): Für Kinder engagiert – mit Jugendlichen auf dem Weg. Wien: Krammer.

Petzold, H. G., Heinl, H. (1983): Psychotherapie und Arbeitswelt. Paderborn: Junfermann.

Petzold, H. G., Hildenbrand, C., Jüster, M. (2002): Coaching als „soziale Repräsentation" – sozialpsychologische Reflexionen und Untersuchungsergebnisse zu einer modernen Beratungsform. Düsseldorf/Hückeswagen, FPI-Publikationen. www.FPI-Publikationen.de/materialien.htm: in *SupeRVision: Theorie – Praxis – Forschung. Eine interdisziplinäre Internet-Zeitschrift* – 02/2002 und bei www. FPI-Publikationen.de/materialien.htm – *POLYLOGE:* Materialien *aus der Europäischen Akademie für psychosoziale Gesundheit* – 05/2002: http://www.fpi-publikation.de/supervision/alle-ausgaben/02-2002-2002g-update-2004-petzold-h-g-coaching-als-soziale-repraesentation.html.

Petzold, H. G., Horn, E., Müller, L. (2011): Hochaltrigkeit – Herausforderung für persönliche Lebensführung und biopsychosoziale Arbeit. Wiesbaden: VS Verlag.

Petzold, H. G., Michailowa, N. (2008a): Alexander Lurija – Neurowissenschaft und Psychotherapie. Integrative und biopsychosoziale Modelle. Wien: Krammer.

Petzold, H. G., Moser, S., Orth, I. (2012): Euthyme Therapie – Heilkunst und Gesundheitsförderung in asklepiadischer Tradition: ein integrativer und behavioraler Behandlungsansatz „multipler Stimulierung" und „Lebensstilveränderung" in: *Psychologische Medizin,* Heft 3, 18–36 und 4, 42–59 und in: Textarchiv 2012 http://www.fpi-publikation.de/artikel/textarchiv-h-g-petzold-et-al-/index.php

Petzold, H. G., Müller, M. (2003): Affiliation, Reaktanz, Übertragung, Beziehung, – Modalitäten der Relationalität in der Supervision. Bei www.FPI-Publikationen.de/materialien.htm – Supervision: Theorie – Praxis – Forschung. Eine interdisziplinäre Internetzeitschrift; und zur Ökopsychosomatik: *Petzold, H. G.* (2006): Ökosophie, Ökophilie, Ökopsychosomatik. Materialien zu ökologischem Stress- und Heilungspotenzial. Bei www.FPI-Publikationen.de/materialien.htm – POLYLOGE: Materialien aus der Europäischen Akademie für psychosoziale Gesundheit.

Petzold, H. G., Orth, I. (1990a/2007): Die neuen Kreativitätstherapien. Handbuch der Kunsttherapie, 2 Bde., Junfermann, Paderborn. 3. Aufl. Bielefeld: Aisthesis 2007.

Petzold, H. G., Orth, I. (1993a/2012): Therapietagebücher, Lebenspanorama, Gesundheits-/Krankheitspanorama als Instrumente der Symbolisierung, karrierebezogenen Patientenarbeit und Lehranalyse in der Integrativen Therapie. *Integrative Therapie* 1/2 (1993) 95–153; auch in: *Frühmann, Petzold* (1993a) 367–446 und *Petzold, H. G., Sieper, J.* (1993a): Integration und Kreation, 2 Bde., 2. Auflage 1996.Paderborn: Junfermann 125–171. http://www.fpi-publikation.de/downloads/download -polyloge/download-nr-26-2012-petzold-hilarion-g-orth-ilse.html.

Petzold, H. G., Orth, I. (1994a/2012): Kreative Persönlichkeitsdiagnostik durch „mediengestützte Techniken" in der Integrativen Therapie und Beratung. *Integrative Therapie* 4 (1994) 340–391. http://www.fpi-publikation.de/polyloge/alle-ausgaben/03-2012-petzold-h-orth-i-1994a-kreative-persoenlichkeitsdiagnostik-durch-mediengestuetzte.html.

Petzold, H.G., Orth, I. (2005a): Sinn, Sinnerfahrung, Lebenssinn in Psychologie und Psychotherapie. 2 Bände. Bielefeld: Edition Sirius beim Aisthesis Verlag.

Petzold, H. G., Orth, I. (2008): Der „Schiefe Turm“ fällt nicht – Salutogenetische Arbeit mit Neuromentalisierungen und kreativen Medien in der Integrativen Therapie. In: *Petzold, H. G., Sieper, J.* (2008a): Der Wille, die Neurowissenschaften und die Psychotherapie. 2 Bände. Bielefeld: Sirius, S. 593–653. http://www.fpi-publikation.de/artikel/textarchiv-h-g-petzold-et-al-/petzold-h-g-orth-i-2008a-der-schiefe-turm-faellt-nicht--weil-ich-das-w-i-l-l.html.

Petzold, H. G., Orth, I. (2011): „Genderintegrität“ – ein neues Leitparadigma für Supervision und Coaching in vielfältigen Kontexten. In: *Abdul-Hussain, S.* (2011): Genderkompetente Supervision. Mit einem Beitrag von Ilse Orth und Hilarion Petzold zu „Genderintegrität“. Wiesbaden: VS Verlag. 195–299.

Petzold, H. G. Orth, I. (2013a): Coaching als Beratungsdisziplin: Problematisierungen – Ethik – Altruismus In: www.FPI-Publikationen.de/materialien.htm *Supervision: Theorie – Praxis – Forschung. Eine interdisziplinäre Internet-Zeitschrift* – Jg. 2013; http://www.fpi-publikation.de/supervision/index.php

Petzold, H. G., Orth-Petzold, S., Orth, I. (2013): Freude am Lebendigen und weiser Umgang mit Natur. Die Frische, Kraft und Weisheit integrativer Garten- und Landschaftstherapie – Naturtherapeutische Gedanken, „Green Meditation“, „Therapeutic Guerilla Gardening“. *Polyloge* 20/2013. http://www.fpi-publikation.de/polyloge/alle-ausgaben/index.php

Petzold, H. G., Schobert, R., Schulz, A. (1991): Anleitung zu „wechselseitiger Hilfe“ – Die Initiierung und Begleitung von Selbsthilfegruppen durch professionelle Helfer – Konzepte und Erfahrungen. In: *Petzold, H. G., Schobert, R.*, (Hrsg.). Selbsthilfe und Psychosomatik, Paderborn: Junfermann, 207–259.

Petzold, H. G., Sieper, J. (1970): Zur Verwendung des Psychodramas in der Erwachsenenbildung, *Zeitschrift f. prakt. Psychol.* 8, 392–447.

Petzold, H. G., Sieper, J. (2008a): Der Wille, die Neurobiologie und die Psychotherapie. 2 Bände. Bielefeld: Sirius.

Petzold, H. G., Sieper, J. (2011a): Menschenliebe heilt. Altruismus und Engagement. Potentialorientierte Psychotherapie – Die Aktualität des Henry Dunant 1828–1910. Wien: Krammer.

Petzold, H. G., Sieper, J. (2012a): „Leiblichkeit“ als „Informierter Leib“ embodied and embedded – Körper-Seele-Geist-Welt-Verhältnisse in der Integrativen Therapie. Quellen und Konzepte zum „psychophysischen Problem“ und zur leibtherapeutischen Praxis. In: *Petzold, H. G.* (2012f): Die Menschenbilder in der Psychotherapie. Interdisziplinäre Perspektiven und die Modelle der Therapieschulen. Wien: Krammer, 243–321.

Petzold, H G., Orth, I., Sieper, J. (2013): „Mythen, Macht und Psychotherapie“. Therapie als Praxis kritischer Kulturarbeit. Bielefeld: Aisthesis (im Druck).

Plant, T. M., Lee, P. A. (1995): The Neurobiology of Puberty. Bristol: Society for Endocrinology.

Popp, R. (2011): Herausforderungen für eine alternsgerechte Arbeitswelt. Wien: Lit.

Popp, U. (2002): Geschlechtersozialisation und schulische Gewalt: Geschlechtstypische Ausdrucksformen und konflikthafte Interaktionen von Schülerinnen und Schülern. München: Beltz Juventa.

Post, S. (2005): Altruism, Happiness, and Health: It's Good to Be Good. *International Journal of Behavioral Medicine* 2, 66–77.

Post, S., Neimark, J. (2008): Why Good Things Happen to Good People: How to Live a Longer, Healthier, Happier Life by the Simple Act of Giving. New York: Broadway Books.

Pasupathi M., Staudinger U.M., Bates P.B. (2001): Seeds of wisdom: Adolescents' knowledge and judgment about difficult life problems. *Developmental Psychology* 3, 351–361.

Rauen, C. (2005): Handbuch Coaching. Hogrefe: Göttingen, Bern.

Regner, F. (2005): Normatives Empowerment. Das Unrechtserleben bei politisch Traumatisierten aus der Sicht von Unterstützern im Therapieumfeld. Dissertation. Freie Universität Berlin: Berlin. http://www.fpi-publikation.de/polyloge/alle-ausgaben/07-2006-regner-freihart-normatives-empowerment.html.

Rengers, M. (2012): Ungenutztes Arbeitskräftepotenzial in der Stillen Reserve. Ergebnisse für das Jahr 2010. Statistisches Bundesamt, Wirtschaft und Statistik, April 2012.

Rice, F. (1996): The adolescent: Development, relationships and culture. Boston: Allyn & Bacon.

Richerson, P.J., Boyd, R. (2005): Not by genes alone. How culture transformed human evolution. Chicago: University of Chicago Press.

Rideout, V. Foehr, U. & Roberts, D. (2010): Generation M² Media in the lifes of 8 to 18-Year-Olds. A Kaiser Family Foundation Study. www.kff.com.

Rizzolatti, G. (2008): Empathie und Spiegelneurone: die biologische Basis des Mitgefühls. Frankfurt: Suhrkamp.

Rosenberger, J. (2013): Gesundheitscoaching aus der Sicht des Mediziners. Unveröffentlichte Expertise für das Projekt MINIPRENEURE, Beckingen.

Segalowitz, S.J., Davies, P.L. (2004): Charting the maturation of the frontal lobe: An electrophysiological strategy, *Brain and Cognition* 1, 116–133.

Stamenov, M., Gallese V. (2002): Mirror Neurons and the Evolution of Brain and Language. New York, Amsterdam: John Benjamins.

Schubert, C. (2011): Psychoneuroimmunologie und Psychotherapie. Stuttgart: Schattauer.

Seligman, M.E.P. (1979): Erlernte Hilflosigkeit. München, Wien, Baltimore: Urban und Schwarzenberg.

Sieper, J. (2006): „Transversale Integration": Ein Kernkonzept der Integrativen Therapie – Einladung zu ko-respondierendem Diskurs. *Integrative Therapie*, 3-4, 393–467 und erg. in: *Sieper, J., Orth, I., Schuch, H.W.* (2007) (Hrsg.): Neue Wege Integrativer Therapie. Klinische Wissenschaft, Humantherapie, Kulturarbeit. Bielefeld: Edition Sirius, Aisthesis Verlag, S. 393-467. - In: *POLYLOGE* 14/2010. http://www.fpi-publikation.de/polyloge/alle-ausgaben/14-2010-sieper-johanna-transversale-integration-ein-kernkonzept-der-integrativen-therapie.html

Sieper, J. (2007): Integrative Therapie als „Life Span Developmental Therapy" und „klinische Entwicklungspsychologie der Bezogenheit" mit Säuglingen, Kindern, Adoleszenten, Erwachsenen und alten Menschen, Gestalt & Integration, Teil I 60, 14-21, Teil II 61 (2008) 11–21. Update 2011, in: www. FPI-Publikationen.de/materialien.htm – POLYLOGE: Materialien aus der Europäischen Akademie für Psychosoziale Gesundheit – 5/2011 http://www.fpi-publikation.de/downloads/download-polyloge/download-nr-05-2011-sieper-johanna.html

Sieper, J., Petzold, H.G. (2013): Entwicklungspsychologie der Lebensspanne – Jugend, Alter, Hochaltrigkeit, „Longinos" – Unveröffentlichte Expertise für das Projekt MINIPRENEURE, Hückeswagen.

Sieper, J., Orth, I., Petzold, H. G. (2010): Warum die „Sorge um Integrität" uns in der Integrativen Therapie wichtig ist – Überlegungen zu Humanität, Menschenwürde und Tugend in der Psychotherapie. In: *H. G. Petzold, I. Orth, J. Sieper*. Gewissensarbeit, Weisheitstherapie, Geistiges Leben – Themen und Werte moderner Psychotherapie. Krammer: Wien, 367–460.

Sieper, J., Orth, I., Schuch, H. W. (2007): Neue Wege Integrativer Therapie. Klinische Wissenschaft, Humantherapie, Kulturarbeit – Polyloge – 40 Jahre Integrative Therapie, 25 Jahre EAG. Bielefeld: Edition Sirius, Aisthesis Verlag.

Sieper, J., Petzold, H. G. (2002): Der Begriff des „Komplexen Lernens" und seine neurowissenschaftlichen und psychologischen Grundlagen – Dimensionen eines „behavioralen Paradigmas" in der Integrativen Therapie. Lernen und Performanzorientierung, Behaviourdrama, Imaginationstechniken und Transfertraining. Düsseldorf/Hückeswagen. Bei www. FPI-Publikationen.de/materialien.htm – *POLYLOGE: Materialien aus der Europäischen Akademie für psychosoziale Gesundheit* – 10/2002 und http://www.fpi-publikation.de/supervision/alle-ausgaben/04-2011-sieper-j-petzold-h-g-komplexes-lernen-in-der-integrativen-therapie-und-supervision.html. Gekürzt in *Leitner, A.* (2003): Entwicklungsdynamiken der Psychotherapie. Wien: Kramer, Edition Donau-Universität. S. 183–251.

Sixsmith, J. A. (1999): Working in the hidden economy: the experience of unemployed men in the UK. *Community, Work & Family, 3*, 257–277.

Sonck, N., Kuiper, E., de Haan, J. (2012): Digital skills in the context of media literacy. In: *S. Livingstone, L., Haddon, A., Görzig* (Hrsg.): Children, risk and safety on the internet. Bristol: The Policy Press. S. 87–98

Start Stiftung (2012): Wir feiern 10 Jahre START. Prospekt. Start Stiftung gGmbH, Franfurt/Main, www.start-stiftung.de.

Statistisches Amt Saarland (2012): Aktuelle Wirtschaftszahlen für das Saarland, Ausgabe Januar bis Juni 2012. Eckdaten der saarländischen Wirtschaft 2012. Statistische Berichte Z 1 – hj 1/2012.

Statistisches Bundesamt (2009): Bevölkerung Deutschlands bis 2060. 12. koordinierte Bevölkerungsvorausberechnung. Begleitmaterial zur Pressekonferenz am 18. November 2009 in Berlin. Statistisches Bundesamt: Wiesbaden.

Statistisches Bundesamt (2012): Bevölkerung und Erwerbstätigkeit. Fachserie 1, Reihe 1.1. Statistisches Bundesamt: Wiesbaden.

Statistisches Bu ndesamt (2012): Ungenutztes Arbeitskräftepotenzial im Jahr 2011 bei 7,4 Millionen Menschen. Pressemitteilung Nr. 279 vom 15. 08. 2012.

Steinberg, L. (2008): Adolescence, 8. Auf.. New York, NY: McGraw-Hill.

Treumann, K. P., Sander, U., Meister, D., Strotmann, M., Burkatzki, E., Hagedorn, J., Kämmerer, M. & Wegener, C. (2007): Medienhandeln Jugendlicher – Mediennutzung und Medienkompetenz. Wiesbaden: VS Verlag für Sozialwissenschaften.

Ulrich, P. (2001): Integrative Wirtschaftsethik, Bern: Haupt.

Underlid, K. (1996): Actitvity during unemployment and mental health. *Scandinavian Journal of Psychology, 37*, 269–281.

Van Oudenhoven, N., Wazir, R. (1998): Management of Social Transformations (MOST), *Discussion Paper Series* – No. 18.

Vincent, K. R., Vincent, H. K., Braithm R. W., Lennon, S. L., Lowenthaol, D. T. (2002): Resistance exercise training attenuates exercise-induced lipid peroxidation in the elderly. European J. of Apllied Physiology 84, 416–421.

von der Bruck, H., Mussel, P. (2009): Eignungsdiagnostik als Basis beruflicher Neuorientierung 50plus. In: *K. Brauer, G. Korge* (Hrsg.). Perspektive 50plus? Theorie und Evaluation der Arbeitsmarktintegration Älterer, Wiesbaden: VS Verlag für Sozialwissenschaften: (Alter(n) und Gesellschaft, Bd. 18), 281–298.
Voß-Winne, P. (2010): GesA – Gesundheit und Arbeit, Projektbericht GPI, Bremen.
Vygotskij, L. S. (1992): Geschichte der höheren psychischen Funktionen. Münster, Hamburg: Lit Verlag.
Wagner, C. (2008): Kreativitätspotentiale der Kunst und soziale Prozesse. Unveröffentlichte Expertise für das Projekt MINIPRENEURE, Regensburg.
Wagner, U., Brüggen, N., Gerlicher, P., Schemmerling, M. (2012): Wo der Spaß aufhört … Jugendliche und ihre Perspektive auf Konflikte in Sozialen Netzwerkdiensten. Teilstudie im Projekt „Das Internet als Rezeptions- und Präsentationsplattform für Jugendliche" im Auftrag der Bayerischen Landeszentrale für neue Medien (BLM). München: JFF – Institut für Medienpädagogik in Forschung und Praxis.
Wanberg, C. R., Marchese, M. C. (1994): Heterogenity in the unemployment experience: A cluster analytic investigation. *Journal of Applied Psychology,* 84, 897–910.
Weltgesundheitsorganisation WHO (1986): Ottawa Charta for Health Promotion. WHO: Genf.
Williams, R. (1983): Concepts of health: an analysis of lay logic. In: *J. Naidoo, J. Wills* (2003). Lehrbuch der Gesundheitsförderung. Bundeszentrale für gesellschaftliche Aufklärung: Köln.
Windisch, E., Medman, N. (2008): Understanding the digital natives, *Ericsson Business Review* 1, 36–39.
Wippermann, C. (2012): Frauen im Minijob. Motive und (Fehl-)Anreize für die Aufnahme geringfügiger Beschäftigung im Lebenslauf. Studie im Auftrag des Bundesministeriums für Familie, Senioren, Frauen und Jugend. Berlin. http://www.delta-sozialforschung.de/uploads/media/Broschuere-Frauen-im-Minijob_01.pdf
Zimmer, A. (2001): Dritter Sektor und Soziales Kapital. Münsteraner Diskussionspapiere zum Nonprofit-Sektor – Nr. 19 Januar 2002. [Online-Ressource] http://www.aktive-buergerschaft.de/fp_files/Diskussionspapiere/2002wp-band19.pdf [aufgerufen am 12. 02. 2013].

Mitarbeiterverzeichnis

Peter Hartz

Prof. Dr. h. c., Diplom-Betriebswirt. Konzernvorstand und Arbeitsdirektor (ehem.) im Volkswagenkonzern und in der saarländischen Stahlindustrie. Vorsitzender der Regierungskommission „Moderne Dienstleistungen am Arbeitsmarkt". Stifter und Gründer der SHS Foundation für regionale Entwicklungen.

Hilarion G. Petzold

Univ.-Prof. emerit. für Psychologie und Psychomotorik in der Lebensspanne, FU Amsterdam. Wissenschaftlicher Leiter der „Europäischen Akademie für Biopsychosoziale Gesundheit", Hückeswagen und wissenschaftlicher Leiter des MSc-Studiengangs für „Psychosoziale Supervision" am „Department für Psychotherapie und biopsychosoziale Gesundheit", Donau-Universität Krems, Österreich. Wissenschaftliche Arbeitsschwerpunkte: Vergleichende Psychotherapie und Methodenintegration, Integrative Therapie, Psycho- und Neuromotorik, Supervisionsforschung, Entwicklungspsychologie der Lebensspanne, Suchttherapie, Natur- und Kreativitätstherapien, klinische Philosophie.

Andreas Frintrup

Dipl. oec., Studium der Wirtschaftswissenschaften mit dem Schwerpunkt Wirtschaftspsychologie, Personal & Organisation sowie Industrieökonomie an der Universität Hohenheim.

Seit 1998 Geschäftsführender Gesellschafter der S & F Personalpsychologie Managementberatung GmbH mit Prof. Dr. Heinz Schuler, seit 2004 Vorstand der HR Diagnostics AG, Stuttgart, München, seit 2007 President der HR Diagnostics Inc., New York.

Sascha Göttling

Dr., Studium der Psychologie in Göttingen, Belfast und Aachen. Leitete zahlreiche Lehrgänge zur beruflichen Integration von Erwerbslosen. Nach der Promotion am Lehrstuhl für Arbeits- und Organisationspsychologie von Prof. Dr. Gisela Mohr an der Universität Leipzig als selbständiger Berater und Interimsmanager in den Bereichen Arbeitsmarktdienstleistungen und Talentmanagement tätig.

Thomas Heuser

Dr., Maschinenbaustudium an der RWTH Aachen und Promotion mit Schwerpunkt Unternehmensorganisation. Anschließend sieben Jahre bei der Management-Beratung McKinsey&Company tätig. Im Jahre 2002 Gründung des Beratungsunternehmens Dr. Heuser AG mit den Schwerpunkten Unternehmensberatung und Regionalentwicklung. Thomas Heuser ist Vorstand der Dr. Heuser AG.

Christine Kaul

Dr. phil., Dipl.-Psychologin. Mehr als 15 Jahre Führungskraft im oberen Management-Kreis eines Weltkonzerns. Seit über 20 Jahren als Coach tätig für Topmanagement und Coaching-Professionals. Coach und Supervisorin im Kompetenzzentrum für Angewandte Personalpsychologie, Bamberg.

Arbeitsschwerpunkte: Multikulturelle Kompetenz von Führungskräften, Gesundheit und Karriere sowie Etablierung von Coaching als Dienstleistung in Unternehmen.

Imke Keicher

Studium der Literaturwissenschaften, Geschichte und Politikwissenschaften in Heidelberg und Halifax, Kanada. 2002 Gründung der Managementberatung ikmc in Zürich. Seit August 2011 Vice President bei Capgemini Consulting, Leitung der Change Management- und Human Resources-Practice in Deutschland, Österreich und der Schweiz. Managementberaterin und Zukunftsforscherin, Mitglied des Beirats des Instituts für Innovations-Management bei der Schweizerischen Hochschule für Angewandte Wissenschaften.

Corinna Mühlhausen

Dipl.-Kommunikationswirtin, Studium der Gesellschafts- und Wirtschaftskommunikation an der Universität der Künste in Berlin. Von 1994 bis 1998 Tätigkeit als Trendforscherin im Trendbüro in Hamburg. 1998 Gründung des Unternehmens Trendcoach, das sich auf gesellschaftliche Trendforschung und strategische Markenberatung spezialisiert hat.

Nicole Paschke
Dr., Studium der Volkswirtschaftslehre an der Albert-Ludwigs-Universität Freiburg, 2013 Promotion an der Universität des Saarlandes, seit 2005 wissenschaftliche Mitarbeiterin der SHS Foundation, seit 2010 Geschäftsführerin der Minipreneure Zentrum gGmbH.

Jürgen Rosenberger
Prof. Dr.med., Facharzt für Chirurgie, Unfallchirurgie, Gefäß- und Viszeralchirurgie. Studium der Medizin in Tübingen, Freiburg, Essen und Worcester USA. Wissenschaftlicher Assistent und Facharztausbildung an der Chirurgischen Universitäts-Klinik Köln. Danach leitende Stellungen als Arzt im Saarland, im Kreis Marburg/Biedenkopf und zuletzt am MVZ Chirurgie der Universität Marburg.

Die Autoren sind auch unter www.shsfoundation.de zu erreichen.

Printed by Printforce, the Netherlands